Theo Schoenaker (Hrsg.)

Ja ..., aber
Ein Individualpsychologisches
Konzept des Stotterns

Theo Schoenaker (Hrsg.)

Ja ..., aber

Ein Individualpschologisches Konzept des Stotterns

Mit Beiträgen von:
P.H. Damsté, R. Herterich, P. Jehle, D. Kötting, E. Kruse,
A. Markmann, D. Randoll, T. Schoenaker, A. Schottky, H. Wulf

RDI Verlag
36391 Sinntal-Züntersbach

Deutsche Bibliothek - CIP-Einheitsaufnahme

Ja ..., aber : ein individualpsychologisches Konzept des Stotterns / Theo
Schoenaker (Hrsg.). Mit Beitr. von: P. H. Damsté ... - Orig.-Ausg., 1.
Aufl.. - Sinntal-Züntersbach : RDI-Verl., 2000
    ISBN 3-932708-12-1

Theo Schoenaker (Hrsg.)
Ja ..., aber
Ein Individualpsychologisches Konzept des Stotterns

Originalausgabe
1. Auflage 2000
© by RDI Verlag, Sinntal 2000
Printed in Germany. Alle Rechte vorbehalten
Druck und Bindung: Fuldaer Verlagsagentur, Fulda
Umschlaggestaltung: Peter Spiegel, Stuttgart

ISBN 3-932708-12-1

Inhalt

8

Vorwort
Eberhard Kruse

Schon wieder ein Buch zum schier unerschöpflichen Thema Stottern. **„Ja ..., aber"** ist nicht nur sein Titel, sondern gleichzeitig Hinweis auf seine inhaltliche Ausrichtung.

„Ja", es ist ein *neues* Buch über Stottern.

„Aber" es ist ein *notwendiges* Buch über Stottern, weil es mit der Individualpsychologie ein inhaltlich-theoretisches Konzept aufweist und verfolgt, das sich in der praktischen Umsetzung als ausgesprochen effektiv erweist und diese – aus meiner Sicht konkurrenzlose – Effektivität nicht nur behauptet, sondern an einer so großen Patientenzahl belegen kann, die in der Literatur ihresgleichen sucht.

„Aber" es ist ein *besonderes* Buch, weil es mit der Erfahrung Theo Schoenakers von weit über dreißig Jahren das Stottern konsequent als „psychosomatische Kommunikationsstörung" betrachtet, nun aber – und dies ist einzigartig in der Literatur – auf Basis der Individualpsychologie von Alfred Adler und seines Schülers Rudolf Dreikurs.

„Aber" es ist ein *hilfreiches* Buch, weil es mit seinem individualpsychologischen Ansatz das Stottern als individuell sinnvoll und „lohnend" interpretiert und somit in bewusstem Gegensatz zu allen bislang publizierten „psychosomatischen" Ansätzen – vorrangig der zeitgleich mit Adler von Freud inaugurierten Psychoanalyse wie der heute eher dominierenden kognitiven Verhaltenstherapie – die Finalität, Zielgerichtetheit der sozial auffälligen, signalhaften Symptomatik aufdecken, für die Patienten verstehbar und plausibel machen und diese hierüber positiv handlungsfähig und eigenaktiv werden hilft.

„Aber" es ist ein *konstruktives* Buch, weil es am Beispiel des Stotterns ein überaus einleuchtendes Modell liefert für das individualpsychologische Verständnis offenbar aller psychosomatischen Kommunikationsstörungen, möglicherweise sogar aller Psychosomatosen. Damit eröffnet sich für die Individualpsychologie insgesamt ein Aufgabenfeld, dessen Brisanz und Dringlichkeit zumindest universitär bis heute leider nicht realisiert wird.

„Aber" es ist ein *ehrliches* Buch, weil es die Patienten mit der eigenaktiven Handlungsfähigkeit in ihrer Eigenverantwortlichkeit für ihr soziales Handeln ernst nimmt und aus dieser Eigenverantwortlichkeit auch bei sozial auffälligem Handeln nicht entlässt.

„Aber" es ist ein *subjektives* Buch, weil es die Subjektivität nicht als etwas Unwissenschaftliches versteht, sondern ganz im Gegenteil als den entscheidenden Schlüssel begreift zum objektivierbar krankheitserklärenden Verstehen der naturgemäß individuellen Sinnhaftigkeit auch des sozial auffälligen Handelns in einer konkreten, gleichzeitig ständig wechselhaften psychosozialen Situation, die nicht wir Fachleute, sondern offenkundig die Patienten selbst am besten kennen.

„Aber" es ist ein *spannendes* Buch, weil es in seiner thematischen Zentrierung auf das Stottern uns als Leser nicht distanziert, wie von einer Tribüne aus zuschauen lässt, sondern einbezieht in den diagnostischen wie therapeutischen Klärungsprozess und mit seinen individualpsychologischen Grundannahmen Prinzipien unser aller Sozialverhalten kennen lernen und alltäglich in ihrer Gültigkeit überprüfen hilft; Prinzipien, nach denen wir uns über unser gesamtes Leben verhalten und bewegen, sei es im privaten, familiären, beruflichen oder gesellschaftlichen Umfeld.

„Aber" es ist ein *ermutigendes* Buch, weil es Stotterer nicht als passive Opfer sieht, sondern sie mit uns „gleichwertig" werden lässt, sie sozial wieder integriert statt isoliert und Wege aufzeigt, wie sie sich in gleicher Weise wie wir alle eigenverantwortlich einbringen können in sozial verantwortliches Handeln, ohne – aber eben auch mit Stottern.

„Aber" es ist ein *anregendes* Buch, weil es sein klares, theoretisch individualpsychologisch fundiertes und praktisch belegbar effektives, für die Betroffen umsetzbares Konzept in vielfältigsten Facetten darstellt und sich damit in bewusste Konkurrenz begibt zu alternativen Ansätzen, die sich hieran zukünftig werden messen lassen müssen.

Für den Autor dieser Zeilen bleibt es nach immerhin nun auch fast 30 Jahren Erfahrung mit diesem individualpsychologischen Konzept nur schwer nachvollziehbar, warum immer noch dieses so überaus hilfreiche Angebot einer effektiven Therapie nicht allein beim Stottern, sondern weit darüber hinaus offenbar bei allen psychosomatischen Kommunikationsstörungen nur ausgesprochen zögerlich angenommen wird.

Wer sich allerdings auf diesen individualpsychologischen Weg einlässt mit seiner *plausiblen*, weil täglich selbst überprüfbaren und *ermutigenden*, weil prinzipiell positiven anthropologischen Grundausrichtung, gewinnt viele lohnende Einsichten und Freiheiten für sich selbst. Möge auch Ihnen dieses Buch über Stottern eine solche Perspektive eröffnen, die eine an sich auch mögliche Interpretation des „Ja ...‚aber" im Sinne der Pseudo-Lösung eines „Jein" grundsätzlich nicht mehr zulässt.

Lassen Sie sich zum Nachdenken anregen von der Überlegung, dass ein Stotterer nicht stottert, weil er nicht sprechen könnte, sondern weil er uns allen etwas sagen möchte.

1

Einführung
Theo Schoenaker

Etwas Geschichte

Vor etwa vierzig Jahren arbeiteten meine Frau Antonia (1930-1994) und ich in freier logopädischer atemtherapeutischer Praxis hauptsächlich mit stotternden Kindern.

Karl-Heinz, etwa acht Jahre alt, stotterte auffällig mit schnellen Wiederholungen. Wir fanden heraus, dass er mit einer ganz bestimmten metrischen Sprechart fließend sprechen konnte. So hatten wir es auch in unserer Ausbildung zum Logopäden gelernt. Diese neue Art des Sprechens – so meinten wir – müsste geübt werden. Wir baten deshalb die Eltern, dafür zu sorgen, dass er dieses Verfahren auch im täglichen Sprechen anwendete. Karl-Heinz war intelligent. Das Stottern störte ihn in der Schule. Er hat das neue Sprechen zwar nicht gerne angewandt, aber er wollte sein Stottern loswerden und er wollte brav sein. Die Eltern haben eisern ihre Aufgabe erfüllt und ihn angehalten, metrisch ohne Stottern mit der Betonung jeder Silbe zu sprechen. Die Sache klappte. Nach etwa drei Monaten hat er nicht mehr gestottert. Er war auf dem richtigen Weg, das zu werden was die Eltern wollten: ein echter Mann.

Weitere drei Monate später wurde Karl-Heinz uns wieder vom Hausarzt überwiesen, mit der Bitte Atemübungen mit ihm zu machen; er leide zunehmend an Asthmaanfällen. Die täglichen Atemübungen wurden von Karl-Heinz genauso gründlich und gewissenhaft gemacht, wie sie von den Eltern nachdrücklich gefordert wurden. Die Sache klappte wieder. Karl-Heinz lernte in kurzer Zeit seine Asthmaanfälle mit Atemübungen zu kupieren.

Nach einem halben Jahr trafen wir die Mutter in der Stadt. Sie erzählte, es ginge Karl-Heinz recht gut. Er stottere nicht mehr und habe sein Asthma überwunden. Sie ginge jetzt aber mit ihm zum Nervenarzt, da er regelmäßig sein Bett nässe.

An dieser Stelle haben wir angefangen am Sinn unserer Arbeit zu zweifeln. Konnte es einen Sinn haben, durch Übungstherapie Symptome zu verschieben? Wir erkannten, dass unsere Techniken zwar gut seien, dass wir jedoch etwas Wesentliches übersehen haben mussten. Was wir wohl übersehen hatten bei diesem Patienten aus einer konfliktreichen Ehe von Eltern mit sehr hohen Ansprüchen, mit einer sehr geliebten schönen eineinhalb Jahre jüngeren Schwester, verstanden wir damals noch nicht. Wir wollten jedoch weitere Prozesse von Symptomverschiebungen nicht mehr unterstützen und verließen das Gebiet der Sprechübung. Wir stellten unsere Praxis um und machten mit erwachsenen und jugendlichen Patienten Hatha-Yoga, Entspannungs- und Meditationsübungen.

Es wurde uns klar, dass Kindertherapie ohne Familienberatung erfolglos bleiben müsse. Wir fanden jedoch nicht den Weg, auf das Milieu einzuwirken. Ich weiß auch nicht ob es am Ende der 50er-, Anfang der 60er Jahre schon Familientherapien gab. Wir hatten dazu auf jeden Fall keinen Zugang. Mit der Behandlung von Erwachsenen hatten wir mehr Erfolg. Sie waren zugänglicher für eine Methode des Übens, des positiven Denkens, des Situationstrainings, und des Reflektierens über Angst und Mut (Viktor Frankl hatte uns beeinflusst). Wir konzentrierten uns deshalb auf Erwachsene und ließen bald Hatha-Yoga-Übungen als wirkungslos hinter uns. Sich besinnen und entspannen erkannten wir als therapeutisch wirksame Elemente. Entspannungstechniken kombinierten wir wieder mit Sprechübungen und erzielten dabei gute Erfolge. Unsere Begegnung mit Frau Dr. Helene Fernau-Horn (1969) hat wesentlich zu einer methodischen Abrundung unserer damaligen Arbeit beigetragen. Mit der Kombination Entspannung und Sprechübungen bewältigten unsere Patienten systematisch immer neue angst- und spannungsbeladene Situationen. 1964 erkannten wir, dass wir unsere Arbeitsweise mit dem Begriff „Verhaltenstherapie" und insbesondere mit „systematischer Desensibilisierung" überschreiben konnten. Begriffe wie Stimulus, das ist der angstauslösende Faktor, und Respons, das sind die Stotterreaktionen, beherrschten und bereicherten unser Denken. Wir kannten jedoch auch Stotterpatienten, die nach unserer Meinung auch in nicht angstbeladenen Situationen den Respons Stottern zeigten und andere, die unter dem selben Stimulus das eine Mal stotterten und das andere Mal nicht. Es interessierte uns, was sich zwischen Stimulus und Respons befand. Die Antwort war damals die „Blackbox" (der schwarze Kasten). Das war ein anderer Name für Mensch. Die Frage:„Welche Stellungnahme trifft die Blackbox zwischen Stimulus und Respons", führte uns mit vielen anderen Fragen zur Individualpsychologie, wo wir die uns befriedigenden Antworten fanden.

Es wurde uns im Laufe der Zeit auch klar, dass eine sinnvolle Therapie des Stotterns bei Erwachsenen nicht stattfinden kann in Sitzungen von einer Stunde einmal in der Woche.

Auf unserem Weg trafen wir damals Prof. Dr. P.H. Damsté, Utrecht. Er hat uns sehr ermutigt weil er an uns glaubte. Er machte die Sache des erwachsenen Patienten auch zu seiner Sache und unterstützte und förderte uns wie er nur konnte. So hat er den weiteren Entwicklungsweg weitgehend mitbestimmt. Er schreibt dazu[1]:„Als ich anfing, 1960 eine Phoniaterisch-logopädische Abteilung im akademischen Krankenhaus in Utrecht einzurichten, war ich gerade zurück von einer Studienreise in den skandinavischen und deutschen Ländern. In Erlangen hatte ich gelernt, dass es eine „Bibliotherapie" für Stottern gibt: Beim liegenden Stotterer wird ein schweres Buch auf den Bauch gelegt, dem Patienten wird gesagt, das Buch beim Einatmen zu heben, beim Ausatmen zu senken. Beim Senken wurde das Sprechen durch den Druck des Buches erleichtert. Später würde ich noch Zentren in Frankreich und Großbritannien besuchen. In Paris spielten Bücher wieder eine Rolle, insbesondere bei der Unterstützung von Kindern. Frau Borel Maisonney benutzte 2 dicke Telefonbücher um den Sitz des Kindes zu erhöhen. Ich war davon so beeindruckt, dass ich das zweiteilige Pariser Telefonbuch mit nach Hause genommen habe, die mir im ersten Jahr danach durch die Anfangsschwierigkeiten geholfen haben.

Glauben und Aberglauben sind wichtig in der Therapie. Der niederländische Verein für Logopädie hatte einen Wettbewerb ausgeschrieben für die originellste Idee in der Stotterbehandlung. Da kam eine Logopädin in unsere Abteilung um das Schrifttum in bezug auf Stottern durchzusehen. Nach zwei Stunden kam sie aus der Bibliothek heraus und sagte mir, es sei ihr nichts unter die Augen gekommen, das ihr heilsamer für Stotterer erschiene als ihre eigene Methode. Gefragt, welche das war, antwortete sie, dass, wenn ihre Patienten die Oberlippe beim Sprechen nur genügend höben, sie endgültig vom Stottern befreit seien.

Warum habe ich damals nicht dieser Dame, sondern den Logopäden Antonia und Theo Schoenaker meine Patienten anvertraut. Ich gehörte zu der Gruppe der Phoniater, die selber Übungstherapien mit Patienten ausführten und die von Francois de Huche „Medicins Phoniatres Praticiens" genannt wurden.

Über die psychologische Arbeit mit Stotterern hatte ich mich erkundigt in Marburg bei dem jungen Dr. Schilling und seiner psychologischen

Mitarbeiterin. Weiterhin hatte ich in Berlin Gertrud von Stabs besucht, die mit einer Art Weltspiel Konflikte im Leben von jungen Stotterern aufzuklären versuchte. Es war mir aus eigener Erfahrung bekannt, wie leicht es ist, einen Stotterer fließend sprechen zu lassen: Buch auf dem Bauch, Entspannung, verzögertes Sprechtempo und andere Mittel, eben auch das Heben der Oberlippe, alles ist erfolgreich für einen Moment. Die Schoenakers hatten eingesehen, dass Stottern eine erworbene Gewohnheit ist die fest verflochten ist mit der Lebensweise. Nur eine eingehende Umstellung konnte daran etwas ändern. Sie stellten ihr Haus in Doetinchem zur Verfügung. Im Garten einen Schlafwagen, und von morgens 8 durchgehend bis abends 21 Uhr ununterbrochene Aufmerksamkeit für den Patienten. Auch der unsicherste Patient wurde als vollwertiges Mitglied der Gruppe betrachtet und ständig ermutigt teilzunehmen. Selbstvertrauen, Gefühl von Eigenwert hatten in diesem Falle Priorität in der Behandlung.

Es gab viele Vorurteile vonseiten des Vereins für Logopädie zu überwinden. Das Verfahren unterschied sich von allem was üblich war in Theorie und Praxis. Insbesondere die Arbeit in Gruppen erntete Empörung. Mein Interesse und Unterstützung in dieser Intensiv-Behandlung führte dazu, dass Beobachter von allen Seiten das Doetinchemer Lager (der Ort, wo Schoenakers wohnten und arbeiteten, heißt Doetinchem) aufsuchten. Sie nannten ihre Methode die Doetinchemer Methode.

Die Krankenversicherungen sahen es mit Wohlwollen, dass diese intensive Behandlung nicht nur einen Anfang, sondern auch ein Ende hatte und dass mehr als üblich von Erfolgen berichtet wurde. Die Schoenakers nahmen regelmäßig teil an den Lindauer Psychotherapiewochen und brachten von dort viel Erprobenswertes mit. Im steten Austausch mit ihnen und auch mit den Patienten wurden die experimentellen Behandlungen in durchaus verantwortlicher Weise durchgeführt. Ein flexibles System erlaubte, dass neue Elemente in die Gesamttherapie eingefügt wurden. Ausführliche Berichte über alle Patienten haben mir vieles über die Hintergründe von Stottern beigebracht.

Eine Logopädin und eine Psychologin in meiner Abteilung beschäftigten sich mit der Diagnostik. Ich war während eines Besuches in den Vereinigten Staaten von Charles Van Riper eingeladen worden und war von dessen Arbeit und seiner Person beeindruckt. Die Verhaltensanalyse und Verhaltenstherapie hatten in dieser Episode ihren Weg gefunden in der Stottertherapie. Wir fanden darin scheinbar neue Elemente, die in Wirklichkeit neu interpretierte, neu getünchte Fassaden waren. Der Beginn aber war eine konkrete Einsicht in die Wirkung logopädischer, pädagogischer und psychotherapeutischer Methoden und auch in die Ursachen der fehl gelaufenen Behandlungen.

Die Schoenakers haben wohl Elemente aus der Verhaltenstherapie verwendet, aber sie fanden diese Elemente auch in der Individualpsychologie nach Alfred Adler. Sie entdeckten, dass Verhalten nicht nur kausal, sondern hauptsächlich final zu verstehen ist. Verhalten, das in der früheren Jugend für das Kind nützlich war, um dadurch seine Ziele zu erreichen, ist bei Erwachsenen oft noch das gleiche Muster, womit er jetzt Schwierigkeiten hat. Diese Ansicht ist nicht selten von grundsätzlicher Wichtigkeit um das Verhalten von Stotterern zu verstehen. Die Schoenakers fanden in Rudolf Dreikurs und seinen Mitarbeitern und Schülern eine Arbeitsweise in der sie sich zu Hause fühlten. Und sie haben viel dafür getan, um diesen Methoden eine zeitgemäße Form zu geben. Schoenakers bildeten Logopäden aus in ihren Methoden und boten Gelegenheit, dass Logopäden als Praktikanten ihre Erfahrungen machen konnten. Mit einer Anzahl dieser Spezialisten wurde die Stiftung Stottertherapie Doetinchemer-Methode gegründet. Diese ist auch heute, 1999 noch aktiv." Soweit Prof. Dr. P. H. Damsté, Utrecht.

Auch in den 60er Jahren konnten wir auf Damsté's Initiative und durch seine kräftige Unterstützung die jährlich wiederkehrenden Stottercampings mit Kindern von 9 bis 12 Jahren durchführen. Gruppen zwischen 40 und 50 Kinder, betreut von Logopäden und Stotternden aus der Erwachsenen-Therapie waren 14 Tage in waldreicher Umgebung zusammen und lernten sowohl durch unsere Stottertherapie als auch durch demokratische Erziehungsmethoden nach Rudolf Dreikurs Mut, Gemeinschaftsgefühl und flüssigeres Sprechen zu entwickeln.

1967 gründeten wir die „Stotterer"-Selbsthilfegruppe Demosthenes. Mitglied in dieser Selbsthilfegruppe konnten nur Patienten aus der Doetinchemer-Methode werden. So wurden die wöchentlichen regionalen Treffen ein Verlängerungsstück der Therapie, da genau auf Theorie und Praxis und auf dem Wissen, das man in den Therapiewochen gewonnen hatte, weitergearbeitet wurde. Im Vordergrund standen die Wege: Selbsterkenntnis und Selbstvertrauen und das Ziel flüssigeres Sprechen. Die Begeisterung und der Glaube an die Erreichbarkeit der Ziele war groß. Der Verein, einmal selbstständig geworden, entwickelte sich bald zu einer Stotterer-Selbsthilfegruppe für Patienten aus verschiedenen therapeutischen Schulen und für solche, die noch keine therapeutische Erfahrungen hatten. Damit hatte sie ihre therapeutische Wirksamkeit verloren.[2] Nicht mehr die Ziele der Doetinchemer Methode herrschten vor, sondern der Wunsch, mit anderen Stotterern Stotterer zu sein.

17

1969 lernten wir Prof. Dr. Rudolf Dreikurs – den bedeutendsten Schüler Alfred Adlers (1870-1937) – und die Individualpsychologie kennen. Bis zu seinem Tod 1972 sind wir eng mit ihm in Kontakt geblieben. Er hat unser therapeutisches Denken am meisten und am wesentlichsten beeinflusst. 1972 sind wir nach Deutschland umgezogen, haben dort ein eigenes Institut gebaut und haben diesem den Namen „Rudolf Dreikurs Institut für soziale Gleichwertigkeit" gegeben, um damit den Mann zu ehren, der unserem Denken und Wirken eine neue Richtung gegeben hat. Mit dem Zusatz „für soziale Gleichwertigkeit" wollten wir ausdrücken, dass wir von der Annahme ausgehen, dass menschliche Probleme sich zum größten Teil entwickeln aus Minderwertigkeitsgefühlen und dass das wichtigste therapeutische Ziel die soziale Gleichwertigkeit ist. Dies beinhaltet auch Respekt und Selbstrespekt, Mut zur Unvollkommenheit und die Entwicklung von Gemeinschaftsgefühl. 1999 wurde das Institut umbenannt in „Adler-Dreikurs-Institut für soziale Gleichwertigkeit" um so auch Alfred Adler den ihm zukommenden Platz zu geben.

Unsere heutige klinische Gruppentherapie für erwachsene Stotternde ist seit 1969 eine Gruppenarbeitsweise auf individualpsychologischer Grundlage. Die Gruppen bestehen aus etwa 18 Teilnehmern, die mindestens 18 Jahre alt sind. Sie werden zur Teilnahme an der Therapie ausgewählt und sie müssen gewissen Maßstäben hinsichtlich Intelligenz, Unabhängigkeit und Selbstständigkeit genügen. Die Therapie ist eine Intervall-Therapie, die mit einer Basistherapie von sechs mal fünf Tagen, verteilt über neun Monate, anfängt und in dreimonatlichen oder halbjährlichen Aufbautherapien fortgesetzt wird. Der Kostenträger ist grundsätzlich der Rententräger. Die Behandlungen werden als Rehabilitationsmaßnahmen durchgeführt.

Im Januar 1981 wurde uns klar, dass eine intensive psychologisch orientierte Therapie, durchgeführt an einem Partner, die Ehe gefährdet. So haben wir es zur Auflage gemacht, dass ab Januar 1981 die Teilnahme von verheirateten Personen, bzw. von solchen Personen, die in einer länger dauernden Partnerschaft leben, nur möglich ist, unter der Bedingung, dass der Partner oder die Partnerin an mindestens zwei Therapiewochen mit teilnimmt. Die Teilnahme ist gratis. Diese Entscheidung hat den Partnerschaften gut getan.

In der Bundesrepublik kam die wichtigste Unterstützung in den ersten Jahren von Dr. med. Albrecht Schottky, Werneck, Prof. Schönhärl, Marburg, Prof. Biesalski, Mainz, Frau Dr. med. Full-Scharrer, München, Prof. Bauer, Münster, später Prof. Heinemann, Mainz und seit 1976 von Prof. E. Kruse, Phoniater und Pädaudiologe, Göttingen, der seitdem

18

auch Konsiliararzt unseres Institutes für Stimm- und Sprechbehinderte ist, das unter dem Dach des Adler-Dreikurs-Institutes entstand. Diesen Personen sage ich herzlichen Dank.

Neben den LogopädInnen, die in den vergangenen Jahren hier ihre Zusatzausbildung für individualpsychologische Stottertherapie gemacht haben und dieses Konzept erfolgreich in ihrer Praxis integrieren, gibt es

das   Institut für Sprechbehinderte – Züntersbacher Modell
        Maria Waas
        Drachenweg 1C
        82256 Fürstenfeldbruck
        Tel.: 08141-58075

wo auch stationäre Behandlungen für Erwachsene nach dem individualpsychologischen Konzept als Rehabilitationsmaßnahmen in unserem Sinne durchgeführt werden. (Siehe auch Waas, M. 1999)

Zu diesem Buch

Dieses Buch schreibe ich für meine KollegInnen, die noch keinen befriedigenden Weg für ihre Arbeit mit psychogenen Stimm- und Sprechstörungen gefunden haben, oder eine neue Orientierung suchen.

Ich tue das im Bewusstsein, dass es neben dieser meiner Wahrheit von einer anderen Warte aus auch andere Wahrheiten gibt. Damit setzte ich mich nicht auseinander. Es geht mir nicht darum, wer Recht hat, sondern darum, meine KollegInnen, LogopädInnen, Diplom SprachheilpädagogInnen, Medizinische SprachheilpädagogInnen, Atem-, Sprech- und StimmlehrerInnen nach Schlaffhorst-Andersen, SprachtherapeutInnen, klinische Linguisten und andere zu motivieren, ihre Kompetenz mit Hilfe der Individualpsychologie zu erweitern. So hoffe ich einen nützlichen Beitrag zu liefern.

Für das Buch wurden auch Vorträge und Aufsätze aus Fachzeitschriften verwendet. Deshalb gibt es einige Überschneidungen und Wiederholungen. Das kann aber für den Anfänger nur nützlich sein.

Namen und Abkürzungen von Namen beziehen sich nicht auf die betreffende Person – sie wurden verändert.

Ich beziehe mich hier auf die individualpsychologische Sichtweise und ihrer praktischen Nutzbarkeit. Andere Teile der Therapie, wie nonverbale körperbezogene Therapieanteile, das Tönen, die Atem- und Sprechübungen sowie das Tanzen und Malen, lasse ich hier unbesprochen.

Danksagung

Mit der Hilfe von Freunden, Kollegen und Kolleginnen ist alles im Leben so viel einfacher. Prof. Dr. P. Helbert Damsté, Prof. Dr. E. Kruse und Dr. med. Albrecht Schottky, lieferten in ermutigender Zusammenarbeit wertvolle Beiträge. Roland Herterich, Dieter Kötting, Anke Markmann und Herbert Wulf kennen das Stottern und die Therapie aus eigener Erfahrung. Sie blicken zurück und vorwärts und belegen mit ihrer Wertschätzung die Wirksamkeit der Therapie. Dr. P. Jehle und Dr. D. Randoll ermöglichten den Abdruck des Artikels über die Untersuchung der Effektivität der Therapie. Dipl. Pädagogin Ilona Stoffers und Dipl. Logopädin Regula Hagenhoff lasen das Manuskript und machten hilfreiche praktische Vorschläge. Unsere Studenten der Individualpsychologischen Beraterausbildung (Ausbildungsgruppe IPB III) gaben gute Verbesserungsvorschläge für Kapitel 18. Gudrun Feller und Gertrud Pfaffinger schrieben mit viel Geduld und Gewissenhaftigkeit das Manuskript. Ihnen allen gilt mein herzlicher Dank für diese Gemeinschaftsarbeit.

Auch danke ich der Redaktion der Zeitschrift „Die Sprachheilarbeit", dem Thieme-Verlag, der Zeitschrift „Sprache-Stimme-Gehör", und dem Ernst Reinhardt Verlag München, der „Zeitschrift für Individualpsychologie" für die Abdruckgenehmigung der verschiedenen Artikel.

2

Neue Perspektiven
Eberhard Kruse (1989)[3]

Fünfundzwanzig Jahre ein **Institut für Sprechbehinderte**, davon zehn Jahre in Holland, und als **Rudolf-Dreikurs-Institut für soziale Gleichwertigkeit** hier nun in der Bundesrepublik Deutschland, gerade eben noch in Hessen, direkt an der Grenze zu Bayern, wo wir ja auch heute feiern; ist dies denn nun wirklich ein ausreichender Anlass für offizielle Worte in meinen Funktionen als kommissarischer Leiter der immer noch einzigen universitären Abteilung für Phoniatrie und Pädaudiologie in Hessen, als kommissarischer Leiter der Staatlichen Lehranstalt für Logopädie in Hessen, sowie als Landesarzt für Hör- und Sprachbehinderte in Hessen?

Nun, gemäß der individualpsychologischen Devise: wenn man wissen will, was einer will, dann sieh, was er tut, ist zunächst einmal eindeutig, dass ich diese Gelegenheit gerne wahrnehmen möchte, um Ihnen nämlich ein wenig davon zu berichten, warum mir die in diesen Jahren geleistete Arbeit so wichtig und in besonderer Weise unterstützenswert geworden ist und warum ich allen Beteiligten, insbesondere den vielen Patienten nur wünschen kann, dass diese wirkungsvolle Arbeit noch recht lange ihre Fortsetzung finden möge.

Wie wirkungsvoll diese Arbeit ist, haben Sie gerade aus den eindrucksvollen Zahlen[4] ersehen können. Hierzu ist aus meiner Sicht anzumerken, dass in der Literatur meines Wissens keine auch nur annähernd so umfangreiche Untersuchung einer so großen Klientel existiert und zukünftig alternative Konzepte sich an diesen Ergebnissen werden messen und vergleichen lassen müssen.

Von Anfang an steht im Mittelpunkt dieser hier geleisteten Arbeit, und sicherlich zu wesentlichen Anteilen auch des Lebens von Antonia und Theo Schoenaker, nicht das chronische Stottern, sondern der erwachsene Stotterer, womit in Ermangelung eines gleich griffigen weiblichen Begriffes eine übergeschlechtlich neutrale Kennzeichnung der

21

stotternden Person – oder besser – Persönlichkeit verstanden werden soll.

Diese Differenzierung zwischen dem Stottern und dem Stotterer scheint mir besonders wichtig und notwendig, weil nun wirklich jedermann weiß, was Stottern ist, aber kaum jemand, wer der Stotterer ist, und weil es zum anderen kaum ein Störungsbild gibt, bei dem die theoretische und folglich dann auch die therapeutische Wiese so bunt blüht wie sonst nirgends in unserem Fachgebiet.

Die vielen und durchaus nicht immer schönen Blumen, die hier blühen, kann man grob klassifizieren in Psychologie, Logopädie, Pädagogik, Medizin und hier speziell nun die Phoniatrie sowie die Neurologie und Neurophysiologie, und sicherlich auch noch manches andere, woraus dann eben ein entsprechend bunter therapeutischer Blumenstrauß zu pflücken ist bis hin zu physiotherapeutischen, apparativen und medikamentösen Maßnahmen, ein Strauß, der zwar auf den ersten Blick beeindrucken mag, aber dann bei kritischer Überprüfung der Resultate oftmals auch schnell wieder verwelkt.

Wie berechtigt und durchaus seriös diese Metapher einer bunten Wiese ist, möchte ich an 2 Abbildungen aus wissenschaftlichen Veröffentlichungen belegen. (**Abb. 1**)

Abb. 1

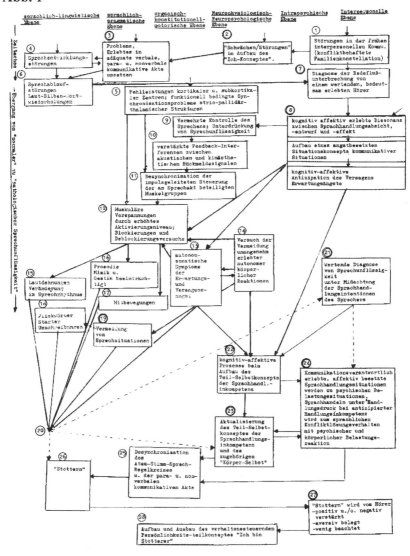

Mehrdimensionales hypothetisches Bedingungsgefüge zur Entstehung und Entwicklung von Stottern

(Schoor 1985)

53

23

Diese erste Abbildung hat mich spontan an den Beginn meiner fachärztlichen Tätigkeit vor nun 17 Jahren erinnert, wo man froh war, wenn in der täglichen Ambulanz mit irgendeiner dieser Blumen das Stottern irgendwie, wenigstens ein bisschen zu bessern war.

Wer jedoch ernsthaft ein solches Bedingungsgefüge des Stotterns als kausal annimmt, kann nach meiner persönlichen Ansicht und Einstellung, egal ob als Diagnostiker oder Therapeut, eigentlich nur noch resignieren angesichts der offensichtlichen Unlösbarkeit dieser Aufgabe, und ich denke, dies ist auch ein guter Teil der Realität, und zwar sowohl auf Seite der „Fachleute" wie leider auch auf der der Patienten.

Die nächste Abbildung **(Abb. 2)** mag vergleichsweise wissenschaftlicher und zunächst eher akzeptabel imponieren, beschreibt jedoch aus meiner Sicht beispielhaft dieselbe verwirrende Situation.

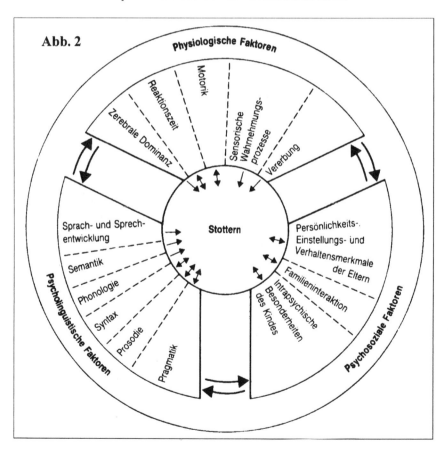

Trotz der bereits deutlich besseren Strukturierung ist auch hier kein durchgängiges Kausalprinzip zu finden, vielmehr könnte man diese Scheibe beliebig drehen, je nach Anschauung einen jeweils anderen der abgebildeten Sektoren in den Vordergrund stellen und die Berechtigung hierzu mit entsprechenden wissenschaftlichen Resultaten belegen.

Derzeit dominiert – und man darf ruhig sagen: mal wieder – die neurophysiologische Sicht, wobei man sich in der Literaturdurchsicht des Eindruckes nicht erwehren kann, als würde sich diese Scheibe im Laufe der Zeit langsam drehen mit gewissen regelmäßigen Wiederholungen der theoretischen Gewichtungen.

Letztlich ist jedoch, wie gesagt, auch hier trotz aller optischen Strukturierung kein durchgängiges Wirkprinzip zu finden, vielmehr wird in Anbetracht dieser vielfachen, sich gegenseitig beeinflussenden Aspekte des Stotterns notgedrungen und schon demaskierend-schwammig nun bereits nicht mehr nur von einer „multifaktoriellen" Genese gesprochen, sondern neuerdings sogar von der Erfordernis einer „ideografischen", somit absolut individualisierten Sichtweise unter ausdrücklicher Leugnung eines gemeinsam kausalen Prinzips. Hierin spiegelt sich in meinen Augen trotz aller Wissenschaftlichkeit und Seriosität des methodischen Vorgehens wiederum letztlich eine Resignation wieder, man möchte fast sagen: eine Kapitulation.

Immerhin haben uns diese neueren Arbeiten aus meiner persönlichen Sicht insofern vorangebracht, als sie insbesondere beim kindlichen Stottern die Unverzichtbarkeit einer angemessenen Differentialdiagnostik herausstellen, wie etwa in der nächsten Abbildung (**Abb. 3**) aus einer Veröffentlichung der Ulmer Arbeitsgruppe um *Johannsen* und *Schulze*.

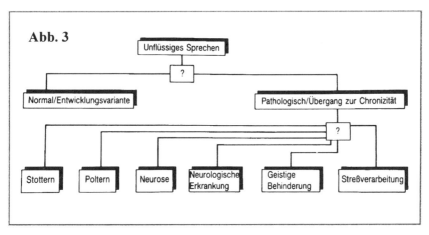

Abb. 3

Unflüssiges Sprechen

?

Normal/Entwicklungsvariante — Pathologisch/Übergang zur Chronizität

?

Stottern — Poltern — Neurose — Neurologische Erkrankung — Geistige Behinderung — Streßverarbeitung

In der Tat ist vor jeglicher Therapie sehr, sehr ernsthaft zu fragen, ob wirklich ein pathologisches, d.h. behandlungsbedürftiges Stottern vorliegt oder nicht doch andere Erkrankungen mit ähnlicher Symptomatik, aber außerhalb der Kompetenz des Stottertherapeuten.

Ungeachtet dieser obligaten Differentialdiagnostik ist letztlich nun immer noch die Frage zu beantworten, was denn Stottern nun eigentlich ist und was folglich zu tun wäre.

War bereits diese Situation für mich als Kliniker recht unbefriedigend, teils sogar schon unerträglich angesichts des bekannten „Helfer-Syndroms", das einen im Kontakt mit Stotterern überfällt, so wurde die Lage für mich noch schlimmer nach Übernahme der Verantwortung für die theoretische und insbesondere praktische Ausbildung der Logopäden ab 1976 in seinerzeit Hessens einziger Lehranstalt. Und nun ahnen Sie vielleicht, warum ich aus dem heutigen Anlass heraus hier stehe.

Seinerzeit lernte ich *Schoenakers* kennen und ihre Arbeit mit Stotterern. Die für mich absolut neue und mich vom Helfer-Syndrom befreiende Frage, die sie stellten, war nämlich nicht, was ist Stottern und woher kommt es, sondern anders: **wer** ist der Stotterer und **wozu** braucht er sein Stottern.

Dahinter steht bekanntlich der **individualpsychologische Ansatz,** den ich hier nicht weiter auszuführen habe. Seltsamerweise hat es jedoch gerade dieser, für mich so überzeugende und in seiner Logik bestechende Ansatz besonders schwer, Anerkennung und Akzeptanz zu finden bei einer nicht immer so einigen Allianz der Kostenträger, und hier insbesondere der Krankenkassen und den Fachleuten, vor allem den Psychologen, Logopäden und Phoniatern. Angeblich erscheint vielen dieser Ansatz als zu unwissenschaftlich, obwohl doch gerade hier das langgesuchte **Kausalprinzip in Form der Finalität** im Unterschied zur bislang gesuchten Kausalität sichtbar wird, das dennoch gleichzeitig auch eine absolute Individualität im Sinne des persönlichen Lebensstils erlaubt, mit eben auch absolut individueller verbaler Verhaltensweise.

Über die Gründe für diese, mir persönlich nur schwer nachvollziehbare, überaus zögernde Akzeptanz will ich mich hier nur insofern auslassen, als diese für mich ein weiteres Beispiel für die momentan aktuelle, zumindest universitäre Tendenz ist, die direkte Einlassung auf den Patienten und dessen Problematik möglichst zu vermeiden und zu umgehen, zugunsten einer experimentell-reproduzierbaren und statistisch absicherbaren Denkweise.

Es ist schon erstaunlich zu sehen, wie Psychologen immer mehr messen und wir naturwissenschaftlich geprägten Mediziner wiederum mühsamst versuchen, psychosomatischen Zusammenhängen definierter Erkrankungen nachzuspüren. Gerade auf dem Hintergrund dieser mühsamen Entwicklung gewinnt die Tatsache der nun bereits 15-jährigen Existenz dieses Institutes ein besonderes Gewicht.

Lässt man sich jedoch auf einen solchen psychosomatischen Ansatz ein, zumal auf der Basis der Individualpsychologie, die ja den Menschen als ein aktives soziales Wesen sieht und eben nicht als ein nach dem Kausalitätsprinzip reagierendes Individuum, etwa im Sinne eines Stimulus-Response-Modells, so öffnen sich gerade für jeden, der mit Stotterern umgeht, völlig neue Perspektiven.

Das Stottern ist nun weniger Diagnose als vielmehr ein Symptom, das ich nur verändern oder beseitigen kann, wenn ich die Persönlichkeit des Trägers und die innere Dynamik seines Handels begreifen lerne.

Dies muss natürlich gravierende Konsequenzen für die Inhalte und Organisationsformen von Diagnostik und Therapie haben, wobei gerade am Beispiel dieses Institutes und seiner inhaltlich ja nun sehr gut begründbaren Struktur die weiterhin gültige Reichsversicherungsordnung zu starr ist in ihrer Differenzierung nur zwischen ambulant und stationär und damit anachronistisch zu werden beginnt, was mich immer wieder auch innerhalb meiner landesärztlichen Tätigkeit tangiert, nämlich bei der Suche nach neueren adäquaten Organisations- und Finanzierungsformen, wie sie beispielsweise auch für diese Behandlungsform notwendig und wünschenswert, aber immer noch nicht erreicht sind.

Zum anderen sehen wir völlig neue und sehr konkrete Perspektiven auch für eine endlich effektive Prävention des durchweg im kindlichen Alter beginnenden Stotterns, in dem wir Eltern informieren über die Psychodynamik kindlichen Handelns und Reagierens und gegebenenfalls Verstehenswege öffnen insbesondere für sozial unnützliche Verhaltensweisen, die sich genauso im kindlichen Stottern verfestigen können wie analog im Bettnässen, Asthma oder auch in der Neurodermitis.

Hier gibt es also sehr reale Lösungswege und wir möchten diese vor allem gerne auch mit wissenschaftlicher Absicherung beschreiten, sehen jedoch angesichts der gegebenen universitären Struktur allerdings kaum konkrete Chancen, diese Wege auch mit adäquater Personalausstattung, d.h. interdisziplinär und nun speziell mit individualpsychologischen Mitarbeitern in unserer Ambulanz und Lehranstalt zu realisieren. Leider existieren hier noch keine Kosten-Nutzen-Analysen wie bei den Hörkindern, wo der Vorteil einer effektiven Prävention und Frühförderung längst evident ist, auch in gesamtwirtschaftlich-finanzieller Hinsicht.

Wir hätten hier vielleicht schon längst resigniert, wenn nicht gerade die Kinder oftmals so faszinierende Persönlichkeiten wären und uns gleichzeitig die überaus beeindruckenden Behandlungsresultate dieses Rudolf-Dreikurs-Institutes immer wieder neuen Schwung und Mut gäben, uns nun insbesondere dieser kindlichen Situation zuzuwenden.

Hierbei spielt der Name *Rudolf Dreikurs* insofern eine besondere Rolle, da gerade er sich intensiv mit dem Aufbau einer im engen Sinne demokratischen Sozialstruktur und Pädagogik befasst hat, die wesentlich in der Familie und hier speziell in der Erziehung der eigenen Kinder beginnt.

Wenn ich schließlich eingangs davon sprach, dass im Mittelpunkt der hier geleisteten Arbeit nicht das Stottern steht, sondern der Stotterer, so möchte ich als letzte und aus meiner Sicht neueste Perspektive eigentlich diese Aussage dahingehend erweitern – und ich denke, damit trage ich auch dem großen Engagement von Antonia und Theo Schoenaker bedeutend besser Rechnung –, dass nämlich im Mittelpunkt ihrer Arbeit der Kommunikationsgestörte steht, was ja gleichbedeutend ist mit einer Bedrohung der sozialen Existenz, sofern man den Menschen eben als soziales Wesen begreift.

Damit wird unser Blick auch perspektivisch geöffnet für andere kommunikationsgestörte Patienten, denen hier in ebenso effektiver Weise geholfen werden kann wie den Stotterern, nämlich unseren Patienten mit einer spastischen Dysphonie, die ja typischerweise auch als Stimmstottern gekennzeichnet wird und wo wir eine ähnliche therapeutische Blumenwiese finden können wie zuvor dargestellt.

Meine Damen und Herren, Sie werden nun vielleicht besser verstehen, warum ich diese heutige Gelegenheit bewusst und unbedingt nutzen wollte, Antonia und Theo Schoenaker aus tiefster Überzeugung und mittlerweile sehr persönlicher Verbundenheit heraus sehr herzlich zu danken für diese unglaublich engagierte, in vielfältiger Weise vorbildliche Arbeit.

Liebe Antonia und lieber Theo, ich habe hoffentlich aufzeigen können, welche ermutigenden und wichtigen Perspektiven ihr mit eurer langjährigen Tätigkeit nicht nur für viele hier behandelten Patienten eröffnet habt, sondern weit darüber hinaus für unseren gesamten Aufgabenbereich und insbesondere auch für den eigenen Umgang mit Patienten und Mitarbeitern im Bewusstsein der Gleichwertigkeit aller Men-

schen, seien sie berühmt und erfolgreich oder auch kommunikationsge-
stört oder gar behindert.

So darf ich schließen, dass wir nicht nur noch lange zusammenarbei-
ten mögen, sondern dass ihr euch jederzeit auf die Unterstützung und
jeweils machbare und mögliche Hilfe all derer verlassen dürft, die sich
hier heute aus gegebenem Anlass versammelt haben, damit ihr eure
wichtige Arbeit endlich auch unter günstigeren und gesicherteren Bedingungen fortsetzen könnt, als dies leider in der Vergangenheit der Fall
war.

Herzlichen Dank!

3

Verhalten final verstehen
Theo Schoenaker

Das finale Verständnis

Es geht in diesem Buch um Ziele des Verhaltens. Es gibt Ziele auf der bewussten und auf der unbewussten Ebene. Wer eine Treppe besteigt, hat gewöhnlich das bewusste Ziel nach oben zu kommen. Das ist auch für den Beobachter klar. Wenn aber eine Krankenschwester nachts in das Zimmer des vor zwei Tagen operierten Patienten kommt und sieht, dass dieser quer über dem Bett liegt, mit dem rechten Arm oben an der Infusion (an dem „Tropf"), mit dem linken Arm auf der anderen Seite neben dem Bett, mit dem rechten Bein gehoben um sein Gleichgewicht zu behalten, dann könnte sie denken er sei irgendwie durcheinander.

So reagiert sie auch erstaunt mit der Frage:„Was machen Sie denn da? Ist Ihnen nicht gut?" Der Patient kennt sein Ziel, für ihn ist diese Haltung sinnvoll, denn er braucht die Bettflasche, die auf der linken Seite des Bettes etwas zu weit weg hängt. Als die Schwester das Ziel erkennt, ist sie beruhigt. Irgendwie kommt ihr das Verhalten jetzt normal vor. Jetzt, wo sie das Ziel kennt, macht das Verhalten, wie verrückt es auf den ersten Blick auch aussah, einen Sinn.

Ein anderes Beispiel:

Der Zug steht schon einige Zeit auf dem Bahnhof. Der Schaffner versteht nicht, warum der Mann mit den wilden weißen Haaren nicht einsteigt und immer noch nach seiner Fahrkarte sucht. Er versteht nicht das Ziel des Zögerns. Er sagt: „Steigen Sie ein. Sie können im Zug eine neue Fahrkarte kaufen! Sie bekommen ihr Geld für die nicht gebrauchte Fahrkarte auch zurück, wenn Sie Ihre Karte noch finden." Darauf sagte Albert Einstein: "Das mit dem Geld ist nicht das Schlimmste, aber wenn ich die Fahrkarte nicht habe, weiß ich nicht, wohin ich eigentlich wollte. Solange ich das nicht weiß, kann ich nicht einsteigen." Wir können das Verhalten der Menschen verstehen, wenn wir ihre Ziele verstehen.

Ziele, so wie Individualpsychologen sie verstehen, sind Vorstellungen, die nicht immer auf der bewussten Ebene existieren. Die Vorstellung ist das Ziel. Ohne Ziel, keine sinnvolle Bewegung.

Wenn jemand das Ziel hat: "Ich will Dich überholen", dann bestimmt diese Vorstellung die Art seines Verhaltens, auch wenn er sich seines Zieles nicht bewusst ist und auch wenn er sein Ziel nicht erreicht.

So sehen wir Ziele als Beweggründe des Verhaltens. Wer danach strebt, die beste Logopädin, oder der reichste Schlagersänger zu werden, der hat ein Ziel, auf das er sich zubewegt. „Das Ziel ist vorwiegend symbolisch und nicht immer konkret als wirkliche körperliche Bewegung zu verstehen. Vielleicht erreicht der Mensch das Ziel nicht, aber das Ziel erklärt die Art, wie er sich verhält." (Dreikurs, E. 1988).

Auch das Stottern ist als ein zielorientiertes Verhalten zu betrachten. Verstehen wir die Ziele, die der Patient mit seinem Stottern verfolgt, dann verstehen wir auch, welchen Sinn das Stottern in seinem Leben hat. Können wir ihm das in der richtigen Weise vermitteln, dann kann er im besten Sinne des Wortes sinnvoll an dem Abbau, oder der Reduzierung seines Stotterns arbeiten. Das ist interessante und hilfreiche therapeutische Arbeit.

Wer psychotherapeutisch arbeiten will, braucht ein Konzept vom Menschen. Er braucht Antworten auf Fragen wie: Was ist ein Mensch? Was braucht ein Mensch? Was ist normal? Wozu verhält er sich so und nicht anders? Was kann ein Mensch zu seiner eigenen Gesundung beitragen? Wenn seine Antworten stimmen, dann kann er sich an die Behandlung des Hilfebedürftigen mit Aussicht auf Erfolg heranmachen.

Die Individualpsychologie nach Alfred Adler (1870-1937) bietet solche Antworten. In diesem Buch werde ich die Zielgerichtetheit (die teleologische Sichtweise) behandeln, die die obige Frage: „Wozu verhält er sich so und nicht anders?" in den Vordergrund rückt. Zugleich werde ich aus der Vogelperspektive auch andere individualpsychologische Prinzipien beleuchten, sodass sowohl die Sicht auf den Menschen als auch das therapeutische Handeln verständlich werden.

Der Mensch, ein soziales Wesen

Das Wort „Individual" in Individualpsychologie bedeutet keinen Gegensatz zu „Sozial" oder „Gruppe". Individualpsychologie ist keine Psychologie für das Individuum als Gegensatz zu einer Gruppe. Mit dem Wort „Individual" wollte Adler sagen, dass das Wesen Mensch unteilbar ist (Individuum = lat. das Unteilbare).

„Der Mensch ist ein soziales Wesen" ist eine der Grundaussagen der Individualpsychologie. Man kann den Menschen nur im Rahmen seiner sozialen Beziehungen verstehen. Sein Glück, seine Zufriedenheit, seine Erfolge sind abhängig von gelungenen sozialen Beziehungen. Seine Minderwertigkeitsgefühle und auch die Produktion seiner psychogenen Symptome bekommen erst auf dem Hintergrund der Qualität seiner sozialen Beziehungen eine Bedeutung. Das wissen wir im Grunde alle durch unsere eigene Lebenserfahrung und durch die Überlegung, was situativ auftretende Symptome wie Stottern, Erröten, oder Wutausbrüche – um nur einige zu nennen – für einen Sinn haben sollen, wenn man den anderen wegdenkt.

Die Lebensaufgaben

Die Struktur des sozialen Lebens hält für den Menschen einige Lebensaufgaben bereit, die Adler (1933, 1994) als „Gemeinschaft", „Arbeit", „Liebe" beschreibt, und die von Mosak und Dreikurs (1966, 1967) mit den Lebensaufgaben „Der Umgang mit sich selbst" und das „Geistige Leben" ergänzt wurden.

Ich habe die Adler'sche Reihenfolge verändert und die Lebensaufgabe Liebe an die erste Stelle gesetzt (Schoenaker 2000), mit der Botschaft: Bringe erst die Beziehung hinter den privaten Türen in Ordnung und wende dich dann deinen Geschäften zu!
Die Lebensaufgaben kann der Mensch am besten lösen mit Mut, Optimismus, gesundem Menschenverstand und mit dem Gefühl der Zugehörigkeit.

1. Die Liebe: Die Grundidee dieser Lebensaufgabe bezieht sich auf die Tatsache, dass Menschen zweierlei Geschlechts die Erdkugel bevölkern, und dass die Anziehung und die Fortpflanzung den Fortbestand der menschlichen Rasse garantieren. Mit der Lebensaufgabe Liebe meine ich in erster Linie Ehe und Partnerschaft, eine befriedigende sexuelle Beziehung und die Fähigkeit, befriedigend zu kommunizieren, aber auch die Liebe zu den eigenen Kindern und die Liebe zu den eigenen Eltern. Die erfolgreiche Erfüllung dieser Lebensaufgabe ist eine Kraftquelle. Doch sie beinhaltet viele Probleme. Durch mangelnde Vorbilder bei den eigenen Eltern haben nur wenige gelernt, als gleichwertige Partner miteinander zu leben. Die meisten Menschen können nicht über das, was sie wirklich bewegt, in Momenten, wo sie es wirklich brauchen, miteinander sprechen, so dass sie sich verstanden fühlen. So entstehen Probleme mit den eigenen Kindern, mit den Schwiegereltern, mit dem Geld mit der Freizeitgestaltung, mit der Sexualität usw.

2. Die Arbeit: Die Grundidee ist, dass alle Menschen dieser Erde gemeinsam verantwortlich sind für die Organisation des Zusammenlebens, dass die Arbeit verteilt werden muss, und dass jede Art von Arbeit, wie unterschiedlich sie auch sein mag, als gleichwertig zu bewerten ist. Mit Arbeit meine ich jede Tätigkeit, die mit einer gewissen Kontinuität und Verantwortung ausgeführt wird. Jeder Mensch steht sozusagen auf einem Ehrenposten, den er nicht ohne weiteres verlassen darf.

Die Lebensaufgabe Arbeit bietet, wenn sie richtig gelöst ist, ein hohes Maß an Befriedigung. Sie ist aber auch voller Probleme durch Stress, ungenügende berufliche Vorbereitung, Konkurrenzkampf, Druck „von oben", Erwartungen von überall her, mangelnde Anerkennung usw. Arbeitslosigkeit ist ein weiteres Problemfeld.

3. Die Gemeinschaft: Da der Mensch ein soziales Wesen ist, steht er in ständiger Wechselwirkung mit anderen Menschen in der Organisation, die dem Leben Struktur gibt. Das sind die Nachbarn, die Freunde, die Vereinsmitglieder, die Menschen, die in unserer Freizeit und den gemeinsamen Hobbys einen Platz haben und dort in Begegnungen und Zusammenarbeit eine Rolle spielen. Die Lebensaufgabe Gemeinschaft bezieht sich auch auf den Umgang mit der Erde, den Pflanzen und den Tieren. Auch diese Lebensaufgabe ist durch unsere sozialen Minderwertigkeitsgefühle oft eine von unangenehmen Spannungen besetzte Aufgabe, der viele Menschen ausweichen und sich wenn überhaupt, auf ganz wenige soziale Kontakte beschränken.

4. Der Umgang mit sich selbst: Das Wesentliche im Umgang mit uns selbst ist, dass wir gut zu uns selbst sind, d.h. auch aufhören, mit uns selbst zu kämpfen und uns selbst zu entmutigen. Unglücklicherweise haben wir nicht gelernt, uns auf der Grundlage unserer Stärken zu definieren. Die meisten Menschen gehen so mit sich selbst um, wie ihre Eltern mit ihnen umgegangen sind. Sie behandeln sich selbst so, wie die Eltern ein böses oder unartiges Kind behandeln würden. Der Mensch aber braucht die Fähigkeit und den Willen, seine guten Eigenschaften zu sehen, und er sollte vermeiden, sich immer wieder seine Unzulänglichkeiten zu vergegenwärtigen.

5. *Das geistige Leben:* Diese Lebensaufgabe bezieht sich auf Fragen wie: Was ist die Bedeutung all dessen, was geschieht? Wozu lebe ich? Woher komme ich? Wohin gehe ich? Was ist nach meinem Tod?
Diese Sinnfragen werden von philosophischen Systemen und von Offenbarungsreligionen beantwortet. Nach individualpsychologischer Sicht ist es eine Lebensaufgabe, auf solche Fragen Antworten und befriedigende Stellungnahmen zu finden. (Schoenaker 1997).

Es gibt für das menschliche Leben keine Themen von Bedeutung außer dieser Themen und es gibt keine Probleme außer den Problemen die hier einzuordnen sind. Man kann den Menschen nicht verstehen losgelöst von seinem sozialen Eingebettetsein. **Sie werden dem Patienten, mit welchen Symptomen er auch kommt, immer im Rahmen dieser Lebensprobleme begegnen. Losgelöst aus seinem sozialen Hintergrund, losgelöst von diesen fünf Lebensaufgaben, macht kein Symptom wirklich einen Sinn.**

Das Zugehörigkeitsgefühl

Alfred Adler sah als Hauptziel aller Menschen das Streben nach Zugehörigkeit[5], nach einem Platz in der menschlichen Gesellschaft.
Das Kind kommt mit dem Bedürfnis sich zugehörig zu fühlen zur Welt auf die Bühne des Lebens, im 2. Akt des Schauspiels: "Dies ist mein Leben." Es gibt schon verschiedene Rollen: Vater, Mutter, Oma, Bruder usw.; die meisten sind schon besetzt. Das Neugeborene weiß noch nicht, welche Rolle es spielen wird. Es weiß nur: "Ich will mitspielen, ich will auch meine Rolle, meinen Platz in diesem Spiel." Sein Streben nach Zugehörigkeit verleiht ihm die Fähigkeit, sich anzupassen, die Sprache und die Gewohnheiten, zu lernen, und auch die anderen Spieler gut zu beobachten, um schließlich zu verstehen, in welcher Weise es seine eigene Rolle spielen kann. Es wird lieber eine Rolle spielen, die noch unbesetzt ist, als eine zu kopieren, die schon von einem der Geschwister gespielt wird. Seine ganze Kreativität ist darauf gerichtet, sich einzuordnen, einen eigenen Platz zu finden und sich so zugehörig zu fühlen.
„Wenn ein Kind mit der Überzeugung aufwächst, dass es dazu gehört, und in der Familie und folglich in der größeren Gemeinschaft einen Platz hat, wird es sich bemühen, zum Wohle der Gemeinschaft beizutragen = für das Wohl der Gruppe nützlich zu sein."(Eva Dreikurs 1988).
„Wenn ein Kind jedoch den Schluss zieht, dass es nichts wert ist, dass es so, wie es ist, nicht gut genug ist und keinen Platz hat, wird es alle seine

Energien darauf verwenden, einen Platz zu finden. (Eva Dreikurs 1988). Seine Gedanken kreisen um sich selbst.

Wenn das „lästige Kind", – das sich nicht zugehörig fühlt – sich so verhält, dass es immer wieder beschimpft und bestraft wird, sucht es auch damit – unbewusst – seinen Platz. Es ist schwer zu verstehen, dass das Kind sich durch Bestrafung zugehörig fühlen kann. Für das Kind scheint es aber wohl besser zu sein, bestraft zu werden, als übersehen, nicht beachtet zu werden. **So ist auch das Stottern grundsätzlich als ein Versuch des Kindes zu verstehen, sich zugehörig zu fühlen.**

Sich zugehörig fühlen oder sich nicht zugehörig fühlen, bilden die Grundlage für die Art der Ziele, die der Mensch sich steckt. Das Zugehörigkeitsgefühl beruht auf zwei Säulen, siehe Abb. 1. Über die A-Säule vermitteln wir dem Menschen, dass wir ihn annehmen so wie er ist, dass wir an ihn glauben und ihm vertrauen. Hier ist die Grundlage für die Erfahrung: „Ich bin so wie ich bin gut genug!" Über die B-Säule vermitteln wir dem Menschen, dass wir ihn in seiner Art sich zu verhalten ernst nehmen, ihm die Möglichkeit geben, beizutragen, mitzudenken, mitzusprechen, Verantwortung zu tragen. Im Erwachsenenalter lernen Menschen sich selbst anzunehmen, an sich selbst zu glauben, sich selbst zu vertrauen (A-Säule) und aus eigener Initiative mitzudenken, mitzusprechen, beizutragen, Verantwortung zu tragen (B-Säule) – in dem Falle sprechen wir dann von Gemeinschaftsgefühl. (Schoenaker, Th. und J. und Platt J. M. 2000).

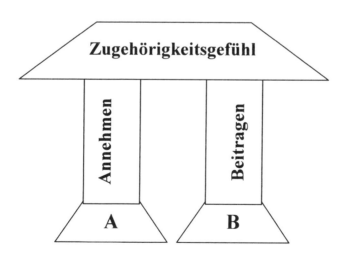

Das Gemeinschaftsgefühl

Das Gemeinschaftsgefühl ist im Laufe der Zeit zu einer der wichtigsten ethischen Grundprinzipien der Individualpsychologie geworden. Es geht hierbei um Interesse für die Interessen anderer. Es geht um Hinwendung und um Beiträge zum Wohle des anderen. Je besser das Gemeinschaftsgefühl des Menschen entwickelt ist, umso mehr fühlt er sich zugehörig, hat er Mut beizutragen ohne sich ständig zu fragen, was andere von ihm denken und ob er wohl gut abschneidet. Das Zugehörigkeitsgefühl und das Gemeinschaftsgefühl ermöglichen es dem Menschen seine oben beschriebenen Lebensaufgaben zu erfüllen. Die Erfüllung der Lebensaufgaben wurde in der Individualpsychologie zum Maßstab für psychische, = soziale, Gesundheit. Das Gemeinschaftsgefühl impliziert auch die Gleichwertigkeit aller Menschen. Es ist die Annahme, der feste Glauben, dass allen Menschen der gleiche Wert, die gleiche Würde inne wohnt. So hat jeder Mensch unabhängig von Alter, Geschlecht, Bildung, Funktion, Rasse oder Nationalitätszugehörigkeit, ein Anrecht auf Respekt und Ernst-genommen-werden in seinem Anderssein. So ist es verständlich, dass die Individualpsychologie keine wertfreie Psychologie sein will. Sie hat klare Meinungen darüber, was für einen Menschen gut ist und was nicht. Sie ist eine ethische Philosophie. Sie ist gegen persönliche Überlegenheit, gegen Abwertung, Ausbeutung, Diskriminierung und Gewalt; auch gegen eine Opfer- oder Märtyrerhaltung, gegen Abhängigkeit, gegen Strafen und Entmutigung. Und sie ist gegen Pessimismus. So lässt sich leicht schließen, dass sie steht für Mitmenschlichkeit, Zusammenarbeit, Ermutigung, Optimismus, Gleichwertigkeit und Mut zur Unvollkommenheit.

Da es hierbei nicht nur um philosophische, sondern um praktische Themen für das tägliche Leben geht, wurden Konzepte und Trainingsmodelle entwickelt, die es möglich machen, die Bedeutung des Zugehörigkeitsgefühls zu verstehen und es in der Kindererziehung zu wecken. Andererseits sind Konzepte entstanden, mit dem Ziel, solche Qualitäten, die ein Ausdruck des Gemeinschaftsgefühls sind, sowohl bei Einzelpersonen als auch bei Ehepaaren zu entwickeln und zu praktizieren. Alle diese Konzepte und Modelle stehen unter dem Begriff „Encouraging-Training Schoenaker-Konzept®"

Das Encouraging-Training

Dieses Encouraging-Training, Schoenaker-Konzept®, das in vielen Städten der Bundesrepublik und in den benachbarten europäischen Ländern aber auch in den U.S.A. angeboten wird, führt zu mehr Zufriedenheit und mehr Mut zur Unvollkommenheit, und verbessert natürlich auch die Qualität der sozialen Beziehungen[6].

Im Encouraging-Training, Schoenaker Konzept® fließt die mehr als 35-jährige Erfahrung in individualpsychologischer Therapie und Beratung zusammen und legt den Schwerpunkt auf das Thema Ermutigung.

Hier sind Ergebnisse von über 1.300 TeilnehmerInnen an Encouraging-Trainings. Folgende Aussagen wurden nach der Teilnahme von 80 Prozent bzw. mehr bejaht:

♦ „Ich bin mit mir zufrieden"   89%
♦ „Ich habe ein besseres Selbstwertgefühl"   86%
♦ „Ich bin verständnisvoller, toleranter geworden"   84%
♦ „Ich kann andere besser ermutigen"   84%
♦ „Ich kann Fehler der anderen besser tolerieren"   83%
♦ „Ich kann meine eigenen Bedürfnisse besser
   erkennen"   83%
♦ „Ich bin mutiger geworden"   83%
♦ „Ich pflege einen besseren Umgang mit meinem
   Lebenspartner"   81%
♦ „Ich bin freundlicher anderen gegenüber"   80%

Beachtenswert ist, dass fast jeder zweite Befragte (43 Prozent) angibt, dass es ihm gesundheitlich jetzt besser geht und dass (bei 49 Prozent) der Kreis der sozialen Kontakte größer geworden ist.

Ermutigung

Wer zweifelt daran, dass Erziehung, Training, Therapie und Beratung, nur wenn von Ermutigung getragen, erfolgreich sein kann. Ich selbst stehe sowohl als Leiter des Institutes für Stimm- und Sprechbehinderte als auch als Leiter einer Ausbildung zum/zur Individualpsychologischen BeraterIn täglich an der Stelle, wo es eindeutig klar ist, dass mit Druck, Erwartungen, Kontrolle, Forderungen, Belehrungen nichts Gutes zu erreichen ist. Ermutigung ist wohl die einzige Kraft, die das natürliche Wachstumspotential im Menschen zur Entwicklung bringen kann. Kinder und Erwachsene brauchen Ermutigung, so wie Pflanzen Sonnenlicht und Wasser brauchen (Dreikurs). Kinder kommen mit einem großen Vorschuss an Mut auf die Welt. Soziale Minderwertigkeitsgefühle müssen wir ihnen durch Meckern, Nörgeln, Kritisieren, Verwöhnen, Ablehnung, Erniedrigung erst beibringen.

Was wird durch Ermutigung gewonnen? Ein Gefühl der Zugehörigkeit. Dieses ist nach individualpsychologischen Erkenntnissen das wichtigste Bedürfnis des Menschen. Wer sich zugehörig fühlt, fühlt, dass er einen Platz hat, dass er so wie er ist, in Ordnung ist und dass er beitragen kann. Ich habe 300 Erwachsenen aus Großunternehmen die Frage stellen lassen: „Kennen Sie das Gefühl, dass Sie sich am Arbeitsplatz nicht zugehörig fühlen?" Nach der Ja-Antwort haben sie mehrere Fragen beantwortet. (Schoenaker/Schoenaker/Platt 2000). Um den Rahmen nicht zu sprengen, gebe ich hier nur einige Antworten:

Wenn ich mich nicht zugehörig fühle, fühle ich mich unruhig und faul. Ich fühle mich unsicher und dumm. Ich fühle mich aggressiv. Ich denke, mir ist alles egal. Lasst mich bloß in Ruhe. Ich ziehe mich zurück, bin schlecht gelaunt, ich sehe nur feindliche Augen.

Ich habe natürlich auch die umgekehrte Frage gestellt: „Kennen Sie das Gefühl am Arbeitsplatz dazuzugehören?" Auch dazu einige Antworten:

Ich fühle mich fit, belastbar, wissbegierig und voller Energie. Ich denke, ich bin offensichtlich okay. Ich werde gebraucht. Ich bin hilfsbereit, kann mich gut konzentrieren, gehe auf andere ein und habe Humor. Ich erlebe die anderen als sympathisch und entgegen kommend.

Die Antworten, die Kinder und Jugendliche geben, sind inhaltlich nicht anders.

Abschließend haben wir die Frage gestellt: „Was können andere für Sie tun, wenn sie sich nicht zugehörig fühlen?" Die Antworten könnten aus einem Ermutigungsbuch abgeschrieben worden sein; sie lauten:

Auf mich zukommen ~ lächeln ~ eine einladende Geste machen ~ einen freundlichen Blick ~ mich mitmachen lassen ~ ein Handschlag oder wenn es passen würde, eine Hand auf meiner Schulter ~ mich einbeziehen ~ mit mir sprechen ~ meine Leistungen anerkennen ~ meine Ideen ernst nehmen ~ mir zuhören ~ mich bei meinem Namen nennen ~ ein bisschen Humor.

Ermutigung ist jedes Signal, dass das Gefühl der Zugehörigkeit weckt oder stärkt. Und wie wir oben gesehen haben, bedarf es keiner schweren komplizierten Arbeit.

Es gibt zwei Wege, die das Gefühl der Zugehörigkeit wecken oder stärken:

Der eine Weg ist die existenzielle Ermutigung (A-Säule). Der andere die verhaltensorientierte Ermutigung (B-Säule).

Die existenzielle Ermutigung kann man in Worte fassen, zum Beispiel: „Es ist gut, dass es dich gibt. Du bist so wie du bist in Ordnung. Wir wollten so gerne ein Kind und dann bist du geboren. Wir freuen uns, dass wir dich haben." Am besten und am sichersten aber bringt man existentielle Ermutigung nonverbal rüber. Ein freundlicher Blick, die freundliche Stimme, geduldig sein, zuhören, Körpernähe oder Körperkontakt sind gute Hilfen. Der andere spürt:„Ich bin offensichtlich der Mühe wert, positiv wahrgenommen zu werden, unabhängig von meinem Verhalten." Diese und andere ermutigende Qualitäten sind ausführlich für die Praxis beschrieben (Schoenaker 1991/1999).

Die verhaltensorientierte Ermutigung signalisiert dem Betreffenden, den Kindern, den Erwachsenen generell, aber auch dem/der LebenspartnerIn, der KollegIn, der Frau im Supermarkt an der Kasse, dass wir sie positiv wahrnehmen, und anerkennen, was sie richtig machen oder schon besser machen als früher. Wer ermutigen will, braucht diese wohlwollende, freundliche Haltung in erster Linie sich selbst gegenüber. Wer selbst entmutigt ist, kann anderen nicht gut Mut machen.

So bedarf es des Mutes zur Ermutigung, denn Ermutigung verändert die Beziehungsqualität hin zur Gleichwertigkeit. Und dahinein passen dann die alten Methoden aus einer autokratischen Vergangenheit, wie Kritisieren, Druck ausüben, Schuldgefühle und Angst machen, nicht mehr. Wenn aber die Entmutigung wegfällt, die generell ausgeht von der Fehlerbezogenheit, bekommen Kinder und Erwachsene schon wesentlich mehr Spielraum für die Entwicklung ihrer sozialen Qualitäten.

So kommen wir zu der letzten Definition: Ermutigung ist der Prozess, der dazu führt, dass der Empfänger mehr an sich (existenzielle Ermutigung) und an seine Möglichkeiten (verhaltensorientierte Ermutigung) glaubt. Die große Hoffnung bei diesen Überlegungen: Sowohl die Haltung der Ermutigung als auch die entsprechenden Methoden und Techniken kann man lernen, aber ohne die richtige Haltung wirkt jede Methode und Technik wie ein Trick. Tricks werden zu leicht durchschaut und sind unwirksam.

Vor einigen Jahren wurde in einer größeren Gesamtschule ein Projekt durchgeführt, das belegen sollte, dass Verstärkung von positivem Verhalten zur Verbesserung des Lernverhaltens der Kinder führt. Die Lehrer und Lehrerinnen bekamen von den Psychologen klare Anweisungen, was sie sagen sollten bei bestimmten nützlichen Verhaltensweisen der Kinder in der Klasse. Nach 3 oder 4 Monaten stellten die Untersucher fest, dass sich das Lernverhalten der Kinder nicht verändert hatte. Die Lehrer und Lehrerinnen schienen ihre Arbeit richtig gemacht zu haben und so kam man auf die Idee, die Kinder zu fragen. Die meisten der Kinder antworteten in etwa so: „Der glaubt doch selbst nicht, was er sagt!"

Eine Mutter ruft mich an, und sagt, sie hätte einen Vortrag von mir über Ermutigung gehört und da sie wusste, dass ihr Sohn am nächsten Tag einen schwierigen Schultag hatte, sei sie morgens noch vor seinem Aufstehen in sein Schlafzimmer gegangen und habe ihn ermutigt. Er sei dadurch eher verärgert gewesen. Sie würde gerne mit mir darüber sprechen. So kam sie zur Beratung und erzählte: »Mein Sohn ist 14 Jahre alt. Er lag noch im Bett als ich in sein Schlafzimmer kam. Ich schaute ihn an und sagte: "Patrick ich bin froh, dass wir dich haben und ich finde, du bist so wie du bist gut genug." Er schaute mich gelangweilt an, machte eine abwertende Bewegung mit der Hand und sagte: "Ach Mutti, bitte nicht morgens schon so früh."« Ich sagte zu ihr: „Entspannen Sie sich doch mal, und machen Sie die Augen zu und stellen Sie sich jetzt mal ihren 14-jährigen Sohn vor. Denken Sie jetzt mal *„Ich bin froh, dass wir dich haben und so wie du bist, bist du gut genug."* Sie ging glaubwürdig konzentriert in diese Übung hinein, machte plötzlich die Augen auf und sagte: *„Das glaube ich ja selbst nicht."*

Die ermutigende Haltung und die Methoden kann man lernen und wer erfolgreich therapeutisch arbeiten will, der kann nicht auf diese Methoden verzichten.

Die hiervor beschriebenen individualpsychologischen Prinzipien bilden mit anderen Inhalten der Individualpsychologie meine geistige Heimat, den theoretischen Bezugsrahmen für mein Denken und mein therapeutisches Handeln. Sie hilft mir, bestimmte Phänomene wie zum Beispiel neurotische Symptome, wie das Stottern, besser zu verstehen und führt mich zu **drei wichtigen Fragen,** die ich aufgrund des zielgerichteten sozialen Denkansatzes in diesem Buch beantworte:

1. Wozu stottert dieser Mensch?
2. Wozu stottert er gerade mit diesen Stottersymptomen?
3. Wozu stottert er gerade in dieser Situation?

Soweit mir bekannt, fehlen sinnvolle Antworten auf diese Fragen in der Literatur über Stottern. Ich glaube aber, dass derjenige, der die Antworten kennt, dicht bei der Wahrheit ist.

4

Wozu stottert der Patient?

Theo Schoenaker

Die Familienkonstellation[7]

Auf der Suche nach einem eigenen Platz findet das Kind schon bald heraus, welche Rollen besetzt und welche frei sind, und mit welchen Verhaltensweisen es seinen Platz finden kann. Die Kreativität des Kindes spielt in diesem Prozess eine entscheidende Rolle. Dies wird am Zweitgeborenen leicht erkennbar. In den meisten Fällen entwickeln zwei kurz nacheinander geborene Kinder sehr unterschiedliche Verhaltensweisen. Das Kind übt genau die Qualitäten, durch die es hofft, Bedeutung oder einen Grad von Überlegenheit in der Familienkonstellation zu bekommen. Üblich ist es, dass das Zweitgeborene sich als Gegensatz zum Erstgeborenen entwickelt. Wenn das erste ein aktives Kind ist, neigt das zweite vielleicht zur Passivität oder ist eher ein ruhiges Kind. Wenn das erste das brave Kind ist, wird das zweite oft der Rebell. Wenn das erste Kind eine technische Begabung hat, entwickelt das zweite Kind vielleicht seine musischen Seiten. Wenn das erste gut und gerne lernt, findet man das zweite auf dem Sportplatz mit seinen Freunden. Wenn beide Kinder gut lernen können, verteilen sie innerhalb dieses Bereiches die Rollen. Der eine ist gut in Mathematik, der andere besser in Sprachen. Wenn das erste ein selbstständiges Kind ist, findet das zweite durch seine Abhängigkeit seinen Platz. So hat nicht selten ein stotterndes zweitgeborenes Kind ein besonders gewandt redendes Geschwister vor sich.

Die Reihe von Beispielen kann beliebig erweitert werden mit Varianten, die wir aus unserem eigenen Leben oder von Personen aus unserem Lebenskreis kennen. Wir erkennen hierdurch auch, dass das Bedürfnis, eine eigene Rolle zu spielen, d.h. der Sozialaspekt, stärker wirkt als die Veranlagung. Durch die Geschwisterkonkurrenz bleiben manche Veranlagungen unentwickelt, weil ein Geschwisterteil diesen Platz schon

41

belegt hat. Natürlich haben wir es hier nicht mit Gesetzmäßigkeiten zu tun. Es geht um statistische Wahrscheinlichkeiten. Es kann auch alles anders sein.

Das Kind auf der Suche nach einem eigenen Platz „entscheidet" sich für eine eigene Rolle und „präsentiert" den Eltern seine Visitenkarte. Zum Beispiel: Das Kind, das ein Geschwister hat, das das gute, angepasste Kind ist, wird wissen, dass es so gut wie sein Geschwister nicht sein kann und entscheidet sich für das Gegenteil. Es zeigt die Visitenkarte in seinem Verhalten: *„Ich bin das lästige, das böse Kind"*. Die Eltern reagieren darauf mit Ermahnung, Kritik oder Strafe. Das Kind fühlt sich in seiner Rolle bestätigt. So wird auch das „gute" Kind durch Lob und Anerkennung in seiner Rolle bestätigt und dadurch immer besser und das „schlechte Kind" durch Kritik und Strafe immer mehr entmutigt (es verliert sein Selbstvertrauen) und dadurch immer schlechter.

Jedes Kind erlebt seinen Platz in der Familie zwar anders und bildet sich dadurch eigene Meinungen, trotzdem gibt es generelle oft vorkommende Meinungen, bedingt durch die **Familienposition.**

Das **Einzelkind** kann sich als Mittelpunkt erleben und meinen, es habe ein Anrecht darauf, immer im Mittelpunkt zu sein. Das Stottern kann ein Mittel dazu werden.

Das **erste** Kind kann es als ungerecht erleben, dass das zweite ihm seinen Platz wegnimmt und erwarten, dass auch andere Menschen es ungerecht behandeln wollen. Das Stottern kann ein Ausdruck davon sein.

Das **zweite** Kind kann durch ständige Aktivität versuchen, das erste zu überholen und meinen, es habe nur einen Platz im Leben, wenn es immer eifrig ist und besser als andere. So kann es das erste entmutigen oder mit dem Stottern die eigene Entmutigung zum Ausdruck bringen.

Das **mittlere** Kind kann sich ungeliebt fühlen, weil das erste und das dritte Kind Rechte bzw. Vorrechte haben, die es noch nicht oder nicht mehr hat. Es ist zum Beispiel zu jung, um so spät wie das erste ins Bett gehen zu dürfen, und es ist zu alt, um wie das jüngste Windeln zu bekommen. Es kann die Meinung entwickeln, nur durch störendes Verhalten, durch Schwächen oder Krankheit einen Platz zu haben. Darin kann das Stottern eine Rolle spielen.

Obwohl jeder Platz in der Kinderreihe die Entwicklung ganz typischer Meinungen begünstigt, muss jeder Fall für sich betrachtet werden.

Der Lebensstil: Meinungen bestimmen das Verhalten

Durch die Erfahrungen, die das Kind mit seiner Rolle in der Familie, mit seiner Umwelt und seinen Veranlagungen macht, entwickelt es Meinungen über sich, über die Mitmenschen, über Werte und über das Leben. Es setzt sich Ziele und entwickelt Methoden, mit denen es diese Ziele zu verwirklichen sucht. Diese subjektiven Meinungen, die dem Mensch als Kompass dienen, um seinem Leben Richtung zu verleihen, nennen die Individualpsychologen **„Lebensstil"**[8]; in anderen psychologischen Richtungen spricht man von „Struktur", „Skript" oder von „Belief-System". Einige Aspekte des komplexen, kindlichen Lebensstils kann man auch im erwachsenen Alter analysieren und formulieren.

Günstige Aspekte eines Lebensstils wären:

„Ich bin gut und intelligent."

„Die Menschen sind gute Kameraden."

„Das Leben hat mir gute Fähigkeiten gegeben."

„Das Ziel: Ich will gut und nützlich sein."

„Meine Methoden: Freundlichkeit, viel arbeiten und studieren, gute Leistungen erbringen, Menschen helfen."

Diese sehr persönliche Lebensanschauung – auch private Logik genannt – entwickelt sich sehr früh. Da das Kind im Mutterleib ja nicht passiver sondern kreativer Empfänger der mütterlichen Signale ist, entwickeln sich einige Ansätze der privaten Logik vielleicht schon vor oder während der Geburt; andere danach, aber auf jeden Fall bis zum 6. Lebensjahr. Sie ist hauptsächlich stimmungshaft im Menschen anwesend und wird beim Erwachsenwerden nicht wesentlich geändert. Beim Älterwerden ist diese subjektive Meinung für unser Leben genauso wichtig wie die ersten 6 Jahresringe eines Baumes. Sie bildet den „Kern" unseres psychischen Lebens und hat einen großen Einfluss auf den Lauf des Lebens. Die meisten Lebensstile sind nicht so positiv wie im obigen Beispiel. Die meisten Menschen machen als Kind schlechte Erfahrungen. Sie erleben Liebesverlust, Vertrauensverlust, Abwertung, Vernachlässigung oder Unterdrückung. Zusammen mit Verwöhnung ist das alles als Entmutigung zu verstehen. Deshalb haben die meisten Menschen nicht so positive Ziele und Methoden.

Der Lebensstil, das Glaubenssystem eines entmutigten Kindes könnte die Meinung enthalten: *„Ich bin dumm und schwach. Die Menschen bestrafen Dummheit, deshalb muss ich mich schützen, und mir helfen lassen."*

Diese Ziele, sich zu schützen und andere in seinen Dienst zu stellen, wird es nun erreichen mit den Methoden, mit denen es in seinen beschränkten Wahlmöglichkeiten, in seiner speziellen sozialen Umgebung, am erfolgreichsten ist, zum Beispiel Rückzug, Hilflosigkeit oder Stottern. Die Umgebung kann als Verstärkungsfaktor für das Stottern auftreten, indem sie ständig auf das Stottern aufmerksam macht und es so „belohnt". Da sich aber das Stottern auf der Grundlage der persönlichen Glaubens-Systeme entwickelt, brauchen die Verstärkungsfaktoren der Umgebung sich nicht direkt auf das Stottern zu richten. Wenn man dem Kind immer wieder seinen Lebensstil bestätigt *„Ich bin unfähig, ich bin dumm, ich bin in Gefahr; die Menschen strafen, die Menschen sind unberechenbar"*, wird es damit auch das Störverhalten „Stottern" aufrecht erhalten. Deswegen bezieht sich die Behandlung des Kindes auch auf die Eltern und deren allgemeinen und besonderen Umgang mit dem Kind und nicht nur auf deren Reaktionen auf das Symptom Stottern.

Übertragen auf die Therapie bei Erwachsenen ist es deswegen günstiger, auch den (Ehe)Partner oder die (Ehe)Partnerin mit in die Therapie einzubeziehen, weil dieser als konservierender Faktor des Lebensstils und so auch des Stotterns zu betrachten ist.

Das Stottern entwickelt sich meist in demselben Lebensabschnitt wie der Lebensstil, nämlich in den ersten fünf bis sechs Lebensjahren. Deshalb ist das Stottern als Teil der Persönlichkeit zu verstehen. Bei der Behandlung von Erwachsenen ist ein Rückbezug auf frühe Kindheitserlebnisse oder auf die Art, wie dieser Mensch als Kind seinen Platz in der Familie erlebt hat, zum Verständnis des Stotterns notwendig.

Die Rolle der Eltern und der Entmutigung

Ob man als BeraterIn oder TherapeutIn nun mit Kindern arbeitet – und dann natürlich vordergründig mit den Eltern – oder mit Erwachsenen die stottern, in beiden Fällen ist es für den Behandlungsverlauf günstiger, davon auszugehen, dass die Eltern nicht schuld sind am Stottern des Kindes. Hier sind einige Beispiele:

Beispiel 1:
Veronika ist jetzt 18 Jahre alt. Sie erzählt folgende Geschichte: „Wir waren Zuhause mit 11 Kindern. Ich war das 8. Kind. Mein Vater hatte eine Landwirtschaft, wovon wir gerade leben konnten. Das höchste Ziel des Lebens war arbeiten. Wir mussten alle schon ganz früh mitmachen auf dem Feld und im Haushalt. Ich hatte als Kind immer das Gefühl, dass niemand Zeit für mich hatte. Meine Mutter hatte manchmal Zeit,

wenn sie Kartoffeln schälte und mein Vater hatte Zeit, wenn er mich schlug. Ich hatte aber eine ältere Schwester, die sich um mich kümmerte und lieb zu mir war. Als ich 6 Jahre alt war, emigrierte diese nach Kanada. Ich glaube, dass an dem Tag mein Stottern angefangen hat."

Dass die Eltern wenig Zeit für Veronika hatten, kann man aus der gegebenen Situation verstehen. Dass das Kind ein Stück Sicherheit verlor, als die Schwester emigrierte, kann man auch verstehen. Dass aus dieser Unsicherheit heraus Stottern entsteht, das kann vorkommen. Aber wer ist nun eigentlich schuld?

Beispiel 2:
Vater meldet sich wegen seines Stotterns zur Behandlung an und sagt: „Ich komme eigentlich nicht wegen mir, denn ich komme mit meinem Stottern und mit meinem Leben gut zurecht. Das Problem ist, dass mein 5-jähriger Sohn Erik auch stottert und zwar genauso, wie ich es mache. Ich glaube, der Kleine vergöttert mich und tut alles, was ich tue. Er meint wohl, was Vater tut, ist richtig. Ich möchte besser sprechen lernen, damit ich ihm auch in dieser Hinsicht Vorbild sein kann."
Wer ist da schuld, dass Erik stottert?

Beispiel 3:
Dietrich war 4 Jahre alt, als noch ein Bruder geboren wurde. Bis dahin war Dietrich der König in der Familie gewesen. Er war das erste Erziehungsexperiment der Eltern und das erste Enkelkind der Großeltern. Er wurde auf Händen getragen, und alle seine Entwicklungsschritte wurden mit Ermutigung, Lob oder Applaus begrüßt. Als er, so klein wie er war, anfing zu singen, hat die ganze Familie gestaunt und ihn ermutigt weiterzumachen. Jetzt, nach 4 Jahren „Alleinherrschaft", liegt dann plötzlich ein Eindringling auf dem Tisch, den er nicht hereingebeten hat. Die Mutter beschäftigt sich ständig mit dem Neuen, und wenn Dietrich die Mutter braucht, sagt sie, er soll doch ruhig sein und spielen. Die Besucher schauen von jetzt an erst in die Wiege, und dann bekommt Dietrich seine Begrüßung. Wenn er jetzt seine bis dahin erfolgreiche Methode des Singens einsetzt, bekommt er keine Ermutigung, sondern jeder ruft, er solle still sein, weil er sonst das Baby stört. Dietrich versteht von der ganzen Sache nicht viel. Er weiß nur eines: „Ich hab hier keinen Platz mehr, man liebt mich nicht mehr!" Diese Überzeugung erschüttert sein Selbstwertgefühl, und aus dieser Unsicherheit heraus fällt er einerseits zurück in die Phase des Bettnässens, und andererseits wird sein bis dahin sicheres und mutiges Sprechen unsicher, als ob er sich an die Worte herantasten will und sich bei jedem Wort überlegt, ob das, was er sagt, nun auch richtig ist, und ob das, was er sagen will, richtig ankommt, so

dass er damit wenigstens den Leuten gefallen kann und sie ihm Liebe schenken. So entwickelt sich das Stottern bei Dietrich.

Wer ist da nun schuld?

Kinder sind gute Wahrnehmer, aber sehr schlechte Deuter. Das Kind hat seine eigenen Gedankengänge, die nicht immer im logischen Zusammenhang zu der wirklichen Situation stehen. Die Mutter liebt Dietrich noch genauso wie vor der Geburt des zweiten Kindes, nur Dietrich meint, dass sie ihn nicht liebt, und deswegen fängt er an zu stottern. Wer die richtigen Zusammenhänge nicht versteht, macht es sich zu leicht, wenn er den Eltern die Schuld zuschiebt. Jedes Elternpaar, dem ich bis jetzt begegnet bin, hat das getan, was es im Interesse des Kindes für richtig hielt und was den Umständen entsprechend in ihrer Macht lag. Dass es aus Mangel an Möglichkeiten oder Informationen, nicht immer das im psychologischen Sinne Richtige getan hat, das gehört nicht in die Schuldfrage hinein. Überdies haben die meisten Eltern in den ersten Jahren, als das Kind stotterte, bei einem Arzt, Psychologen, Logopäden oder Diplom-Sprachheilpädagogen einen Rat eingeholt. Fast immer hat der Rat gelautet: „Schenken Sie dem Stottern nicht so viel Aufmerksamkeit; tun sie, als ob es dieses gar nicht gibt; das geht von selbst wieder vorbei."

Wenn das Kind mit dem Stottern jetzt ins Jugendalter gekommen oder erwachsen geworden ist, müssen die Eltern mit einem Gefühl der Traurigkeit feststellen, dass das Stottern nicht von selbst weggegangen ist, und vielleicht fühlen sie sich selbst als Versager, weil sie dann und wann doch auf das Stottern reagiert haben und nicht immer getan haben, als ob es dieses nicht gab. Von wem kann man eigentlich erwarten, dass er diesen Rat über Jahre beachtet?

Der Rat, den die Eltern bekommen haben, war schon richtig, denn 75 Prozent aller Kinder, die anfangs stottern, verlieren das Stottern ohne irgendwelche Behandlung. Warum der eine das Stottern verliert und der andere nicht, ist noch nicht eindeutig geklärt. Es liegt ganz sicher nicht nur an dem Verhalten der Eltern.

Ich rufe alle Eltern, die stotternde Kinder haben, auf, sich nicht länger mit Schuldgefühlen herumzuschlagen, denn erstens sind sie nicht schuld, und zweitens helfen Schuldgefühle nicht, bessere Menschen zu werden und glücklicher zu leben. Einige Eltern wurden durch die belastenden Schuldgefühle dazu verführt, sich in die Idee festzubeißen, das Kind habe das Stottern geerbt. Wer sich davon überzeugt hat, kann vielleicht die Schuldgefühle abschütteln, aber verliert auch den Blick für seinen eigenen Anteil auf dem Weg, der im Umgang mit dem Kind noch vor ihm liegt. Das Stottern ist nicht erblich, und deswegen kann man viel zur Verbesserung beitragen.

Das Stottern ist immer ein Ausdruck der Unsicherheit, der Entmutigung. Sie können also ihrem Kind nicht helfen durch Kritik wie:

- Sprich langsamer !
  (Das ist viel schwieriger, als normal zu sprechen.)
- Denk doch erst ruhig nach, was du sagen willst!
  (Das tut niemand. Der Denkvorgang entwickelt sich während des Sprechens; je mehr das Kind nachdenkt, um so sicherer geht alles schief.)
- Atme doch erst einmal ruhig ein!
  (Haben Sie das selbst beim Sprechen schon einmal probiert?)
- Sei doch ruhiger, wenn Du sprechen willst!
  (Soll man schweigen, wenn man aufgeregt ist?)
- Stottere nicht so!

Diese und ähnliche Bemerkungen werden mit den besten Absichten und in der Hoffnung, dass sie die gewünschte positive Auswirkung haben, gemacht. Das Kind fühlt sich jedoch kritisiert und entmutigt, weil es spürt, dass es so, wie es ist, nicht gut genug ist. Es kann sein, dass, wenn man es ein Wort oder einen Satz noch einmal sagen lässt, es dann fließend sprechen kann, aber auf das Stotterverhalten als Ganzes hat dies überhaupt keine nützliche Auswirkung.

Für die Eltern ist das Stottern vielleicht das wichtigste Übel am sonst so guten Kinde; sie möchten es weg haben, und deswegen sind sie so sehr darauf fixiert. Das Kind spürt, dass man sich deswegen mit ihm beschäftigt und findet es allmählich auch als das Wichtigste, was es hat. So kommt es, dass Jugendliche und Erwachsene das Stottern – auch wenn es nur sehr geringfügig ist – als das zentrale Problem ihres Lebens betrachten, woran sie alle anderen Probleme „aufhängen".

Eltern können sich darin üben, zu verstehen, dass das Kind nicht absichtlich stottert, sondern dass es sich unsicher fühlt. Sie werden dann nicht mit Kritik und Tadel reagieren, sie werden dann den Sprechfehler und auch andere schlechte Angewohnheiten leichter nehmen und eher das Positive im Kinde betonen. Sie werden es ermutigen, so dass es Selbstvertrauen aufbauen kann, und dann normalisiert sich das Sprechen ganz von selbst. (Schoenaker/Schoenaker/Platt 2000).

Nun kann man in der Auswahl der obigen Beispiele eine gewisse Einseitigkeit erkennen: Es gibt sicher Beispiele, wo man die Erziehung und damit die Eltern eher als Urheber des störenden Verhaltens ausweisen könnte. Wir sollten trotzdem das Kind als kreatives Wesen, als Deuter der Situation nicht aus dem Auge verlieren und uns vergegenwärtigen, dass ein anderes Kind in gleicher Situation höchstwahrscheinlich anders, oder genau umgekehrt reagiert hätte.

Beispiel 1: Elli (27)

Ellis Eltern haben beide gearbeitet. Es gab Umstände, wodurch sie wieder arbeiten mussten, so bald wie es nach Ellis Geburt ging. Es wurde so geregelt, dass das Kind jeweils zwei Tage zu Hause und zwei Tage bei der Großmutter mütterlicherseits lebte. Beide Parteien taten ihr Bestes, damit es dem Kind an nichts fehlte. Elli hat schon sehr früh angefangen zu stottern. Wann genau, ist nicht bekannt. Jetzt stottert sie heftig und bewegt den Kopf dabei kräftig nach hinten. Sie hat ernste Beziehungsprobleme, hat kein Vertrauen zu Menschen und fühlt sich nirgendwo zu Hause.

Die Eltern meinten, das Problem – Kind/Arbeit – gut gelöst zu haben. Elli hat sich jedoch hin und her geschoben gefühlt und weiß jetzt immer noch nicht, wo sie hin gehört. Eine vage Angst sagt ihr: „Wenn ich mich einem Menschen anvertraue, muss ich wieder weg." Das Stottern hilft ihr zu halten.

Ein anderes Kind hätte durch diesen Wechsel der Erziehungspersonen vielleicht gelernt sich auf wechselnde Situationen flexibel einzustellen und sich schnell heimisch zu fühlen.

Beispiel 2: Rainer (26)

Rainer war sechs Jahre lang Einzelkind. In diesen sechs Jahren hatte seine Mutter zwei Fehlgeburten. Sie klammerte sich zunehmend mehr an Rainer, und als dann endlich nach sechs Jahren das langersehnte zweite Kind geboren wurde, musste Rainer plötzlich der tüchtige, verantwortungsvolle und selbstständige Bruder sein. Da die Mutter für das Baby sorgen musste, hat Rainer auch die Verantwortung für den schwerbehinderten Vater übernehmen müssen.

Er fühlt sich ungeliebt, zieht über Gebühr Aufmerksamkeit auf sich und hat Angst vor jeder Form der Verantwortung. Ein anderes Kind hätte sich vielleicht endlich als der große Bruder anerkannt gefühlt, wäre Mutters rechte Hand geworden und später ein tüchtiger Krankenpfleger.

Störende Kinder sind entmutigte Kinder

In der Voruntersuchung vor jeder Therapie von Erwachsenen finde ich Bestätigung für die Entmutigungstheorie. Entmutigte Kinder sind Kinder, die sich nicht zugehörig fühlen. Sie glauben, keinen Platz zu haben und so wie sie sind, nicht gut genug zu sein. Sie fühlen sich minderwertig.

- Ich höre von Entmutigungen, die entstanden sind, dadurch, dass der Patient als Kind im Konkurrenzkampf mit einem Geschwister unterlag, aber auch durch Verwöhnung oder durch die Entthronung bei der Geburt eines Geschwisters.
- Ich höre von überhöhten Werten, zum Beispiel Perfektionismus – innerhalb der Familie –, die dem Kind das Gefühl vermittelten, bedeutungslos zu sein, wenn es Fehler machte.
- Ich verstehe zwar Martins begeisterten Vater, der seinen Sohn schon als Kompagnon in seiner Firma im Aufbau, vor sich sieht, verstehe aber auch die Entmutigung des Sohnes, der den Leistungsansprüchen seines Vaters nie gerecht werden konnte.
- Ich begegne Erwachsenen, die als Kind innerhalb der Familie ihre Sicherheit verloren, zum Beispiel durch die Scheidung der Eltern.
- Ich höre, wie jemand sich ständig bedroht gefühlt hat durch den Vater, der zu viel Alkohol trank und dann Mutter und die Kinder geschlagen hat.
- In anderen Fällen sind es sehr traumatische Erfahrungen, wodurch das mehr oder weniger sichere Weltbild zusammenfiel, zum Beispiel wenn ein Kind in einem Spiel mit anderen Kindern im Wald an einen Baum gebunden und über Nacht vergessen wurde.
- Ich lerne Erwachsene kennen, die als Kind immer zwischen zwei Stühlen saßen und sich nie sicher waren, ob sie geliebt wurden oder nicht.

Wenn ich meine Erfahrung und die Informationen, die ich von Erwachsenen bekomme, auf Kinder übertrage, dann sehe ich, dass Kinder, die anfangen zu stottern, sich in einer schmerzlichen Lage befinden. Es ist ein tief empfundenes Allein-, Vergessen-, Verloren-, Abgelehnt-, oder Bedroht-sein, das das Kind dazu bringt, Symptome zu entwickeln mit dem Ziel, nie wieder in eine solche Situation zu geraten. Die frühkindliche Erfahrung von Liebes- und Zuwendungsverlust kann durch Stottern, Bettnässen oder anderes Störverhalten, das dem Kind die Aufmerksamkeit der Eltern sichert, ausgeglichen werden. Die Wiederholung von schlechten Erfahrungen mit Menschen kann vermieden werden durch Symptome, die Abstand schaffen. Das Stottern wird zum "Lebensretter". Es sind entmutigte Kinder, die wenig von sich halten und die die Menschen und das Leben als bedrohlich oder ungerecht empfinden. Daraus ergibt sich ihre Angst. Es ist eine allgemeine Angst vor dem Leben oder vor der Zukunft, oder vor was geschehen oder kommen mag. Das Kind entwickelt eine Verteidigungshaltung. Mit der Angst ist auch die körperliche Spannungslage verbunden, die wiederum die Grundlage für die Symptombildung ist. Das Symptom kann Stottern sein. Es kann aber auch Bettnässen, Zögern, Nägelkauen, Essstörungen, Wutausbrüche, Weinen, Kränkeln oder allgemein die Rolle des Sorgenkindes sein. Angst ist keine Neurose, aber wenn die Angst zu Symptomproduktion führt, sind wir auf dem Felde der Neurosen angekommen.

Die Wahl und die Beibehaltung der kindlichen Symptome sind davon abhängig, ob das Kind mit dem Symptom „erfolgreich" ist. In einer Familie, in der dem anfänglichen „Stottern" keine Bedeutung beigemessen wird, wird das entmutigte Kind etwas anderes finden, womit es Aufmerksamkeit oder Zuwendung bekommt. In Familien, in denen man das Stottern – durch Vater, Tante oder Opa – schon als Leiden kennt, werden die Stotteranfänge eher mit „Belohnung" (= irgendeine Art von Aufmerksamkeit) belegt als in anderen Familien.

So entstehen familiäre Häufungen, die aber nichts über die oft diskutierte und nicht überzeugend belegte mögliche Erblichkeit, aussagen.

Entmutigte Kinder, die durch Vorbilder bei Freunden oder Verwandten die Wirkung des Stotterns kennen gelernt haben, können die Symptome nachahmen und durch die Verstärkung aus dem Erziehungsfeld beibehalten.

So erkennen wir das Stottern bei Kindern oder Erwachsenen immer als einen Ausdruck der Entmutigung. Aber nicht nur das Stottern. Je weniger man durch Entmutigung von sich hält, und je bedrohlicher man die Welt erlebt, um so höher sind die Angst und die Spannung als Grundlage für neurotische Symptome generell. Der Kampf gegen ein Symptom erhöht die Spannung und ist Bedingung für die Aufrechterhaltung des Symptoms.

Wer optimistisch und mutig ist, und sich und in seinen Lebensaufgaben zuhause fühlt, der kann sich den wechselnden Situationen entsprechend verhalten und braucht keine Symptome.

Wenn ich nun aufgrund der – während der Voruntersuchung – gewonnenen Informationen verstehen kann, wie dieser Mensch sich entmutigt fühlt – und dabei ist es unerheblich, ob die Information die geschichtliche Wahrheit darstellt oder nicht, denn für den Betreffenden ist es die Wahrheit – und verstehe, dass er sein Stottern braucht, um womöglich nie wieder in solche schlimmen Situationen zu geraten, dann kann ich auch die zweite Frage beantworten.

5

Wozu stottert der Patient gerade mit diesen Symptomen?
Theo Schoenaker

Wenn es – allgemein ausgedrückt – der Sinn des Stotterns ist, zu vermeiden, je wieder in solche schlimmen Situationen zu kommen wie damals in der Kindheit, dann stellt sich die Frage, ob gerade diese Stottersymptomatik, die wir bei diesem Patienten vorfinden, dazu auch geeignet ist.

Wenn das Kind die Meinung entwickelt hat, dass es verloren ist, wenn es keine Zuwendung bekommt, dann entwickelt es Verhaltensweisen oder Symptome, die sicherstellen, dass es die Aufmerksamkeit, welcher Art auch immer, bekommt! Sogar beschimpft zu werden ist besser, als übersehen zu werden. Wenn das Ergebnis seines Symptoms wäre, dass die Menschen weglaufen und es alleine lassen würden, wäre seine ganze Symptomproduktion sinnlos. Die Symptome, die ein Mensch produziert, sind im Rahmen seiner privaten Logik immer sinnvoll. Das heißt: Es gibt ein Symptom und ein Ziel, und das Symptom ist geeignet, dieses Ziel zu erreichen. Der Schreiner, der nicht mehr „arbeiten will" „wählt" keine Stimmstörung, das tut der Sänger. Der Bäcker „wählt" ein Handekzem, der Klavierstimmer einen Tinitus und der Verlagslektor eine Augenkrankheit. Alfred Adler (1931/1994) sagt: „Manchmal lügt der Mund oder der Kopf versteht es nicht, aber die Körperfunktionen sagen immer die Wahrheit." Schauen wir also auf die Wirkung des Symptoms, dann verstehen wir eher den Sinn.

Wenn zum Beispiel ein Symptom die Aufmerksamkeit bindet, dann ist dies ein Symptom, das das Ziel verfolgt, Aufmerksamkeit zu binden.

Wenn ein Symptom im Zuhörer und auch in dem/der Therapeut/in Hilfsbereitschaft hervorruft, dann ist dieses Symptom auf das Ziel, Hilfe zu bekommen ausgerichtet. Nicht alle Symptome sind geeignet, Hilfe zu bekommen. Wenn jemand lang andauernde Blockaden hat und mit dem

51

Kopf nach unten und mit geschlossenen Augen darauf herumdrückt, dann ist dieses Symptom nicht geeignet Hilfe zu bekommen. Das Ziel dieses Symptoms ist es, Abstand zu schaffen und den Träger zu isolieren. Der Zuhörer „versteht" diese Signale. Ob dieser im Sinne des Zieles des Patienten reagiert, ist dahin gestellt; schließlich hat jeder Mensch die Freiheit zu reagieren wie er will, aber das Symptom hat im Rahmen des unbewussten Zieles seinen Sinn.

Wenn Sie einem Menschen zuhören, der mit auffälligen Symptomen, mit Blickkontakt und freundlichem Lächeln um den Mund stottert, dann erreicht er bei Ihnen gewöhnlich genau das, was er unbewusst beabsichtigt, nämlich das Gefühl des Mitleids und den Gedanken: „So ein netter Kerl. Schade, dass er stottert!"

Es gibt ein Symptom und ein Ziel, und das Symptom ist grundsätzlich geeignet, dieses Ziel zu erreichen! Obwohl äußere Einflüsse es daran hindern können. Wenn wir das Ziel verstehen, dann verstehen wir auch die Art des Stotterns. Wenn Sie in Ihrer Ausbildung gelernt haben, Symptome mit Begriffen wie klonisches, tonisches, klonotonisches Stottern usw. zu benennen, dann lassen Sie ab heute doch mal den Menschen, der stottert, in seiner Ganzheit, insbesondere mit seinen Symptomen, auf sich wirken. Verstopfen Sie sich die Ohren und schauen Sie sich den Menschen an und spüren Sie, wie er auf Sie wirkt. Vergessen Sie, was Sie über Stottersymptome gelernt haben und haben Sie Vertrauen zu Ihrer Intuition. Dann werden Sie ohne Schwierigkeit verstehen, was der Patient Ihnen mit seinem Symptom sagen will. Dann wird auch klar, dass ein Mensch nicht stottert, weil er nicht sprechen kann, sondern weil er uns etwas sagen will. Er will sagen: Seid nett zu mir; überfordere mich nicht; schone mich; lass mich nicht im Stich; komme mir nicht zu nahe; seid vorsichtig, sonst kann ich gefährlich werden; lass mich in Ruhe; bitte, helft mir; usw. Darin finden Sie dann einen sinnvollen Ansatz für das therapeutische Gespräch, weil Sie die Zielrichtung des Symptoms und damit das Grundproblem des Patienten verstehen.

Die Persönlichkeitstheorie der vier Prioritäten

Die Zielgerichtetheit des Stotterns und die für das Ziel notwendigen Symptome sind leichter zu verstehen, wenn man die Persönlichkeitstheorie der „vier Prioritäten" hinzuzieht. Diese, 1972 auf einem Individualpsychologischen Kongress in Tel Aviv von der Psychologin Nira Kfir erstmals vorgestellte Theorie geht von vier Grundbedürfnissen oder Wünschen aus, die ich hier stichwortartig erwähne. Es handelt sich um:

Bequemlichkeit: Ich möchte es angenehm haben, möchte behaglich genießen, ich will nicht gestört werden, ich will nicht „müssen".

Gefallenwollen: Die anderen sollen mich mögen und gerne haben, mich akzeptieren und nett finden, jedenfalls nicht gegen mich sein.

Kontrolle: Ich wünsche mir Sicherheit, überschaubare Verhältnisse, Ordnung, Schutz vor unerwarteten Bedrohungen und Gefahren.

Überlegenheit: Ich will etwas darstellen, der Stärkste, der Reichste, der Klügste sein, ich will gewinnen.

Diese Wünsche sind menschlich und sind weit verbreitet. Unterschiedlich ist jedoch die persönliche Rangordnung, in die man diese vier Wünsche stellt. Dem einen steht die *Bequemlichkeit* an erster Stelle; er nimmt in Kauf, dass er nicht viel erreicht und vielleicht, was die Leistung betrifft, sogar der Letzte ist. Dem zweiten ist es wichtiger, dass er bei den anderen *beliebt* ist, oder jedenfalls nicht abgelehnt wird; dafür verzichtet er auf die Verwirklichung anderer persönlicher Wünsche und Ziele. Dem dritten geht die *Sicherheit* vor. Er richtet seine Anstrengungen darauf, sich selbst und seine Gefühle, aber auch eine Situation oder andere Menschen zu kontrollieren. Dem vierten sind diese drei Wünsche weniger wichtig als der eine: Sich *überlegen*, sich bedeutungsvoll zu fühlen.

Da jeder der vier Wünsche an erster Stelle stehen kann, sprechen wir von „Prioritäten". Man kann nicht alles gleichzeitig haben. So zahlt jeder den Preis für seine Priorität – und der ist um so höher, je stärker der eine Wunsch alle anderen beherrscht und die anderen dahinter zurücktreten müssen. Wer die Bequemlichkeit voranstellt, kann nicht viel schaffen. Wer sich immer nach anderen richtet – damit sie ihn akzeptieren und ihm nicht böse sind –, muss eigene Wünsche zurückstellen. Er findet kaum eine eigene Linie, er entwickelt keine klare Persönlichkeitsstruktur. Wer vor allem auf Kontrolle und Sicherheit aus ist, schränkt damit die eigenen Entfaltungsmöglichkeiten ein. Im persönlichen Bereich bleibt er distanziert, ihm droht die Einsamkeit. Wem die Überlegenheit an erster Stelle steht, der hat oft mit Überlastungen und Überforderungen zu bezahlen, vielleicht auch mit der Einsamkeit, die mit der sprichwörtlichen „einsamen Spitze" verbunden ist.

Das folgende Schema zeigt diese Verhältnisse im Überblick:

Priorität	Sackgasse[9]	Preis
Bequemlichkeit (Gemütlichkeit)	Druck, Stress, Verantwortung	verminderte Produktivität
Gefallenwollen	Ablehnung, unerwünscht sein	verzögerte Persönlichkeits- entwicklung
Kontrolle (Sicherung)	Unerwartetes, lächerlich sein, ausgeliefert sein	sozialer Abstand, Verminde- rung der Spontaneität
Überlegenheit (Bedeutung haben)	Bedeutungslosigkeit, durch- schnittlich sein	Überverantwortlichkeit, Überlastung

Positive und negative Möglichkeiten

Die Prioritäten sind als wertneutrale Potenz zu betrachten. Sie tragen sowohl positive als auch negative Entwicklungstendenzen in sich. Die positiven Aspekte der Prioritäten kommen bei genügend ausgeprägtem Selbstvertrauen und Mut (= Aktivität und Gemeinschaftsgefühl) zum tragen; im anderen Fall ist die Angst die Trägerin des Vermeidungsver- haltens. Da Mut und Selbstvertrauen situativ bedingt sind, erlebt jeder Mensch Lebensphasen und Situationen, in denen er die positiven Mög- lichkeiten und solche, in denen er die negativen (d.h. die sozial wenig nützlichen) Möglichkeiten zum Ausdruck bringt. Siehe folgende Tabel- le.

Typische Verhaltensmöglichkeiten:

Priorität	Bei genügendem Mut	Bei weniger Mut
Bequem-lichkeit	Leicht im Umgang; schafft gemütliche Umgebung; friedliebend, diplomatisch, kann gut zuhören; beschäf-tigt sich mit eigenen Angele-genheiten; betont Unter-schiede nicht; leicht mit sich selbst zufrieden; ruhig; kann genießen (mit allen Sinnen), kann gut delegieren.	Will in Ruhe gelassen werden; stellt andere in seinen Dienst; drückt sich vor Verantwortung; auf der Flucht; blockiert Veränderungsmöglichkei-ten; will kurzfristige Befriedigung.
Gefallen-wollen	Kann harmonisieren, Frieden stiften, helfen, Erwartungen erfüllen; ist freundlich, tolerant, flexibel, nicht ag-gressiv, kann sich gut in andere Menschen einfühlen und stellt leicht Kontakte her.	Kann nicht „nein" sagen und sein „ja" nicht halten; richtet sich in der Meinungsbildung nach anderen; nimmt keine Risiken auf sich; stellt indirekt hohe Anforderungen an den Partner; sucht ständig die Bestäti-gung des Geliebt- oder Angenom-menseins (liebst Du mich noch?); gibt, um zu bekommen; meint „ich habe keine Chance"; hat wenig Selbstrespekt und erwartet keinen Respekt von anderen.
Kontrolle	Hat Führungsqualitäten; Gefühl für Zeit und Ord-nung; ist zuverlässig, pro-duktiv, praktisch, genau, standhaft, strebsam; er macht „Gesetze und Vorschriften"; kann durchhalten, schafft Ordnung, trägt Verantwor-tung, ist ein „Selbststarter".	Engt andere durch „Vorschriften" und Kontrolle ein; hält Gedanken und Gefühle zurück (= Verlust von Spontaneität); blockiert Annähe-rungsversuche; seine Ordnung, seine Pläne sind wichtiger als menschliche Beziehungen; kann sich nicht gut anvertrauen; bestimmt das Tempo der Annäherung; vermeidet das Äußerste von Glück und Traurigkeit.
Überlegen-heit	Aktiv; bringt neue Ideen; kann andere begeistern; dynamisch; arbeitet für Ideale; weiß, was er will; hat hohe moralische Werte; kann sich aufopfern.	Wertet andere ab und sich selbst auf; ist lieber der Schlechteste, als durch-schnittlich; weckt Schuldgefühle; sieht in anderen die Beurteiler seines Verhaltens; denkt in Kategorien von „oben und unten", „mehr und weni-ger", „gut und schlecht" usw.

Gerade durch diese Gegenüberstellung der breiten Skala der Ver-haltensmöglichkeiten wird ersichtlich, welche Bedeutung die Er-mutigung für einen befriedigenden Umgang mit anderen Menschen hat. Je mehr das Gefühl der Zugehörigkeit wächst, die Erlebnisse der Gleichwertigkeit zunehmen, desto selbstverständlicher wird sich der Mensch sozial nützlich betätigen.

Die Prioritäten sind nicht angeboren, sie sind wie der Lebensstil das Ergebnis der schöpferischen Kraft des Kindes und unter dem Einfluss seiner Veranlagung, seiner Erziehung und im Kontakt mit den Menschen, mit denen es aufgewachsen ist, entstanden. Die frühkindliche Entmutigung hat, so vermuten wir, erheblich zur Bildung der Prioritäten beigetragen.

Die Prioritäten und psychosomatischen Symptome

Psychosomatische Symptome (siehe auch Kruse S. 264 ff) werden – nicht bewusst – auf der negativen Seite als Mittel eingesetzt, um die Sackgasse zu vermeiden. Dies ist der Fall, wenn man die Priorität nicht in einer sozial nützlichen Weise, d.h. mit genügend Selbstvertrauen und Gemeinschaftsgefühl, leben kann. Die Ziele der Symptome werden dann erkennbar.

So wird jemand mit der

Priorität	Symptome entwickeln	Mit dem unbewussten Ziel
Bequemlich-keit	wenn der Druck oder die Verantwortung ihm zu groß wird	andere in seinen Dienst zu stellen und sich vom Druck zu befreien
Gefallen-wollen	wenn er Ablehnung erfährt	die Beziehung durch Mitleiderregen herzustellen oder aufrechtzuerhalten
Kontrolle	wenn die Situation unübersichtlich wird oder die Konsequenzen seines Verhaltens nicht mehr vorhersagbar sind	im Rückzug seine Selbstständigkeit /Unabhängigkeit (= Sicherheit) zurück zugewinnen
Überlegen-heit	wenn er Gefühle der Unterlegenheit ahnt	Schonung und Entschuldigung für eigene Mängel zu bekommen und sein Überlegenheitsgefühl zu sichern

Nonverbale Signale

Da der Mensch die gewählte Priorität mit seinem ganzen Auftreten in verbalen und nonverbalen Signalen mitteilt, weckt jede Priorität auch andere Reaktionen. Ohne diese Fähigkeit, auch über nonverbale Signale den Mitmenschen unsere Absichten mitzuteilen, würden wir die meisten unserer verborgenen Ziele wohl selten erreichen. Psychosomatische Reaktionen wie Stottern betrachte ich als nonverbales Verhalten.

Der Mensch mit der Priorität		Der andere
Bequemlich-keit	demonstriert nonverbal – auch durch sein Problemverhalten und seine Symptome – seine *Hilflosigkeit*	entwickelt Hilfsbereitschaft und wird dazu bereit, ihm Aufgaben und Verantwortung abzunehmen
Gefallen-wollen	demonstriert nonverbal – auch durch sein Problemverhalten und seine Symptome – seine *Freundlichkeit oder Traurigkeit*	entwickelt Mitleid und verspürt die Neigung, ihn zu trösten, und wenn es ginge, ihn in den Arm zu nehmen, aber auf jeden Fall Mitempfinden zu zeigen
Kontrolle	demonstriert nonverbal, auch durch sein Problemverhalten und seine Symptome, – seinen *Unabhängigkeits*kampf. Er ist entweder mit sich selbst beschäftigt, im Rückzug aus der Beziehung oder aggressiv	fühlt sich vom Kontakt abgeschnitten, überflüssig, eingeschüchtert oder herausgefordert. Er wird ihn jetzt oder später auf dieser Kontaktebene meiden oder die Begegnung auf ein Mindestmaß reduzieren
Überlegen-heit	demonstriert nonverbal, auch durch sein Problemverhalten und seine Symptome – dass er *trotz Schwierigkeiten leistungsfähig* ist	gewöhnt sich bald daran, bewundert dieses „trotzdem", und wertet gebrachte Leistungen auf und entschuldigt Fehler

Die beschriebenen Reaktionen der Zuhörer sind natürlich nicht ganz unabhängig von deren eigener Priorität. Trotzdem werden die meisten Menschen in diesem Sinne von den zielgerichteten, nonverbalen Signalen berührt.[10]

Der Mensch zeigt uns seine Priorität in seiner ganzen Erscheinungsform, in verbalen und nonverbalen Verhaltensweisen. Das Stottern als Teil der menschlichen Ganzheit steht bei Erwachsenen auch im Dienste der Priorität. Sobald man die Priorität kennt, kann man die Art des Stotterns, die Angst vor dem Engpass und das verborgene Ziel verstehen.

Man kann jedoch umgekehrt nicht immer mit Sicherheit von der Art des Stotterns auf die Priorität schließen, da man ja bekanntlich mit jedem Verhalten fast jedes Ziel erreichen kann. Trotzdem fallen ganz bestimmte Stottersymptome durch ihr häufiges Vorkommen in Zusammenhang mit bestimmten Prioritäten auf.

Stottersymptome und Prioritäten

Im Zusammenhang mit der *Priorität Bequemlichkeit* finden wir oft auffällige, nach außen wirkende Symptome. Es treten viele Wiederholungen von Worten, Silben und Lauten auf, womit der Patient das Wort vor sich herschiebt. Dies ist das typische Stottern, das schlechte Kabarettisten für ihre Witze verwenden. Es gibt kaum Witze, die nicht auf dieser Art des Stotterns aufgebaut sind. Kennen Sie zum Beispiel Folgende:

❖ Ein stotternder Kohlenhändler fährt durch die Stadt und ruft: „Ei-Ei-Eierkohlen!" Da kommt ein Polizist und hält ihn an: „Sie haben doch keine Eierkohlen, das sind doch Briketts!" „Ja, schon", sagt der Kohlenhändler, „aber immer wenn ich rufe: *Br-Br-Br* bleibt mein Pferd stehen."

❖ Zu dem berühmten Wiener Schauspieler Sonnenthal setzte sich im Caféhaus ein fremder aufdringlicher Kerl und bestellt beim Kellner: „B-b-bringen S-Sie mi-mir Kaffee!" Hierauf Sonnenthal: „Mi-mi-mir a-auch." Der Fremde entrüstet: „Si-Sie sind S-Sonnenthal, Si-Sie stott-tern doch g-g-gar nicht!" „Doch", sagte Sonnenthal, „in Wirklichkeit stottere ich auch, auf der Bühne simuliere ich bloß!"

❖ Ein Stotterer zu seinem Geschäftsfreund: „Ha-ha-haben Sie eine ha-ha-halbe Stunde Z-Z-Zeit?" „Warum?" „Mö-mö-möchte mi-mi-mit Ihnen fü-fü-fünf Mi-Mi-Minuten sprechen!"

❖ Emil musste zur Musterung. „Na, wie war´s?" wollen die Freunde wissen. „Ich b-b-bin unt-unt-untauglich." „Und wie hast du das geschafft?" „Man mu-mu-muss halt mi-mi-mit den Leut-Leuten reden."

Bei der Priorität Bequemlichkeit kommt auch Nuscheln und unzusammenhängendes, unklares Sprechen vor. Die Symptome treten situativ auf. Das Ziel scheint zu sein, sich vor Verantwortung zu drücken, andere in seinen Dienst zu stellen oder dem anderen zu sagen: „Von mir kannst Du nicht so viel erwarten." Der Zuhörer hat die Neigung zu helfen, zu ergänzen oder noch mehr auf den Gesprächspartner einzugehen. Das Stottern nimmt ab bei zunehmender Gemütlichkeit; es nimmt zu bei zunehmender Belastung.

Nonverbale Signale die ich oft beobachtete	Mögliche Deutung der Signale	Meistvorkommende Reaktionen der Zuhörer
Ergänzbare Wiederholungen	Hilf mir doch, alleine schaffe ich es nicht.	Man ergänzt Wörter oder Sätze; will Druck wegnehmen; nimmt sich Zeit zum Zuhören.
Kopfschütteln	Ich bin nicht verantwortlich; ich weiß nicht, was ich da machen soll. Das geht über meinen Verstand.	Man erledigt Arbeiten für ihn. Später: Spornt ihn zur Aktivität an; setzt ihn unter Druck. *Mögliche Reaktion des Patienten:*
Nuscheln Leise Stimme	Ich bin müde. Komm bitte auf mich zu.	*Er lässt sich die Ergänzung und Hilfe gerne gefallen. Er nickt zustimmend oder sagt ja.*
Seufzen Schlaffe Haltung	Ich bin müde. Ich kann nicht mehr. Erwarte nicht zu viel von mir.	

Im Zusammenhang mit der **Priorität Gefallenwollen** finden wir oft auffällige, nach außen wirkende Symptome, mit Wiederholungen und nicht zum Wort gehörenden Zwischenlauten. Die Symptome sind stark situativ bedingt. Der Patient lässt sich das Ergänzen freundlich gefallen, er spekuliert jedoch nicht darauf. Das Gesicht drückt gut gemeinte Anstrengung aus. Das Ziel scheint zu sein, keine eigene Meinung äußern zu müssen und trotzdem die Beziehungen aufrecht zu erhalten. Wenn er schon eine Meinung äußern oder verbal Stellung nehmen muss, dann geschieht das meistens so, dass man in seinem Stottern die gute Absichtspürt, nur mit der Aussage wegen Verständigungsschwierigkeiten und aus Zeitgründen nichts anfangen kann oder den Inhalt aus Mitleid nicht ernst nimmt. Der Zuhörer empfindet oft Mitleid. Wenn das Stottern ihn zum Lachen bringt, lacht der Betreffende selbst als erster mit.

In der Therapie reagieren die Priorität Bequemlichkeit und Gefallenwollen auf Zuwendung und Sprechübungen sehr schnell mit fließendem Sprechen. In der als gefährlich empfundenen Umwelt ist das Stottern wieder da. Bei der Priorität Gefallenwollen nimmt das Stottern zu, wenn Ablehnung droht.

Nonverbale Signale die ich oft beobachtete	Mögliche Deutung der Signale	Meistvorkommende Reaktionen der Zuhörer
Freundlicher oder halb lächelnder Gesichtsausdruck	Vielleicht hilft ein Lächeln dir, mich anzunehmen.	
Trauriger Gesichtsausdruck	Siehe, wie schwer ich es habe. Lehne mich nicht ab.	Man will trösten, entschuldigen, evtl. Worte ergänzen. Man neigt dazu, zu lachen. *Mögliche Reaktion des Patienten:*
Starke, extravertierte Symptome	Siehe, wie schlimm ich es habe. Habe bitte Mitleid.	*Er lässt sich das Ergänzen gefallen, spekuliert jedoch nicht darauf; lacht spontan mit dem Lacher mit.*
Ständiger Augenkontakt	Ich will sehen, was du von mir hältst, damit ich richtig wirken kann.	
Nicken	Ich bin ja nicht gegen dich, ich bin kooperativ	

Im Zusammenhang mit der **Priorität Kontrolle** finden wir Symptome, welche nicht fürs Kabarett geeignet sind. Hier gibt es nichts zu lachen. Wir finden weniger Wiederholungen, mehr starke Blockaden auf vorhersagbaren, etwas zwangsmäßig wiederkehrenden Lauten, geschlossene Augen, Kopfbewegungen und Spucken. Der Betreffende redet bis über das Komma hinweg und macht dann eine Pause. Dadurch hat er die Kontrolle. An der Stelle wird ihm niemand ins Wort reden. Blockierungen sind mehr von Angst vor spezifischen Lauten als vor Angst vor Situationen abhängig. Es zeigt sich ein zurückgehaltenes, starkes Pressen. Das Ziel scheint zu sein, Abstand zu gewinnen, Gefühle zu verbergen und das Ausweichen vor persönlichen Kontakten entschuldigen zu können. Der Zuhörer spürt Angst und Abwehr heraus und distanziert sich. Der Stotternde mit dieser Priorität spricht auf eine logopädische Therapie sehr schlecht an, denn alle Sprechübungen versagen an seiner inneren Überzeugung, dass sein Stottern von einer über ihm stehenden Macht bestimmt wird. Das Stottern nimmt ab, wenn der soziale Abstand gesichert ist. Es nimmt zu, wenn Unsicherheit droht. Wo die Nähe natürlich und selbstverständlich vorausgesetzt wird, ist das Stottern stärker als in nicht so engen Beziehungen. Wenn der Patient bei seiner Frau oder seinen Eltern mehr stottert als sonst, muss man an die Priorität

Kontrolle denken. Das Umgekehrte beweist nicht zwingend das Gegenteil, schließlich kann man mit Ehefrau oder Eltern in der „Nähe" sehr distanziert ohne ego-involvement sprechen.

Nonverbale Signale die ich oft beobachtete	Mögliche Deutung der Signale	Meistvorkommende Reaktionen der Zuhörer
Unverständlich	Du brauchst nicht zu wissen, was ich meine.	Man geht ihm aus dem Wege – jetzt sofort,
Kopfstoß, ruckweise nach hinten oder zur Seite	Kleine Bewegung: Ich bin mir nicht sicher über dich. Geh weg! Große Bewegung: Schlage mich nicht. Geh weg!	oder meidet ihn später. *Mögliche Reaktion des Patienten:* *Er geht auf Angebote, ihm im Sprechen zu helfen nicht ein.*
Mit weit offenem Munde (als ob er schreit) mit sowohl stummem als auch lautstarkem Stottern. Heftiger Tonus, starke Selbstkontrolle Keine oder minimale Bewegung.	Geh weg, ich kann gefährlich werden.	*Er drückt – auch wenn die Ergänzungshilfe richtig war – weiter.*
Rückwärts Bewegung. Bei der Begrüßung mit Handschlag ist der Arm eher gestreckt.	Komme mir nicht zu nahe!	

Im Zusammenhang mit der **Priorität Leistungs-Überlegenheit,** welche wir unterscheiden von der Priorität moralische Überlegenheit, finden wir oft geringe Symptome. Das Sprechen ist im Allgemeinen nicht sehr, wohl aber in bestimmten Situationen gestört. Sowohl bei der Priorität Kontrolle, als auch bei der Priorität Überlegenheit finden wir starke Neigungen zum Umredigieren, d.h. angefangene Sätze werden aus Furcht vor bestimmten Lauten umgebaut, oder es werden gefürchtete Wörter durch Synonyme ersetzt. Das Ziel bei der Priorität Überlegenheit scheint zu sein, sich zu entschuldigen für nicht vollbrachte Leistungen und für die Tatsache, dass er nicht der Beste ist. Es ist ein Mittel, trotz

61

des Versagens sich das Gefühl der Überlegenheit zu erschleichen. Oft ist das Stottern auch ein Stein auf dem eigenen Weg, der zur Überwindung herausfordert. Der Stein macht es dem Betreffenden möglich, seine durchschnittlichen Leistungen überdurchschnittlich zu bewerten. Der Zuhörer wundert sich, dass ein Mensch, der so gut sprechen kann und im Allgemeinen so gut funktioniert, so plötzlich blockiert. Das Stottern nimmt ab, wenn das Gefühl der Überlegenheit gesichert ist. Es nimmt zu, wenn Unterlegenheit droht. Das konnte ich oft beobachten bei unseren öffentlichen Informationsnachmittagen, wo jede TherapieteilnehmerIn die Möglichkeit hatte, eine Ansprache vor einem vollen Saal mit Interessenten zu halten. Wer sich als erster meldete war gewöhnlich der Patient mit der Priorität Überlegenheit. Vor dem Publikum in der Starrolle konnte er gut sprechen.

Es erinnert uns an den Pfarrer, der auf der Kanzel (wenn er „oben" ist) ohne Stottern predigt, aber im persönlichen Umgang mit den Gläubigen stottert. Oder an den Stottertherapeuten der selbst stottert. Wie ist es zu erklären, dass er selbst seine Symptome nicht aufgibt? Mit Stottern ist er etwas Besonderes; ohne, ein ganz gewöhnlicher Stottertherapeut.

Nonverbale Signale die ich oft beobachtete	Mögliche Deutung der Signale	Meistvorkommende Reaktionen der Zuhörer
Jede Form des Stotterns mit Ausnahme von ergänzbaren Wiederholungen	Ich habe zwar meine Schwierigkeit, aber ich lasse mich nicht runterkriegen.	Entschuldigt seine Mängel.
Macht trotz der Sprechbehinderung zielstrebig weiter	Ich bin zwar gehandicapt, aber wie du siehst – ich funktioniere trotzdem gut.	Bewundert dieses „trotzdem". Wertet seine Leistungen auf.

Es bleiben trotz allen Wissens doch noch viele schwer verständliche primäre und sekundäre Stottersymptome und verborgene Ziele, womit der Stotternde uns klarmacht, dass seine schöpferische Kraft buntere Ergebnisse malt, als wir bis jetzt zu systematisieren imstande sind. Es gibt zum Beispiel Stottersymptome, die so aussehen als ob jemand Hilfe will; wenn er die Hilfe bekommt (er stottert schließlich so, dass man ihm helfen kann und er mobilisiert ja auch die Hilfsbereitschaft), dann lässt er sich trotzdem nicht helfen. Ich schließe daraus, dass das Leute sind, die wollen, dass man sich mit ihnen beschäftigt. Sie mobilisieren die Hilfsbereitschaft, und wenn sie sie haben, halten sie den Helfer fest. Ich sah oft Patienten die mit der Art des Stotterns einen schlaffen Eindruck machen. Sie haben mal Blockaden, mal langsame schlaffe Wiederholungen mit Atem vor- und zwischenschieben. Manchmal nuschelt er, manchmal ist es als ob er während des Sprechens langsam kaut. Dann und wann drückt er seine Lippen nach vorne. Es macht alles einen schlaffen, lustlosen Eindruck. Wenn eine Blockade kommen könnte, löst er die Situation mit Atem vorschieben. Es ist als würde er anstatt die Konfrontation mit der Blockade zu suchen, den Weg des geringsten Widerstandes gehen. Ich frage mich, ob er das nicht auch im Leben generell so macht.

Mischungen

Es gibt keinen Menschen, der mit nur einer Priorität lebt. So wie es Mischungen von Prioritäten gibt, so gibt es auch Mischungen der Symptome. Ich will damit sagen, so einfach, wie es hier in der Beschreibung aussieht, ist es leider nicht.

Nonverbale Kommunikation[11]

Es gibt komplexe Stottersymptome, wobei uns durch allzu lange Unterbrechungen der Zusammenhang verloren geht. Oder wo durch zuviel Zwischenlaute oder durch halbfertig gesprochene Sätze die Aufmerksamkeit vom verbalen Inhalt abgelenkt wird. Da könnte man sich als Therapeut wünschen, dass es eine nicht-verbale Sprache gäbe. Sie gibt es. Adler hat uns empfohlen, im ersten Interview auch einen Moment auf alles andere als die verbale Sprache zu achten. Im Interview mit einem Menschen mit heftigen Stottersymptomen bleibt uns oft nichts anderes übrig. Wir können in solchen Fällen die pantomimischen Signale studieren und feststellen, dass uns durch das fehlende Wort zwar der Inhalt der Kommunikation verloren geht, die Art der Beziehung jedoch klarer wird. So bietet die nonverbale Sprache für den individualpsychologischen Therapeuten, der ja in Beziehungen denkt, ein interessantes, diagnostisches Mittel. Etwa 90 Prozent der Kommunikation wird durch nicht-verbale Kanäle übermittelt.
»Er befindet sich dann mit Alfred Adler in guter Gesellschaft, der sagt: „Es ist ganz natürlich, dass der Mensch sich mit seinem gesamten Körper ausdrückt, und daher ist es häufig aufschlussreicher, die Bewegungen eines Menschen zu beobachten, die Art wie er geht, sitzt, lächelt

oder herumzappelt, als darauf zu hören, was er sagt. Mehr noch, wir können dies auch auf die Beurteilung von Symptomen anwenden ..." (Adler 1933/1994). Und: „Ich habe meinen Schülern immer gesagt: Wenn ihr über irgendeinen Punkt in eurer Untersuchung im Unklaren seid, so verstopft euch die Ohren und schaut euch die Bewegungen an." (Adler 1933/1994). Das Wort vermittelt den Inhaltsaspekt der Kommunikation, die nonverbalen Signale sagen über den Beziehungsaspekt im jeweiligen Moment aus.

Was kann man dann sehen, wenn man sich die Ohren verstopft?

Wir sehen zum Beispiel, wie der Patient bei jeder Blockade wegduckt, schief nach oben schaut, den Unterkiefer angriffslustig nach vorne schiebt, und uns den Eindruck vermittelt: „Wenn du mich schlägst, haue ich zurück." Wir verstehen, dass er die Menschen für gefährlich, und möglicherweise das Leben für ungerecht hält. Wir ahnen, dass er wenig Beziehungen hat, weil er kein Vertrauen zu den Mitmenschen hat, und ihnen mit seiner Art, Symptome zu zeigen, Angst macht, und auf einem Abstand halten will. Wir erkennen das Stottern als ein Schutzmittel im Leben eines misstrauischen, ängstlichen Menschen.

In einem anderen Fall sehen wir den Erwachsenen, der einen ausgesprochenen lieben Eindruck macht. In seiner sitzenden Haltung macht er sich klein, und im Moment des Stotterns verhält er sich wie ein kleines, hilfloses Kind, das Sprechversuche unternimmt, seufzt, und mit einem hilflosen Blick auf den Zuhörer schaut, und dessen Hilfsbereitschaft mobilisiert. Wir sehen hinter diesem Menschen den Schatten einer überaktiven Mutter, die ihm praktisch alle verantwortungsvollen Aufgaben abgenommen hat, sodass er nie seine Stärken hat trainieren können, und jetzt immer noch in der irrtümlichen Meinung lebt, dass andere ihm helfen müssen und er keine Verantwortung tragen kann. Wir notieren für uns selbst „den Kleinen, Unschuldigen, Hilfsbedürftigen".

Wir haben nur eine halbe Minute unsere Ohren verstopft, und meinen schon so viel von dem Lebensstil unserer Patienten zu verstehen. Wir tun gut daran, diese ersten Eindrücke nicht zu wichtig zu machen, aber sie auch nicht zu vergessen und zur gegebenen Zeit ins Gespräch zu bringen.

Man braucht kein erfahrener Beobachter zu sein, um nonverbale Botschaften in Worte kleiden zu können. Das nonverbale Verhalten wird nämlich oft besprechbar, wenn man das, was man sieht, möglichst ohne zu deuten in der grammatikalischen Gegenwartsform ausdrückt. Nehmen wir zur Verdeutlichung ein *Beispiel von Adler*. Er sagt: „Es ist gut, den Patienten aus einer Anzahl Stühlen einen eigenen Platz wählen zu lassen. Dann muss er sich selbst aktiv zeigen. Wir können Schlussfolgerungen ziehen aus winzigen Fakten; so zum Beispiel, ob sich jemand näher oder weiter weg setzt." (Adler 1932).

Nehmen wir nun an, dass jemand beim ersten Interview aktiv seinen eigenen Platz gewählt hat und sich dabei weiter vom Therapeuten weggesetzt hat. Dann notiert der Therapeut für sich in der Gegenwartsform: „Der Patient nimmt beim ersten Kontakt aktiv seinen Platz ein; er setzt sich weiter weg." Vielleicht haben wir hiermit ein wichtiges Verhaltensmuster erfasst, das auf das tägliche Leben des Patienten übertragbar ist. Irgendwann kann man mit dem Betreffenden besprechen, ob er sich in dieser Formulierung erkennt.

Schauen wir uns noch ein Beispiel an, um die Frage zu beantworten: "Wozu stottert der Patient gerade so und nicht anders?"

Wenn die Mutter mit dem erwachsenen Sohn kommt und erzählt, dass der Junge nach der Operation im 5. Lebensjahr angefangen hat zu stottern, so wissen wir, dass die Operation nicht die Ursache des Stotterns ist. Es muss etwas anderes geben. Ursachen können das Verhalten nicht erklären. Die Geschichte war so: Bis zu seinem 5. Lebensjahr ging Gerd ein Mal in der Woche mit seiner Mutter zum Arzt. Er hat ihn dann wegen irgendeiner Halserkrankung behandelt. Die Mutter hielt seine rechte Hand, und so konnte Gerd die bei der Behandlung auftretenden Schmerzen gut ertragen. Eines Tages sagte die Mutter zu Gerd: „Wir müssen heute mal zum Krankenhausarzt", und voll Vertrauen ging Gerd wieder mit seiner Mutter mit. Er saß neben ihr im Wartezimmer, und sie hielt seine rechte Hand. Dann kam der Arzt im weißen Kittel, nahm Gerd bei der linken Hand, und als er sich wehrte, zog der Arzt kräftiger als dass die Mutter festhielt. Gerd schrie furchtbar, verlor aber den Kampf. Und in dem Behandlungszimmer war noch jemand in einem weißen Kittel, und zu zweit haben sie ihn dann auf den Behandlungstisch gedrückt, wo er eine Narkose bekam. Gerd erinnert sich: „Gerade in dem Moment, wo die Narkose anfing zu wirken, wusste ich, dass meine Mutter mich betrogen hatte, denn sie hatte ein Köfferchen mit Spielzeug und Kleidern dabei."

Dieses subjektive Erleben und die damit verbundene Schlussfolgerung: „Man kann keinem Menschen trauen, sogar seiner eigenen Mutter nicht" sagen viel mehr über den Sinn des Stotterns als die Tatsache, dass da eine Operation stattgefunden hat. Und wenn Sie sich jetzt Gerds Stottern ansehen und es auf sich wirken lassen, dann sehen Sie einen Erwachsenen mit der Priorität Kontrolle, der mit langen, vorhersagbaren Blockaden, mit Kopfschütteln und geschlossenen Augen einen einsamen

Kampf führt. Wenn wir ihm eine Frage gestellt haben und er reagiert mit diesen Symptomen, so wissen wir eines ganz sicher: „Wenn er fertig ist, werde ich ihm die zweite Frage nicht stellen." Aufgrund seines Lebensstils weiß er: „Man kann keinem Menschen trauen. Lass dich also lieber nicht mit den Leuten ein". Und das Symptom ist dazu geeignet, dieses Ziel des Abstandes und der Isolation zu erreichen. Gerd geht keine so enge Beziehung ein, dass er der Vertrauensunwürdigkeit der Menschen ausgeliefert ist. Das Stottern schützt ihn davor. Auf der bewussten Ebene erlebt er dies nicht so. Er selber meint, er würde gerne eine Freundin haben; sein Verhalten ist jedoch damit im Widerspruch. Sobald er anfängt sich an den Auswirkungen seines Verhaltens zu orientieren und nicht an seinen guten Vorsätzen, wird er die Zielgerichtetheit seines Stottern erkennen, oder anders gesagt, er wird verstehen, warum er so und nicht anders stottert. Die Stottersymptome wirken lebensstilspezifisch! Sie sind das Ergebnis seiner Entscheidung und in seiner Verantwortung.

Wenn Sie als Therapeut solche Symptome auf sich wirken lassen und spüren, dass der Patient Abstand herstellt, dann können Sie kongruent reagieren, mit der Frage: „Kann es sein, dass Sie in Ihrer Kindheit schlechte Erfahrungen mit Menschen gemacht haben?" Sie stellen dann zwar eine allgemeine Frage, worauf der Patient auch „nein" sagen kann, aber Sie öffnen ihm damit eine Tür zu einem Vertrauensverhältnis, ohne welches die Therapie wenig erfolgreich sein kann.

Die Ziele des Stotterns sind dem Betreffenden meistens nicht bewusst, und so ist es auch verständlich, dass er sich daran ärgert, dass Leute weggehen, wenn er seinen einsamen Kampf mit der Blockade führt und ihn danach meiden. So ist es auch verständlich, dass er den Zuhörer bitten möchte, seine Reaktionen zu ändern. Dieses zweifelhafte Ziel haben manche Stotterer-Selbsthilfegruppen[11] verständlicherweise auf ihre Fahne geschrieben, wenn es auch nicht sehr ergiebig ist. Wenn jemand mit seinem Stottern Mitleid erregt, dann heißt das, dass er dies mit seiner Art der Kommunikation bezweckt. Wenn jemand, der stottert, Abstand schafft, dann heißt das, dass er nach seinem persönlichen, unbewussten Lebensstil Abstand haben will. Wenn er eine andere Reaktion haben will, muss er – nicht der Zuhörer – sein Verhalten ändern. Das ist der erfolgversprechende Weg.

Wenn wir uns jetzt vergegenwärtigen, dass jeder, der an einem psychogenen Stottern leidet – d.h. er hat keine Dysarthrie – auch normal sprechen kann, dann wird die folgende Frage interessant:

6

Wozu stottert der Patient gerade in dieser Situation ?

Theo Schoenaker

Wenn Sie durch die vorhergehenden Informationen angeregt wurden teleologisch (d.h. zielgerichtet) zu denken, wird Ihnen die Antwort auf diese Frage schon nicht mehr so schwer fallen. Folgende Fragen können zur ersten Orientierung hilfreich sein:

1. Wer ist/sind die Zuhörer, die in dieser Situation das Stottern hören soll(en)?
2. Wie war/ist die Situation?
3. Wie ist die Signalwirkung des Stotterns? (d.h. was will er mit dem Stottern sagen? Zum Beispiel: ich will nicht, ich kann nicht, schone mich, hilf mir, lass mich in Ruhe).

Ist diese Person vielleicht der Professor? Geht es um einen Aufschub der Prüfung oder um einen extra Besprechungstermin? Ist die Signalwirkung vielleicht Hilflosigkeit, Mitleid?

War die Person das Mädchen auf der Tanzfläche? Ging es darum, dass sie ihm näher kommen wollte? Ist die Signalwirkung des Stotterns „komme mir nicht zu nahe?

War die Person der Chef? War das Thema, dass er einen Fehler in der Arbeit entdeckt hatte? Ist die Signalwirkung des Stotterns „schone mich, Sie sehen doch, wie ich mich anstrenge!"

Man kommt der Erkenntnis der Ziele der Symptome näher, wenn man wie oben den sozialen Kontext und die Signalwirkung der Symptome zueinander in Beziehung setzt. Aber nicht immer ist die Sachlage so einfach, so durchsichtig. Es ist eine berechtigte Frage des Patienten: „Warum stottere ich in dieser oder jener Situation so schlimm?"

Hier sind einige hilfreiche Beispiele:

Bier

Fritz möchte es besser verstehen.

Er erzählt: „Gestern Abend waren wir zu sechst hier im Dorf in der Gastwirtschaft. Ich habe fließend ein Bier bestellt und auch die Wünsche der anderen der Gruppe bekannt gegeben. Heute Mittag bin ich wieder in die Gastwirtschaft gegangen und wollte ein Bier bestellen. Ich konnte einfach das Wort "Bier" nicht heraus bekommen. Sag' mir doch mal, was das bedeutet."

Nun, so auf den ersten Blick scheint dies vollkommen unverständlich. Wir brauchen mehr Information. Was ist gestern Abend genau passiert?

„Wir waren fröhlich; ich hatte das höchste Wort und habe Spaß gemacht mit der Kellnerin. Auch beim Abschied habe ich noch ein paar Witze mit ihr gemacht."

Wer war denn heute Mittag zur Bedienung in der Gastwirtschaft?

„Das war wieder dasselbe Mädchen."

Jetzt sehen wir den sozialen Kontext schon ein bisschen besser.

Folgende Frage kann uns oft weiterhelfen. Was wäre denn passiert, wenn Sie heute Mittag genau so gut hätten sprechen können wie gestern Abend?

„Ach so, ja, dann hätte sich das Gespräch vielleicht auf derselben Wellenlänge wie gestern Abend fortgesetzt, und die Beziehung hätte vielleicht enger werden können. Und dann hätte ich nicht gewusst, was ich mit ihr anfangen sollte."

Haben Sie inzwischen verstanden, wie Ihr heftiges Stottern auf andere Menschen wirkt?

„Ja, ja, ich weiß schon, ich hab' schon verstanden. Ich geh' zwar hin, aber wenn es ernst werden könnte, signalisiere ich, ‚komm mir nicht näher' und baue eine Mauer. Das ist meine Priorität Kontrolle."

Gibt es eigentlich andere Möglichkeiten, um dem Mädchen klarzumachen, wo Ihre und die des Mädchens Grenzen sind?

„Ja, sicherlich. Ich muss mir nur dessen bewusst sein, welches unbewusste Spiel ich da mit dem Stottern treibe. Heute Abend gehe ich wieder hin und dann mache ich es anders."

Abstand

Patientin A. ist eine kleine Person (1,30m). Sie ist Leiterin eines Kindergartens. Sie stottert nicht in ihrer Arbeit mit den Kindern, mehr und manchmal stark im Gespräch mit Eltern der Kinder. Sie hat die Priorität Kontrolle. Sie macht folgende Erfahrung: Sie hat erkannt, dass sie ihr

Stottern einsetzt, wenn zum Beispiel eine Mutter sie mit Forderungen bedrängt, dabei direkt vor ihr steht und von oben auf sie herabschaut. Sie merkt, dass sie diese Nähe nicht haben will und deshalb stottert, bzw. unter diesen Bedingungen nicht mit der Frau sprechen will. Jetzt schafft sie Distanz indem sie zwei Schritte zurückgeht. Sie spürt dann, dass sie wieder Überblick bekommt. Dann spricht sie sofort mit mehr Sicherheit und mit weniger Symptomen.

So kann man auch die Priorität erkennen, wenn man darauf achtet, unter welchen Bedingungen das Stottern aufhört. Dies wird auch im folgenden Beispiel noch einmal klar.

Bedeutung am Arbeitsplatz

Franz hatte gerade vier Wochen Urlaub hinter sich und suchte jetzt das Gespräch, weil er im Betrieb und zu Hause so furchtbar stottere. Er möchte wissen, was los ist. Bevor er zu diesem Gespräch kommt, hat er zu Hause schon gezielt Entspannungs-, Atem- und Sprechübungen gemacht, aber das Tief hält unvermindert an. Vor mir sitzt ein großer, etwas zusammengesackter Mann, dessen Gesichtszüge müde anstatt durch Urlaub ausgeruht aussehen. Er erzählt, dass er keinen Antrieb hat, weil er sich durch das Stottern so schlecht fühlt. Als wir über seinen Lebensstil sprechen, erinnert er sich an einen schon früher bearbeiteten Lebensstilaspekt: „Nur wenn ich der Erste bin, bin ich wertvoll." Diese enge ‚nur wenn' Bedingung beruht auf der frühkindlichen Annahme: „So wie ich bin, bin ich wertlos", die sein Vater ihm klar machte durch die wiederholte Aussage: „Hau ab, ich kann dich nicht gebrauchen!"

Ich frage ihn, ob die Leute im Betrieb denn auch ohne ihn vier Wochen ausgekommen sind, und er gesteht unter Stottern, dass er den Eindruck bekommen habe, dass man ihn überhaupt nicht braucht. Die Arbeit sei blendend weitergegangen und die Bearbeitung eines bestimmten Projektes ist gut vorangekommen. Er versteht jetzt sein Stottern aus dem Konflikt zwischen seinem Lebensstilaspekt („Nur wenn ich der Erste bin, bin ich wertvoll ...") und der Arbeitssituation (man braucht mich nicht = ich bin wertlos! Mit seinem Stottern bestätigt er sich selbst seine Wertlosigkeit). Er fühlt sich aber trotz der Erkenntnis noch bedrückt und wertlos. Wir machen zusammen einige Ermutigungs-Übungen, wodurch Franz wieder glaubt, dass er etwas wert ist. Danach ist er etwas mutiger und fährt nach Hause. Drei Tage später ruft er an und erzählt, dass sein Vorgesetzter zu ihm gekommen sei und ihn gebeten habe, mit ihm nach Frankfurt zu fahren, wo sie dann zusammen mit anderen Spezialisten ein betriebliches Problem vorbringen und durchsprechen wollen. Jetzt ist er wieder der Erste und wertvoll. Natürlich ist Franz mitgefahren. Von diesem Zeitpunkt an geht es wieder bedeutend besser und ihm ist leichter zumute. Er fühlt sich frisch und unternehmungslustig. Auch vor dem Telefonieren drückt er sich nicht mehr. Er kann wieder seine Priorität (=sein Ziel) Überlegenheit leben. Er hat wieder Bedeutung, fühlt sich zugehörig, und kann auf seine Symptome verzichten.

Wir sehen also, wenn das Ziel erreicht ist, wird das Stottern überflüssig.

Manche Situationen, von denen unsere Patienten berichten, dass sie schwierig sind, sind auch für uns, die wir nicht stottern, nicht immer leicht, zum Beispiel Prüfungen absolvieren, als junger Mann ein Mädchen ansprechen, Bewerbungsgespräche führen, einen Vortrag halten, in einer Gruppe seine Meinung sagen oder telefonieren, wenn jemand, den wir nicht so gerne mögen, zuhört.

Jeder Mensch trifft in solchen Situationen immer die beste Wahl, die er in einem bestimmten Kontext zur Verfügung hat. Wenn jemand stottert oder weint oder wegläuft, heißt das nicht, dass er dumm ist, sondern dass er in dieser Situation keine bessere Wahlmöglichkeit hat.

Da aber diese Wahlmöglichkeit etwas über seinen Lebensstil und damit über die Zielgerichtetheit seines Handelns aussagt, möchte ich mit Ihnen noch ein paar typische Stottersituationen durchdenken. Dabei werde ich allgemeine Schlüsse ziehen. Ich möchte anregen, dass Sie diese allgemeinen Schlüsse mit der nötigen Vorsicht betrachten und unter der Überschrift „Alles kann auch anders sein", selbst kreativ weiterdenken. Ich hoffe, mit diesem bunten Blumenstrauß Ihre Neugierde anzuregen.

Zunahme des Stotterns vor der Therapie

Viele Patienten stottern einige Wochen oder Tage, bevor sie wieder in eine Kur- oder Stottertherapie gehen, mehr als zuvor. Wie soll man sonst auch eine Kur rechtfertigen, solange man fließend spricht? Schließlich werden die Kollegen ja extra belastet mit Arbeit, die der Patient ja eigentlich selbst hätte erledigen müssen. Das verstärkte Stottern drückt aus, dass nicht *er* zur Kur *will*, sondern dass sein Stottern zu Kur *muss*.

So ist nicht er, sondern das Stottern schuld. Man kann es ihm nicht übel nehmen, dass er schon wieder für einige Tage/Wochen der Arbeit fernbleibt.

In unseren Basistherapien, die aus sechs Perioden zu je fünf Tagen stationärer Therapie bestehen, sehen wir oft, dass während der dritten Oder vierten Periode bei einigen Teilnehmern das Stottern zunimmt. Sie

70

haben in den ersten Therapieperioden die Geborgenheit und die Gruppenatmosphäre erlebt. Sie haben Neues gelernt, haben gestaunt und waren begeistert von dem individualpsychologischen Modell, aber jetzt wird klar, dass sie nicht Zuschauer bleiben können. Man muss sich öffnen und sich ganz persönlich mit den erlernten Prinzipien auseinandersetzen. Man kann nie wissen, was dann passieren wird. Das Mehr an Stottern ist entweder ein Grund, d.h. eine persönliche Rechtfertigung, sich nicht an Gesprächen zu beteiligen, nichts von sich zu erzählen, bzw. an der Oberfläche zu bleiben, oder die Therapie für unnütz zu erklären, damit man sich absetzen kann und die lange Liste von Therapieversuchen ergänzen kann mit einem letzten, leider gescheiterten Versuch in Züntersbach. Man kann dann alles beim Alten lassen.

Telefonieren

Viele haben Schwierigkeiten zu telefonieren. Die einen, wenn sie jemanden selbst anrufen sollen, die anderen dann, wenn sie angerufen werden. Wer besser Telefonate entgegennehmen kann, hat es im Allgemeinen gerne, dass Leute auf ihn zukommen. Wir haben es wohl mit einem Menschen zu tun, der anderen gefallen möchte. Wenn jemand ihn anruft, so weiß er, dass man ihn braucht. Man kommt auf ihn zu. Er fühlt sich wohl und kann gut sprechen. Wenn er aber selbst anruft, ist er unsicher, ob er willkommen ist oder ob er stört. Und wenn er stört, weiß er nicht, ob man ihn dann noch mag. Stottert er aber in dieser Situation, so erreicht er mit seinen Stottersignalen Mitleid, Entschuldigung und Schonung, und man lehnt ihn nicht ab.

„Wenn mir der Abteilungschef meine Arbeit übertragen hat, muss ich diese Arbeit der Zentrale melden, wo alle Arbeiten der verschiedenen Abteilungen registriert werden. Der Mann, der die Telefonate entgegennimmt, ist vollkommen überfordert. Er hat drei Telefonapparate um sich herumstehen, und sobald jemand anruft, ergreift er den Hörer und brüllt sein: „Was ist los?" hinein. Ich habe große Schwierigkeiten, mit ihm zu telefonieren. Es ist jedoch ein Teil meiner Arbeit, und ich kann mich davor nicht drücken. Auch bei mir nimmt er den Hörer ab, brüllt erst, und sobald er mein Stottern hört, wird er ganz mild und sagt: „Ach, du Kerle, bist du es? Machs mal ganz ruhig." Daran merke ich, dass ich mit meinem Stottern eine besonders schonende Behandlung bekomme. Überdies habe ich durch seine Reaktion das Gefühl, dass er mich mag. Nach seinen beruhigenden Worten kann ich dann eigentlich immer fließend sprechen."

Einige haben Schwierigkeiten, das Telefongespräch zu beenden. Manchmal verabschieden sie sich und fangen dann wieder ein neues Thema an. Es handelt sich hierbei oft um Personen mit der Priorität Gefallen-wollen. Sie sind sich nicht sicher, ob sie einen guten Eindruck hinterlassen, und versuchen den gemachten Eindruck aufzubessern. Die gleiche Problematik gibt es beim Verabschieden generell. Es gibt auch Lehrer, Berater und Therapeuten mit diesem Problem; sie überziehen, weil sie sich unsicher sind, ob die Stunde gut genug war.

Wer mehr stottert, wenn er angerufen wird, tendiert eher zu der Priorität Kontrolle. Er signalisiert dass er sich belästigt fühlt. Er kann besser sprechen wenn er:

➢ selbst anruft
➢ selbst das Thema bestimmen kann
➢ selbst das Gespräch beenden kann. Deshalb ruft er lieber an als dass er hingeht.

Diese Personen mögen auch keine unerwarteten oder uneingeplanten Besuche.

Telefonieren und die anderen

Ein weiteres Problem liegt im Telefonieren in Anwesenheit anderer Personen.

K. telefoniert in einem Raum, wo noch andere Freunde anwesend sind, die viel Lärm machen. Er kann das Telfongespräch so nicht gut führen und fängt an, verstärkt zu stottern. Er versteht selbst, dass er damit den anwesenden Freunden sagen will: „Sprecht nicht so laut, denn wenn ihr so einen Lärm macht, kann ich nicht sprechen." Er erkennt auch, dass er ganz allgemein Schwierigkeiten hat, seine eigenen Bedürfnisse anzumelden und auf sein Recht zu bestehen. Anstatt den normalen Weg, geht er dann den Weg des verstärkten Stotterns, um auf sich, seine Bedürfnisse und seine Rechte aufmerksam zu machen.

Einige Personen mit der Priorität Kontrolle wehren sich gegen jede Kontrolle von außen. So kann W. nicht sprechen, wenn er zu Hause telefoniert, und Frau und Kind in der Nähe sind. Er hat sie gut erzogen. Er braucht nur in einer bestimmten Weise zu blicken, dann gehen sie schon weg, und er hat seinen Freiraum. Auch mit seinem Stottern schafft er sich die Berechtigung, alleine zu sein und unkontrolliert zu telefonieren.

G. hat das gleiche Problem, dass er verstärkt stottert, wenn seine Frau und sein Sohn in der Nähe sind. Er kann in der Firma, wo er alleine ist, und wo er wichtige Gespräche zu führen hat, relativ gut sprechen. Zuhause ruft seine Frau oft etwas dazwischen, wenn er telefoniert. Dies ärgert ihn furchtbar. Er fühlt sich kontrolliert und kritisiert. Das vermehrte Stottern berechtigt ihn, die Tür zuzumachen. Er hat noch nicht den Weg gefunden, seiner Frau in einem Gespräch klarzumachen, dass sie sich raushalten soll, oder selbst toleranter zu sein.

Sprechen bei Lärm oder lauter Musik

Wer unter diesen Bedingungen fließend sprechen kann und sonst stottert, drückt damit aus, dass er dort, wo kein normales Gespräch möglich ist, sprechen will. Eigentlich kommuniziert er nicht gerne mit anderen, ist nicht gerne mit anderen zusammen, hat Schwierigkeiten mit Zusammenarbeit. Diese Gespräche gegen eine starke Geräuschkulisse beschränken sich immer auf das Notwendigste und bleiben an der Oberfläche.

Für persönliche und vertrauliche Äußerungen ist dies nicht die geeignete Umgebung. Eine ruhige Umgebung ist eher dazu geeignet, engere und persönliche Kontakte zu pflegen. Da sie diesen ausweichen wollen, haben diese Personen in solchen Situationen ernstere Sprechschwierigkeiten.

Jeder der stottert, kann auch fließend sprechen, insbesondere, wenn er allein ist. Sprechen bei Lärm oder lauter Musik sieht diesem Alleinsein ziemlich ähnlich. Dieses: „Ich will sprechen, wenn ich alleine bin, und nicht, wenn ich mit anderen zusammen bin", oder „ich will nur sprechen, wenn sich das Gespräch auf das Geben und Empfangen von Oberflächlichkeiten oder von sachlichen Informationen beschränkt", drückt einen erheblichen Mangel an Kontaktfähigkeit aus.

Andere stottern gegen eine starke Geräuschkulisse gerade wesentlich mehr als sonst, und drücken damit aus, dass sie gehört werden wollen, auf sich aufmerksam machen wollen.

Laut Vorlesen

Manche Menschen können gut sprechen in der freien Rede, aber nicht laut vorlesen. In ihrem Lebensstil finden wir meistens Aspekte wie „ich will frei sein, ich will tun können, was ich will, man darf mich nicht festlegen, nicht einengen." Bei einigen äußert sich der Protest gegen das ,Festgelegt-werden' nur beim Lesen. Andere protestieren gewissermaßen gegen jede Situationsvorgabe, wie wir sie zum Beispiel bei der Angabe der Personalien, dem Nennen bestimmter Zahlen, beim sich Vorstellen usw. finden. Ihr Protest äußert sich in der ihnen eigenen Stotter-symptomatik und kennzeichnet dann jede durch die Situation vorgege-bene Standardäußerung. Dies trifft auch für Situationen zu, in denen sich diese Menschen damit konfrontiert sehen, bestimmte Erwartungen er-füllen zu müssen. Wir werden den Patienten, wenn wir den Gegensatz zwischen fließendem Sprechen in der freien Rede und Stottern beim laut Vorlesen feststellen, auf diese mögliche Lebensstil-Thematik anspre-chen und hören, was das ‚Nicht-festgelegt-werden-wollen' für ihn be-deutet und in welchen Lebenssituationen ihm diese Thematik Probleme bereitet. Viele lassen sich auch durch eigene Vorsätze nicht festlegen. Sie machen Pläne und Vorsätze und halten sich nicht daran. In vielen Fällen gibt es Schwierigkeiten in der Partnerschaft und Freundschaft mit Pünktlichkeit und Verabredungen. Einige verbinden mit Festgelegt-werden einen Verlust von Kreativität.

Stottern und Singen

Oft erreicht mich die Frage, warum diejenigen, die stottern, dies nicht tun, wenn sie singen. Die Antwort ist einfach: Stottern ist eine Sprech-störung und keine Singstörung. Damit will ich sagen, dass das Stottern dann auftritt, wenn eine verbale Selbstdarstellung verlangt wird. Wenn man eine ungewöhnliche Form des Sprechens wählt, wie zum Beispiel Sprechen mit sehr hoher oder sehr tiefer Stimme, Sprechen in abge-hackter Form oder Sprechen in einer ungewöhnlichen, gebundenen Le-gato-Art, tritt das Stottern nicht auf, weil man in dem Moment nicht sich selbst ist, bzw. nicht sich selbst darstellt. So auch mit dem Singen.

Es gibt symptomorientierte Therapien, die vom Singen ausgehen und den Patienten darauf trainieren, mehr oder weniger singend zu sprechen. Einige Patienten berichten von Erfolgen.

Dort, wo das Stottern das Ziel, etwas Besonderes zu sein, eine Aus-nahme zu sein oder Aufmerksamkeit zu erregen, verfolgt, ist jede beson-dere, ausgefallene Art zu sprechen geeignet, dieses Ziel zu erreichen. Man kann sich also die „Erfolge" bei Symptomen, die dieses Ziel ver-folgen, gut vorstellen. Die Frage ist nur, aus welchem Blickwinkel man in diesem Sinne von Erfolgen sprechen kann. Sind diese Patienten, die singend oder in einer anderen ungewöhnlichen Art sprechen können, dadurch mehr an ihren Mitmenschen interessiert? Haben sie mehr Mut, ein gleichwertiger Partner zu sein und so die Aufgaben des täglichen Lebens zu übernehmen? Wenn das die Ergebnisse sind, dass sie sozusa-gen mehr Mitmensch geworden sind, dann würde ich von Erfolgen spre-

74

chen. Wenn ich aber die Signale, so wie ich sie empfange von Leuten, die in irgendeiner ausgefallenen Weise sprechen, richtig deute, meine ich, einem Menschen gegenüber zu stehen, der mit seiner Art zu sprechen, mir die Botschaft vermittelt: „Ich bin an mir und an meiner besonderen Art des Sprechens interessiert, und nicht an dir."

Sprechen im Gehen

Wir kennen solche Personen, die sich wohler fühlen, wenn sie während eines Gesprächs nebeneinander gehen, als wenn sie einander gegenüber sitzen. Im Gehen ist man weniger festgelegt. Die Atmosphäre ist lockerer, man kann das Thema leichter ablenken auf Bewegungen, Ereignisse oder Gegenstände, und der Gesprächspartner kann, weil der Blickkontakt fehlt, die Gefühlsregungen nicht so gut wahrnehmen. Für den Menschen, für den Freiheit ein grundsätzliches Thema ist, für den Festgelegtwerden und Bindung Problemgebiete darstellen, ist das Sprechen im Gehen leichter, als im einander gegenübersitzen.

Wer jedoch den anderen im Auge haben will, bzw. kontrollieren will, oder wer die volle Aufmerksamkeit haben will, für den ist das Sprechen in der Gegenüberstellung leichter.

Auch in diesen Fällen geht es nicht darum, dass der Betreffende nicht kann, sondern dass er unter besagten Bedingungen nicht normal sprechen will, d.h. dass er einen Teil zurückhält, bis der Partner seine Spielregel verstanden und akzeptiert hat. Dazu ein Beispiel: H. wird von seinem Chef am Arbeitsplatz im Flur gehend angesprochen. H. gefällt diese Art der Unterhaltung nicht und er fängt an zu stottern. Er ist jedoch mutig genug, dem Chef seine Spielregel bekannt zu geben und sagt: „Ich kann im Gehen nicht gut sprechen, können wir uns nicht in Ihrem Büro unterhalten?" Im Büro sitzen sie sich dann gegenüber, wo H. die volle Aufmerksamkeit bekommt, und unter diesen Bedingungen kann er dann normal sprechen.

Bitte ...?

Manche Menschen können relativ fließend sprechen, aber sie blockieren vollkommen, wenn sie das Gesagte noch einmal wiederholen sollen. Wer grundsätzlich darauf aus ist, dass die Leute ihn mögen, sieht in der Aufforderung, seine Aussage noch einmal zu wiederholen, einen eigenen Fehler. Er hat Schuldgefühle. Seine Gedankengänge könnten sein: „Ich hätte mich klarer äußern sollen! Mag er mich jetzt noch? Ich weiß nicht, ob ich gerade stehen kann für das, was ich gesagt habe! Ich bin mir nicht mehr sicher, ob meine Äußerung dir angenehm ist und du mich vielleicht ablehnen wirst."

Das Stottern, das beim Wiederholen der Aussage auftritt, löst Mitleid aus und hilft eine Ablehnung zu vermeiden, auch wenn die Aussage nicht in „gute Erde" fällt.

Menschen mit einem anderen Lebensstil sehen in der Aufforderung, die Aussage zu wiederholen, einen Fehler des anderen. Es ist als ob sie sagen wollen: „Du hättest besser zuhören sollen; ich sage es jetzt nicht noch einmal; du solltest mich nicht wie alle anderen behandeln, bei mir musst du rücksichtsvoller sein, mir mehr Aufmerksamkeit schenken, so dass du verstehst, was ich sage. Sonst musst du dich mit weniger begnügen." Der Patient erlebt es als: „Ich will, aber ich kann nicht!" Wir wissen: Er will nicht, obwohl er kann.

Der „Frager" spürt, dass er den Betreffenden in Schwierigkeiten gebracht hat und bekommt vielleicht Schuldgefühle. Diese unguten Gefühle werden ihn davor warnen, das nächste Mal noch einmal nachzufragen. Er wird besser aufpassen.

Das Stottern zeigt einen Mangel an Bereitschaft zur Zusammenarbeit. Ganz allgemein wird die gestotterte Aussage und auch das mit einem Seufzer ausgesprochene: „Ich krieg's jetzt nicht raus" tolerant hingenommen.

Sich mit Namen vorstellen

Hier eine ganz andere Situation, die es sich lohnt zu untersuchen.

Manche haben Schwierigkeiten, sich vorzustellen. Die einen haben Schwierigkeiten mit dem Vornamen, die anderen mit dem Familiennamen. Wie ist das persönliche Verhältnis zum Familiennamen?

➢ Ist es zum Beispiel gut für Sie, Dambeck oder Schönherr oder Müller zu heißen?

➢ Was verbinden Sie selbst mit dem Namen und was verbinden andere damit?

➢ Ist der Vater ein angesehener Mann im Dorf, und ist es deshalb schön, diesen Namen zu tragen?

➢ Sind Sie, wenn Sie so heißen auch etwas wert, weil allen, die aus dieser Familie kommen, von vorneherein Achtung und Respekt entgegengebracht wird?

Volker zum Beispiel hat einen Familiennamen, den jeder in seinem Umkreis kennt. Darauf stottert er nicht! Der Name ist ein Gütezeichen, und er fühlt sich wohl dabei. Wenn nach einiger Zeit eine Beziehung warm wird und man anfängt sich zu duzen, stottert er auf seinen Vornamen, weil er damit als eigenständige Person auftritt. Und von sich als Volker hält er nur sehr wenig. Deswegen schiebt er auch gerne seinen Vater vor, wenn er sich vorstellt. Er sagt: „Schönherr, Volker."

Oder es ist gerade umgekehrt, dass Sie den Namen des Vaters nicht gerne aussprechen, weil er einen schlechten Ruf hat. Oder möchten Sie sich nicht mit dem Familiennamen identifizieren, weil Sie die Anforderungen, die damit verbunden sind, meinen nicht erfüllen zu können. Es ist ja auch nicht leicht, der Sohn eines erfolgreichen Vaters zu sein!

Patient D. konnte sich am Telefon nie mit seinem Familiennamen melden. Er ist der Sohn eines erfolgreichen Unternehmers. Jetzt, wo er (32 Jahre alt) geheiratet hat, ein Kind erwartet und einen eigenen Betrieb in einer anderen Branche aufbaut, kann er sich ohne Stottern melden. Er fühlt, dass er sich jetzt nicht mehr als Sohn seines Vaters meldet, sondern als selbstständiger Unternehmer.

Die Deutungsmöglichkeiten sind vielfältig, aber wer seinen Namen nicht sagen kann, sich selbst nicht vorstellen kann ohne Stottern, der präsentiert sich schon von Anfang der Kontaktaufnahme an als etwas Besonderes, als jemand, auf den man Rücksicht nehmen muss; als jemand, den man nicht so wie jeden anderen Menschen behandeln kann. Dadurch sind Weichen gestellt. Das ist das Ziel. Achten Sie darauf, wenn sich jemand vorstellt, ob er sagt „Ich bin..." oder „Ich heiße...". Ich bin heißt schließlich: „Das bin ich und ich stehe auch dazu!" „Ich heiße oder „mein Name ist ..." ist erlebnismäßig weiter weg.

Einladen

Die Angst zu stottern wird als Alibi verwendet, nicht *danke* zu sagen, nicht zu *grüßen* und andere *nicht einzuladen*. Das wirkliche Motto scheint zu sein: „Korrekt sein ja, aber auf Abstand und unverbindlich!"

Wer andere in sein Haus einlädt, schafft sich Verpflichtungen, auch eine Gegeneinladung annehmen zu müssen. Lässt man andere in seinen privaten Bereich zu, dann weiß man nicht, ob diese keinen Missbrauch machen von dem, was sie dann von einem wissen. Man kann nie wissen, wie die Leute hinter dem Rücken über einen reden oder denken. Wenn man das alles kontrollieren könnte, wäre die Sache ganz anders. Manch einer findet es schwierig, Gäste wieder loszuwerden und fühlt sich eingeengt, wenn diese seine Zeitgrenze überschreiten. Auch der finanzielle Aufwand kann eine Rolle spielen, wenn einem sein Geld wichtiger ist, als Beziehungen zu haben.

Danke sagen

Mit *danke* sagen und grüßen macht man einen Schritt auf andere zu. Dieses sind Freundlichkeiten, die dazu führen können, dass man öfters in Situationen gebracht wird, in denen man danke sagen oder grüßen muss. Manch einer meint, dadurch ein Stück Selbstgenügsamkeit aufzugeben und den Abstand zu anderen über Gebühr zu verringern. Das Stottern oder die Angst zu stottern, funktionieren als Alibi, nicht *danke* zu sagen und nicht zu grüßen. Man will sozusagen keine Brücken zum anderen bauen.

Der hohe Herr sagt nicht danke. Der Diener vor seinem Tor ist von seiner Großzügigkeit abhängig und zum Dank verpflichtet. In der Priorität Überlegenheit kann man Danken als Selbstabwertung erleben, in der Priorität Kontrolle als Selbsterniedrigung.

Ich kenne eine Freundin mit der Priorität Überlegenheit und Kontrolle, die nicht „danke schön" sagen kann, obwohl sie nicht stottert, und die, sich den Zusammenhängen nicht bewusst, immer wieder darüber spricht, wie das höchste Gebet das „Danke zu Gott sagen" ist. So wird für sie aus der Schwierigkeit *danke* zu sagen das Dankgebet die höchste Form von Unterordnung und Demut.

Um etwas bitten

Die Angst zu stottern, wenn man jemanden um etwas bitten soll, führt dazu, dass man dies auch selten macht. Warum will man nicht um etwas bitten?

Wer so wenig Respekt vor sich selbst hat, dass er auch von anderen nicht den normalen Respekt erwartet, den man von seinen Mitmenschen erwarten kann, hat leicht Angst lästig zu sein und abgelehnt zu werden (Priorität G). Deswegen ist sein allgemein nonverbales Verhalten so, dass der andere spürt, dass er mit Vorsicht behandelt werden muss, oder dass man ihm Mitleid oder größere Freundlichkeit entgegen bringen muss. Wenn dieser Mensch dann schließlich mit Mühe, mit einem freundlichen Gesicht und mit Stottern seine Bitte vorträgt, wird ihm diese selten abgeschlagen. Ohne Stottern wäre das Risiko größer.

Aus dem Munde einer Patientin mit der Priorität G., die ihr eigenes Verhalten gut beobachtet hat, klingt es so: „Wenn mir jemand einen Gefallen tun soll und ich ihn darum bitte, so fällt mir auf, dass ich dabei meistens sehr stark stottere, obwohl ich mich mit derselben Person bei einem belanglosen Gespräch sehr gut unterhalten kann. Es kommt mir vor, dass ich mit dem Stottern Mitleid erregen will, und ihn so dazu bewegen will, meinen Wunsch zu erfüllen ...".

Es gibt auch Menschen, denen ihre Eigenständigkeit und Unabhängigkeit so wichtig sind, dass sie auf keinen Fall Verpflichtungen und Bindungen eingehen möchten (Priorität K). Jemanden um etwas bitten, oder seine Hilfe zu beanspruchen, führt nach ihrer privaten Logik zum Verlust der Eigenständigkeit, weil der andere dann auch Erwartungen an ihn hat. So meint er: „Wenn ich mir helfen lasse, muss ich auch anderen helfen, und dies vielleicht zu einer Zeit, wo mir das nicht passt." So macht er lieber, oft unter mühsamen Anstrengungen, alles alleine, als auf die Zusammenarbeit mit anderen angewiesen zu sein.

Er fährt lieber selbst zwei Stunden, mit Hilfe eines Stadtplanes, durch eine Stadt, um selbst die gesuchte Straße zu finden, als jemanden zu fragen. Er rechtfertigt sein Verhalten für sich selbst mit seiner Angst vor dem Stottern.

Andere wollen nicht um etwas bitten, weil sie nicht zeigen wollen, dass sie etwas nicht alleine können oder etwas nicht wissen. Sie fürchten, dass der andere sie für unfähig halten könnte (Priorität Ü).

Es ist die Angst vor der Unterlegenheit, die sie ins Abseits treibt. Der eine rechtfertigt sein Verhalten aufgrund des Stotterns, der andere behauptet, er möchte andere nicht um etwas bitten, weil er sie nicht überfordern möchte und nicht lästig sein will.

Bei S. steht dies Nicht-bitten-können im Dienste der Priorität „Moralische Überlegenheit". Eine Bekannte hat schon vor einigen Monaten drei Bücher von ihr geliehen, und S. ist der festen Überzeugung, dass diese Person genau weiß, dass die Bücher ihr gehören, und dass es ihr wichtig ist, die Bücher zurück zu haben. Sie führt in ihrem Herzen Zwiegespräche mit dieser Bekannten und wertet sie ab. Wenn sie hingehen und die Bücher zurückverlangen würde, dann wäre das Problem gelöst. S. setzt jedoch ihre Schwäche – nämlich Angst vor dem Bitten ein, mit dem Ziel, den anderen abzuwerten. Wenn eine Person eine Woche mit dem Zurückgeben der Bücher in Verzug ist, so ist sie vielleicht nur ein bisschen schlecht. Wenn sie aber vier Monate in Verzug ist, so ist sie schon sehr schlecht, und je länger S. das Zurückfordern der Bücher hinausschiebt, umso schlechter wird diese Person in ihren Augen. So hat S. mit ihrer Angst vor dem Stottern den Grad der Schlechtigkeit des anderen in ihrer eigenen Hand.

Sich verabschieden

Wer kann sich nun nach einer Party oder einem Besuch am besten verabschieden? Ist es, um mal eine Auswahl zu machen, der Mensch mit der Priorität Gefallenwollen oder Kontrolle? Weggehen, Abstand schaffen ist für den Menschen mit der Priorität Kontrolle leichter; die Einengung, die mögliche Gefahr ist dann zu Ende. Wenn er bis dahin noch auffällige Blockaden hatte, kann es vorkommen, dass er beim Abschied flüssig sprechen kann und sogar Nähe zeigt. Manche bleiben bis zum Schluss, weil sich verabschieden vom Gastgeber alleine am wenigsten problematisch ist.

Die Priorität Gefallenwollen ist sich nie so ganz sicher, ob man sie mag oder nicht. Sie zögert den Abschied eher hinaus um sich bis zuletzt für das Gefallen einzusetzen und so kann es sein, dass sie dann mehr als während des Besuches stottert.

Ich wollte mit diesen wenigen Beispielen anregen, Stottersituationen in ihrem sozialen Kontext auf ihren Sinn hin zu untersuchen und vorsichtshalber noch einmal an Alfred Adlers Äußerung erinnern, „Alles kann auch anders sein." (Adler 1994).

Obwohl mit mehr Erfahrung und dem Wissen um die individualpsychologischen Prinzipien das Stottern seine Rätselhaftigkeit verliert, werden wir immer wieder feststellen: Wenn zwei das Gleiche tun, so ist das nicht das Gleiche.

7

Unsere Einzigartigkeit
Theo Schoenaker

Es gibt so viele Lebensstile wie es menschliche Gesichter gibt. (Adler).
Alle Menschen sind anders. Alle Menschen sind einzigartig. Niemand
hat genau dieselben Erfahrungen in der Kindheit gemacht wie Sie und
sollte es doch so sein, dann hat doch jeder daraus seine ganz persönliche
Schlussfolgerungen gezogen bzw. sich seine Meinungen gebildet.
Meinungen bzw. die Art wie wir denken, bestimmen unsere Gefühlslage.
Wenn Sie meinen, dass jemand gefährlich ist, haben Sie Angst. Wenn
Sie meinen, dass Sie nichts wert sind, fühlen Sie sich wertlos. Ganz
allgemein kann man sagen, dass unsere Art zu Denken unsere Gefühle
bestimmt.
Die Gefühle sind der Antrieb für unser Handeln. Angst kann führen zu
Rückzug, Stottern, Angriff usw.
Nicht die Situation oder eine Tatsache bedingen unsere Reaktion son-
dern die Meinung oder der Glauben oder die Gedanken die wir über die
Situation bzw. Tatsache haben.
Mit dieser einfachen Dreiteilung

Denken – Fühlen – Handeln

können Sie Patienten oft helfen sowohl ihre Einzigartigkeit durch die
besondere Kombination dieser drei Aspekte als auch den Zusammenhang ihres Stotterns mit dem Lebensstil zu erkennen. Einfach ausgedrückt: Weil Sie so denken, deswegen fühlen Sie sich so und deswegen
tun Sie, was Sie tun.
Wie nachvollziehbar diese Zusammenhänge auch sind, so müssen wir
doch etwas genauer hinschauen.
Ersetzen wir das Wort denken durch *Kognition*, dann ergibt sich ein
klareres Verständnis für das, was wir meinen. Es geht dann um Vorgänge, die mit dem Gewahrwerden und Erkennen zusammenhängen, wie
Wahrnehmung, Erinnerung, Vorstellung, Begreifen, Erfahrung, Gedanke, aber auch Vermutung, Erwartung, Ahnung. In diesem kognitiven

81

Bereich liegt die Einzigartigkeit des Menschen, sein einzigartiger Lebensstil.

Die hiervor besprochene Ermutigung hat einen wesentlichen Einfluss auf die kognitive Landschaft des Patienten. Er fängt an sich neue Meinungen über sich und seine Möglichkeiten zu bilden.

Wertskala zur Messung der Priorität und ihrer Probleme[13]

Theo Schoenaker

Auf einer internationalen Fortbildungstagung für Individualpsychologie[14] in Holland 1974, stellte der amerikanische Kinderarzt und individualpsychologische Psychotherapeut Bill Pew (1976) das Persönlichkeitsmodell der vier Prioritäten vor. Pew baute auf Nira Kfirs Information aus 1972 auf. Ich habe seitdem die Theorie der vier Prioritäten für die Stottertherapie zugänglich gemacht und inhaltlich erweitert. Mit Hilfe dieser Persönlichkeitstheorie wird die Zielgerichtetheit des Stotterns viel klarer.

Mit Albrecht Schottky zusammen entstand das Buch: „Was bestimmt mein Leben" (1976). Weitere lesenswerte Literatur (Titze/Gröner 1989 und Fuchs-Brüninghoff/Gröner 1999)

Hier noch einmal das Wichtigste auf einen Blick:

Tabelle 1

Priorität (Wunsch)	Engpass (zu vermeiden)	Gefühle des anderen	Preis zu bezahlen
Bequemlichkeit (Gemütlichkeit)	Schmerz; Gefahr; Belastung (Stress); Verantwortung;	Hilfsbereit bis irritiert;	Geringe Leistung;
Gefallenwollen (Liebe)	Ablehnung; unerwünscht sein;	Sympathie; akzeptiert bis Mitleid;	Verkümmerte Selbstverwirklichung;
Kontrolle (Sicherheit, Eigenständigkeit)	lächerlich sein; Demütigung; Unerwartetes;	Abgestoßen; Angst bis herausgefordert;	Mangelnde Spontaneität; sozialer Abstand;
Überlegenheit (Bedeutung haben)	Bedeutungslosigkeit; Nichtssein;	Toleranz bis unzugänglich;	Gefährdung von Freundschaften; Überlastung; Überverantwortlichkeit;

Jemand mit der Priorität Gefallenwollen lebt zum Beispiel nach der Überzeugung: „Ich habe nur einen Platz im Leben, wenn ich anderen gefallen kann", und: „Das Allerschlimmste, was mir passieren kann, ist, dass jemand mich ablehnt."

Auf diese Überzeugung baut er sein Verhalten auf, erlebt er seine Sternstunden, bringt er anderen Glück, reagiert er auf andere, engt er seinen Lebensspielraum ein und bezahlt den Preis für das, was er auf Ausschließlichkeitsbasis will: Gefallen.

Tabelle 2

Priorität (Wunsch)	Engpass (zu vermeiden)	Das Stottern	Zweck des Stotterns	Gefühle des anderen	Preis zu bezahlen
Bequemlich-keit (Gemütlichkeit)	Schmerz; Gefahr; Belastung; Verant-wortung;	Wiederho-lungen; nuscheln; leise Stim-me;	andere in seinen Dienst zu stellen;	hilfsbereit bis irritiert;	geringe Leistung;
Gefallen-wollen	Ablehnung; uner-wünscht sein;	Zwischen-laute; verwirrt; verwirrend;	Beziehung herzustellen oder aufrechtzuer-halten;	akzeptiert bis Mitleid;	verkümmerte Selbstverwirk-lichung;
Kontrolle (Sicherheit)	lächerlich sein, Demüti-gung; Unerwar-tetes;	Blockaden auf vorher-sagbaren Lauten; Augen schließen, spucken;	Abstand zu schaffen	Abgesto-ßen; Angst bis herausge-fordert;	mangelnde Spontaneität; sozialer Ab-stand;
Leistungs-überlegen-heit (Bedeutung haben)	Bedeu-tungslosig-keit; Nichtssein;	unerwartete Blockaden oder Wie-derholun-gen (wenig stottern);	zu entschul-digen für eigene Män-gel (Alibi);	Toleranz bis unzu-länglich;	Gefährdung von Freund-schaften; Überlastung; Überverant-wortlichkeit;

Wie wäre es, wenn Sie sich jetzt einige Ihrer Patienten in Erinnerung rufen würden und sich fragen. „Wie habe ich mich bei dem/der gefühlt?" Die vier Prioritäten können als eine Gruppierung der häufigsten Lebens-stilaspekte betrachtet werden.

Da wir in dieser Beschreibung über Stottern die Prioritäten verbinden mit neurotischem, d.h. sozial nicht nützlichem Verhalten, entsteht eine Häufung von negativen Begriffen. Für die positiven Möglichkeiten siehe Tabelle „Typische Verhaltensmöglichkeiten" auf Seite 55.
Ich habe auf den Seiten 52 ff genug Information über die vier Priori-täten geliefert, dass der Leser mit dem Fragebogen, den ich hier vorstel-le, arbeiten kann. Für ein besseres Verständnis weise ich auf das Litera-turverzeichnis hin.

Diese Theorie, durch ihre Übersichtlichkeit und praktische Anwendbarkeit sehr attraktiv, veranlasste mich, die gewonnen Erkenntnisse über jede Priorität in sieben Behauptungen auszudrücken, in der Hoffnung damit für die Therapie

a)   ein Messinstrument zur Feststellung der Priorität zu schaffen und

b)   Einsicht in die Problemfelder zu gewinnen.

Siehe nächste Seite.

Tabelle 3 – Fragebogen zur Feststellung der Priorität

		Stimmt			Stört dich das?	
Zutreffendes bitte ankreuzen!		genau	in etwa	nicht	ja	nein
1.	Ich habe Angst, bedeutungslos zu sein.					
2.	Ich erlebe mich oft in einem Abstand von anderen Menschen.					
3.	Ich strenge mich an, damit ich von möglichst vielen akzeptiert werde.					
4.	Ich lasse mir gerne helfen.					
5.	Weil ich nicht eine/r unter vielen sein will, ist es mir wichtig, aus der Masse herauszuragen.					
6.	Mit meinen Gefühlen bin ich ziemlich zurückhaltend, d.h. ich sage lieber was ich denke, als was ich fühle.					
7.	Mir geht oft die Frage durch den Kopf, ob die Leute mich wohl mögen, und ob ich willkommen bin.					
8.	Unruhe, Hast, Störungen und Veränderungen können mich derart stören, dass ich mich ganz unwohl fühle.					
9.	Ich spüre in mir ein Streben nach „besser sein" als andere. Dafür strenge ich mich auch an.					
10.	Ich glaube, ich kann mich nicht gut anvertrauen, nicht „fallen lassen."					
11.	Ich glaube, die Angst abgelehnt zu werden, ist bei mir sehr stark.					
12.	Ich möchte in Ruhe gelassen werden.					
13.	Für meine Art zu leben bezahle ich den Preis, dass ich zu viel tun und zu viel Verantwortung tragen muss.					
14.	Es ist mir sehr wichtig, meiner Sache sicher zu sein.					
15.	Ich wage es nicht gerne, meine Meinung zu sagen, wenn sie von der der anderen abweicht.					

16.	Ich stehe ungern unter Leistungs-druck.					
17.	Wichtig ist für mich nicht, ob eine Sache gut läuft, sondern ob die entscheidenden Anstöße von mir kamen.					
18.	Ich fürchte, dass meine spontanen Äußerungen später wieder gegen mich verwendet werden können.					
19.	Ich kann nicht gut „nein" sagen.					
20.	Ich leiste vielleicht nicht ganz so viel wie andere, aber meine Ruhe und die Gemütlichkeit sind mir wichtiger.					
21.	Ich kann mir denken, dass manche Leute sich klein und verlegen fühlen, wenn sie sehen, was ich so aus mei-nem Leben mache.					
22.	Halb vorbereitet in eine Situation hineinzuspringen, das liegt mir gar nicht.					
23.	Ich versuche festzustellen, was andere von mir erwarten, damit ich diese Erwartungen womöglich er-füllen kann.					
24.	Körperliche Schmerzen, auch wenn sie nur kurz dauern, gehe ich grund-sätzlich aus dem Weg.					
25.	Wenn ich mein Leben so betrachte, kommt es mir vor, als ob ich gut mit Leuten umgehen kann, die mir un-terlegen sind, und auch mit solchen, die ich als Autorität akzeptiere; aber Freundschaften kann ich offensicht-lich auf Dauer nicht halten.					
26.	Es ist mir sehr wichtig, die Übersicht zu behalten.					
27.	Wenn ich den Erwartungen anderer zuwider handeln muss, fühle ich mich wie gelähmt und entschei-dungsunfähig.					
28.	Im Grunde ist mein tiefster Wunsch, ein bequemes Leben zu haben, ohne viele Konflikte.					

	Ü	K	G	B
Priorität				
Probleme				

Probleme:

Kindheitserinnerungen:

Tagtraum:

Wunsch:

Das Schlimmste:

Eine Behauptung ist zum Beispiel (siehe Priorität Kontrolle, Tab. 3):
„Ich erlebe mich oft in einem Abstand von anderen Menschen."
Der Patient hat die Möglichkeit auszudrücken, ob diese Behauptung
„genau", „in etwa" oder „nicht" stimmt. Die Antwort zum Beispiel
„stimmt genau" könnte eine Andeutung für die Priorität Kontrolle sein.
Mehr als die Priorität interessiert uns für die Therapie jedoch, an welchen Neigungen der Patient am meisten leidet und wie er mit seiner
Priorität umgeht. Deswegen lautet die nächste Frage: „Stört dich das?
(dass das so ist?)." So entstand der Fragebogen.
Seit 1974 ist die Prioritätenskala ein fester Bestandteil unseres diagnostischen Materials. Sie wurde mehrmals überarbeitet und ist für unsere
Arbeit eine beachtliche Hilfe. Seit 1978 ist sie unverändert. Nachdem
diese Skala mir nun wieder in Händen von verschiedenen Kollegen begegnet ist, und die Universität Osnabrück eine Untersuchung über die
Brauchbarkeit der Prioritätenskala durch Dr. J. Rogner (1983) unterstützt hat, will ich berichten, wie wir im Institut für Stimm- und Sprech-

behinderte in Sinntal-Züntersbach mit dieser Prioritätenskala arbeiten und welchen Wert wir den Ergebnissen beimessen.

Aufbau
Für jede Priorität gibt es sieben Items. Sie sind so angeordnet, dass sie sich in der Reihenfolge
Überlegenheit – Kontrolle – Gefallenwollen – Bequemlichkeit jeweils wiederholen. Also:
Überlegenheit: Nr. 1 - 5 - 9 - 13
Kontrolle: Nr. 2 - 6 - 10 - 14 usw.
Bei der Auswertung berechnen wir jedes Kreuz in der 1. Spalte mit einem Punkt, jedes Kreuz in der 2. Spalte mit einem halben Punkt; die 3. Spalte wird nicht bewertet.

In den beiden letzten Spalten dieser Tabelle kann der Patient dazu Stellung nehmen, ob er mit dem, was er in den drei ersten Spalten ausgedrückt hat, Schwierigkeiten hat. Dort werden die bejahenden Antworten mit einem Punkt, die verneinenden Antworten mit null Punkten bewertet.

Überlegungen zu verschiedenen Zahlenbildern
So kann folgendes Zahlenbild entstehen:

Beispiel 1:

	Ü	K	G	B
Priorität	2	6	5	3
Probleme	1	6	6	0

Falls das jeweilige Zahlenbild in Anwesenheit des Patienten gedeutet wird, machen wir ihm Folgendes einsichtig:
a) nur die Zahlen des Fragebogens, aber nicht seine eigene Person, werden gedeutet;
b) die Zahlen können nur das wiedergeben, was er mit seinen Kreuzen angegeben hat;
c) jeder Mensch lebt mit Wunschbildern und Tabus, die ihm nur zum Teil bekannt sind. Diese nicht völlig bewussten Einflüsse haben das vorliegende Ergebnis mitbestimmt.

Deutung der Zahlen

Die obere Reihe lässt die Priorität Kontrolle erkennen. Die Fähigkeit, anderen zu gefallen, steht an zweiter Stelle. Wir ersehen daraus, dass wir es mit einem Menschen zu tun haben, der sowohl seine Eigenständigkeit (K) als auch seine Nähe zu anderen (G) sucht. Er könnte – so kann man spekulieren – in einem helfenden Beruf, wo er selbst den Abstand in der Beziehung bestimmen kann, gut funktionieren. Man könnte sich jetzt allerhand positive Eigenschaften und Fähigkeiten zur dieser Kombination K und G einfallen lassen, und dies sollte man in einer therapeutischen Beziehung aus Ermutigungsgründen auch nicht vergessen, aber für die Therapie interessiert es uns zu wissen, ob er mit seiner Priorität (K) in der Kombination mit G umgehen kann.

Darüber gibt uns die untere Reihe Aufschluss. Wir sehen, dass sowohl die Kontrolle, als auch das Gefallenwollen, mit vielen Problemen belastet sind und können uns jetzt folgende Gedanken machen:
Dieser Mensch leidet sowohl an dem Abstand (K) zu anderen Menschen als auch an seiner Unfähigkeit, im richtigen Moment „nein" zu sagen (G). Er kann andere Leute für sich gewinnen (G), aber in einer intimer werdenden Beziehung nicht richtig mit der Nähe umgehen (K). Obwohl er freundlich und anderen zugewandt sein kann (G), sind Spontaneität und das Aussprechen seiner Gefühle (K) nicht seine Stärken. Die doppelten Signale „Komm zu mir, sei nett zu mir!" (G) und „Komme mir nicht zu nahe!" (K), verunsichern den Partner. In diesen Problemfeldern könnte man das Gespräch ansetzen, denn hier sind die stotterauslösenden Situationen zu finden.

Die Zahlen sagen uns übrigens auch, dass er ruhen und genießen (B) kann, ohne sich von Arbeit oder Pflichten beunruhigen zu lassen (Probleme 0). Dies ist ein guter Ausgleich für sein Leben.

Beispiel 2:

	Ü	K	G	B
Priorität	6	3	7	3
Probleme	7	2	3	5

In diesen Zahlen sehen wir, dass das Wissen um die Priorität uns höchstens die Neigungen und Stärken des Menschen erkennen lässt, dass aber erst die Gegenüberstellung der Priorität mit dem Zahlenbild der Probleme die Tür zum Verständnis der jetzigen Notlage des Patienten klar macht.

Es scheint, dass er mit seinen Fähigkeiten, anderen zu gefallen, gut umgehen kann (G 7 – relativ wenig (3) Probleme), es könnte aber sein, dass er sich mit seinem Streben nach Bessersein zu viel aufhalst (Ü – Probleme 7) und sich durch die Menge der Aufgaben oder dem Druck der Verantwortung überlastet fühlt. Die Frage kommt auf, ob seine Neigung, anderen zu gefallen, mit dieser Überlastung zusammenhängt. Es könnte ja sein, dass er gerne zeigt wie gut er ist (Ü) und nicht gut anderen einen Wunsch abschlagen kann (G). Die Zahlen sagen uns jedoch, dass er hier selbst keinen ursächlichen Zusammenhang sieht, sonst wäre die Problemzahl bei G höher gewesen. Klar ist auf jeden Fall, dass er sich keine Ruhe gönnt. Wenn er einmal Zeit hat zu ruhen, kann er sie nicht genießen. Das erkennen wir an der Zahlenkombination unter B, wo die Probleme höher liegen als die Priorität. Auch wenn er Zeit hat, sitzt er trotzdem auf heißen Kohlen. Wir würden hier die Frage stellen: „Wer ist (war) die Person in Ihrem Leben, die meint(e), dass es nie genug gewesen ist?" Ist er es selbst, sein Partner oder die internalisierte Stimme eines Elternteiles? Wir sehen hier, dass für die Therapie die Problemfelder die wichtigeren Informationsträger sind.

Ein paar Gedanken am Rande: Dieser Mensch wird in einer Führungsposition gut mit den demokratischen Prinzipien der Individualpsychologie umgehen können. Er führt nicht aufgrund seiner Autorität, sondern aufgrund seiner Fähigkeit, andere für sich zu gewinnen (G).

Ein Problemfeld, das aus der Zahlenkombination nicht sichtbar wird, jedoch implizit in der G/Ü-Kombination gegeben ist, liegt in der Tatsache, dass G keine Konflikte zulässt und eher zur Anpassung und zum freundlichen Meinung-herunter-schlucken neigt, und Ü eher dahin tendiert: es besser zu wissen, eigene Wege zu gehen, anders sein zu wollen, sich nicht festlegen zu wollen. Dadurch kann es zu psychosomatischen Reaktionen, und aus Mangel an klaren Stellungnahmen zu Spannungen im zwischenmenschlichen Bereich kommen.

Beispiel 3:

	Ü	K	G	B
Priorität	1	5	3	6
Probleme	1	7	3	6

Die hohen Zahlenwerte bei K und B springen ins Auge. Es scheint, dass B die Priorität ist. Der größte Leidensdruck liegt jedoch bei K. Wir denken an Probleme mit der menschlichen Nähe, mit der Einsamkeit und mit der Neigung, sich abzusichern. Er flüchtet in die Bequemlichkeit, die er jedoch nicht genießen kann. Er ist in der Passivität unruhig (B: oben 6, unten 6). Dieser Patient ist in Not, denn die Fähigkeit, anderen zu gefallen, sich auf andere einzuspielen, Kontakte herzustellen (alles G), lehnt er genauso an sich selbst ab, wie K und B und Ü. Einsamkeitsprobleme sind zu erwarten. Er ist auf der ganzen Linie mit sich unzufrieden.

Wenn die Problemzahlen höher liegen als die der Priorität, haben wir es – erfahrungsgemäß – mit Problemfeldern zu tun, unter denen der Patient gerade jetzt besonders leidet.

Beispiel 4: (Ein seltener Fall)

	Ü	K	G	B
Priorität	4	7	0	2
Probleme	3	7	5	2

Dieser Mensch hat Schwierigkeiten mit jedem Fragebogenaspekt seiner Priorität „Kontrolle" (K 7 – Probleme 7). Er kann nicht gefallen (G 0); jedoch zeigt die Zahlenkombination 0/5, dass ihn das Fehlen der Priorität „Gefallenwollen" stark beunruhigt.

Es scheint, dass er nicht gefallen kann, aber dass er es müsste oder möchte. Wir können vermuten, es hier mit einem Menschen zu tun zu haben, der an den Auswirkungen seiner Priorität „Kontrolle" leidet und dass er seine mangelnde Fähigkeit, zu harmonieren, auf andere zuzugehen, Erwartungen zu erfüllen, an sich selbst kritisiert. Es stellt sich im Gespräch heraus, dass seine Ehefrau ihn fortwährend kritisiert, weil er so distanziert, beherrscht (gefühllos) und für sie unerreichbar ist. Sie hält ihm laufend Verhaltensweisen vor, die er eigentlich haben sollte.

Es ist nicht möglich, alle vorkommenden Zahlenkombinationen hier zu beschreiben. Daher soll diese Auswahl genügen. Wer sich mit der Theorie der vier Prioritäten beschäftigt, entwickelt rasch die Fähigkeit, die Zahlenbilder vorsichtig zu deuten. Insbesondere, wenn er diese erhärtet durch die Erkenntnisse, welche er aus Kindheitserinnerungen, der Art der Probleme und den Tagträumen des Patienten gewinnt.

Aufschlussreich ist manchmal die Antwort auf Fragen wie:

„Wenn sie einen Wunsch frei hätten, was würden sie sich wünschen?"

oder:

„Was ist das Schlimmste, was ihnen in ihrem Leben passieren kann?"

Alle Antworten können die für jede Priorität typischen Eigenschaften, Neigungen und Sackgassen erhellen.

Einige Fragen

Folgende Fragen werden oft gestellt:

- Was bedeutet es, wenn bei der oberen Zahlenreihe mehrere Zahlen gleich hoch sind?
  Überlegung: Die Zahlen sagen, dass der Betreffende die Möglichkeit mehrer Prioritäten in sich vereinigt und dass er nicht eng an eine Priorität gebunden ist. Kommt er zum Beispiel in der Kontrolle nicht mehr zurecht, dann kann er umschalten auf seine Fähigkeit der Priorität Gefallen-wollen und von dort aus möglicherweise auf die Überlegenheit. Das würde bedeuten, dass je enger die Zahlen der Prioritäten zusammen liegen, d.h. je geringer die Unterschiede sind, desto flexibler kann der Mensch situativ seine Möglichkeiten einsetzen.

- Was bedeutet es, wenn nur eine Zahl hoch ist und alle anderen Zahlen niedrig?
  Überlegung: Im Sinne der vorgehenden Gedanken würde dies bedeuten, dass diese Person nicht sehr flexibel ist und mit einem starken „nur wenn" lebt. „Nur wenn ich anderen Menschen gefallen kann, ist mein Leben in Ordnung." Dies im Gegensatz zu der hier zuvor besprochenen Person, die mit dem günstigeren „sowohl als auch" lebt.

- Was bedeutet es, wenn jemand nur Kreuze in den ersten drei und nicht in den letzten beiden Spalten gemacht hat?
  Überlegung: In den meisten Fällen fand ich dieses Bild bei der Priorität Kontrolle. Es ist als ob der Betreffende uns sagen will: „Meine Probleme gehen dich nichts an. Ich lasse mir nicht von dir in die Karten schauen!"

- Kann man seine Priorität ändern?
  Vielleicht kann man das durch aufwendige Psychotherapie. Dann hat man aber die Fähigkeiten und Probleme der anderen Priorität. Nein, das Ziel ist nicht die Änderung, sondern die Bejahung der eigenen Priorität und Entwicklung von Mut und Gemeinschaftsgefühl.

Nehmen Sie den Fragebogen so an, und arbeiten Sie damit. Wenn Sie das Vertrauen des Betreffenden gewonnen haben, können Sie den Fragebogen noch einmal einsetzen – dann ergibt sich ein anderes Bild.

An den Leser, die Leserin: Wenn Sie trotz der Information nicht weiterkommen, dann rufen Sie mich an. Ich helfe Ihnen gerne.

Möglichkeiten

Die für mich bedeutsamsten Möglichkeiten der Prioritätenskala liegen in ihrem Einsatz im Erstinterview und in der Gruppentherapie. Die Patienten melden sich schriftlich zur Behandlung an und schicken mir vor dem Erstinterview – das zum Ziel haben soll, festzustellen, ob diese Therapieform für diesen Patienten geeignet ist – neben fünf Kindheitserinnerungen u.a. auch diesen Prioritäten-Fragebogen ausgefüllt zurück. Ich habe dadurch die Möglichkeit, noch bevor ich mit dem Patienten zusammenkomme, mir ein vorläufiges Bild zu machen. Ich werde dann in der direkten Begegnung, aufgrund der Informationen aus Kindheitserinnerungen und Priorität, seine verbalen und nonverbalen Reaktionen einzuordnen versuchen (s. Kapitel 18) und kann dann, schneller als sonst, hinter die Symptomatik blicken, woran der Patient vordergründig leidet und worüber er eigentlich am liebsten sprechen möchte. So können auch Sie dann erkennen, dass nicht der Fall vom Heuwagen in der Kindheit ihn zum Stottern gebracht hat, sondern dass seine Neigung, Abstand zu schaffen (K), das situativ auftretende Stottersymptom sinnvoll erscheinen lässt; dass nicht der Krankenhausaufenthalt im Kindesalter das Stottern verursachte, sondern dass die mitleidauslösenden Symptome ihn vor Ablehnung (G) schützen; dass nicht der Lehrer, der sich beim Leseunterricht falsch verhalten hat, schuld am Stottern ist, sondern dass das Stottern ein Mittel ist, durchschnittliche Leistungen überdurchschnittlich bewerten zu können (Ü); dass nicht die erblichen Faktoren mütterlicherseits die Ursache des Stotterns sind, sondern dass die Angst vor Verantwortung und die Neigung, andere in seinen Dienst zu stellen (B), das Stottern verständlich machen.

In einer Gruppentherapie ermöglicht der Fragebogen einen schnelleren Einstieg, weil gruppendynamische Prozesse leichter verständlich werden, wenn die Teilnehmer voneinander wissen, zu welcher Priorität der Einzelne hintendiert. Gespräche in Subgruppen von Personen mit der gleichen Priorität, führen oft zu heilenden Erfahrungen des Sich-verstanden-fühlens. Spiele, wobei der einzelne nonverbal oder in der Rolle eines Tieres, anderen Gruppenteilnehmern seine Priorität eventuell mit Hilfe von Gegenständen demonstriert, lockern nicht nur die Atmosphäre, sie regen auch die Spontaneität und Kreativität an und geben den

Teilnehmern einen Einblick in die große Bandbreite des Modus operandi.

Veränderungen in den Zahlen, die man bei erneutem Einsatz des Fragebogens im Laufe der Behandlung feststellen kann, deuten nicht unbedingt darauf hin, dass die Priorität sich geändert hat, sondern sagen meistens aus, dass der Patient durch die gewonnenen Erkenntnisse sich selbst und seine Problemfelder jetzt anders sieht. Vielleicht ist er, trotz Tabus und Wunschbilder, „ehrlicher" zu sich selbst. Es kommt auch vor, dass jemand eine Priorität in einer bestimmten Lebensphase, als Arbeitsmethode verwendet um seine eigentliche Priorität zu erreichen. Man kann zum Beispiel vordergründig die Priorität Bequemlichkeit leben um im Sich-bedienen-lassen die erste Priorität Überlegenheit zu erreichen. Man kann vordergründig die Priorität Gefallen-wollen leben um in dieser freundlichen Beziehungswelt mehr oder weniger sicher sein zu können, dass keine unerwartete Bedrohung zu fürchten ist. Die erste Priorität wäre in diesem Falle Kontrolle. Bei wiederholtem Einsatz des Fragebogens in der Therapie können die dann gewonnenen Zahlen den Eindruck erwecken, dass die Priorität sich geändert hat. In Wirklichkeit hat der Patient durch die Zunahme des Mutes seinen Schutz (vorhin Arbeitsmethode genannt) verringert.

Er lebt dann im ersten Fall seine Priorität Überlegenheit eher durch konstruktive Beiträge als durch Sich-bedienen-lassen. Im zweiten Fall hat er mehr Vertrauen zu sich und den anderen entwickelt, so dass er die Methode des Gefallen-wollens nicht mehr in dem Maße wie früher braucht.

In jedem Fall ist der Bogen eine gute Gesprächsgrundlage.

Das Vorkommen der Prioritäten

Ich gab 171 Teilnehmern vor der Therapie den Prioritäten-Fragebogen und nach Abschluss der Therapie wieder. Ich wollte wissen, welche Priorität in dieser Patienten-Population am meisten vorkommt und ob sie sich durch die Teilnahme an der Therapie verändert. Die Zahlenbilder sehen so aus:

Vor der Therapie:		Nach der Therapie:	
Ü 18		Ü 22	
K **45**		K **62**	
G **53**		G **43**	
B 18	Insgesamt 134	B 12	Insgesamt 139

95

Der Unterschied zur Gesamtzahl der Teilnehmer entsteht durch:
- Ungültig ausgefüllte Fragebögen;
- gleich hohe Zahlen auf mehrere Prioritäten.

Wir können hier eindeutig sehen, dass die Prioritäten Kontrolle und Gefallen-wollen deutlich herausragen. Interessant ist, dass die Zahlen für die Priorität Gefallen-wollen und Bequemlichkeit sich nach der Therapie verringern mit etwa der Zahl womit die Priorität Kontrolle zunimmt. Ich erkläre das so: Die Priorität Gefallen-wollen und Bequemlichkeit wurden in verschiedener Weise als Arbeitsmethode verwendet um Kontrolle zu erreichen. D.h. auch vor der Therapie war bei den meisten Teilnehmern die Priorität Kontrolle. Sowohl Gefallen-wollen als auch Bequemlichkeit können als Schutz eingesetzt werden. Gefallen-wollen: „Wenn ich für Freundlichkeit und Harmonie sorge, komme ich nicht in unerwartete Situationen, d.h. ich komme nicht in Gefahr." Priorität Bequemlichkeit: „Solange ich nichts tue, kann auch nichts schief gehen."

Mit Zunahme des Mutes verringert sich die Neigung, in unsicheren Situationen in die Passivität zu rutschen, und die Fähigkeit „nein" zu sagen (G) nimmt zu. Dadurch wird das Erscheinungsbild klarer. Es ist klar, dass Kontrolle und Gefallen-wollen *die* therapeutischen Felder sind und in der Therapie unsere besondere Aufmerksamkeit brauchen.

Schlussbemerkungen

Durch mehr Kenntnisse und mehr Erfahrung kann man gezieltere Vermutungen über die Zahlenkombinationen anstellen. Mehr als ein Hilfsmittel zum Gesprächseinstieg, mit dem Bewusstsein „alles kann auch anders sein" (Adler), kann der Prioritäten-Fragebogen nicht sein. Das Verständnis für die Priorität des Patienten und seine Problemfelder kann in der Therapie die Erarbeitung von Lebensstilaspekten nicht ersetzen, aber das Gespräch kann gezielter angesetzt und die therapeutische Beziehung in kürzerer Zeit hergestellt werden. Der Fragebogen ermöglicht einen guten Einstieg in die Arbeit mit dem Lebensstil. Der Zusammenhang Problem/Lebensstilaspekt wird leichter erfasst; die Selbstverantwortung für Ziel und Methode verstanden; das Bewusstsein für den zu zahlenden Preis geweckt.

In der Gruppe finden wir durch Einsatz des Fragebogens leichter Gemeinsamkeiten, Stärken, Schwächen und Möglichkeiten, sich einzufühlen und auszutauschen. Der Bogen bietet gute Hilfe im Erstinterview, in Kurztherapie und Beratung, in Gruppentherapie und in der Eheberatung.

Ich kann zum Schluss nicht genug vor Stigmatisierungen warnen. Aus der englischen Literatur sind die Tätigkeitswörter „to please" und „to control" zu Hauptwörtern wie „Pleaser" und „Controler" geworden. Auch im deutschen Sprachraum gibt es solche Tendenzen, die zu Begriffen wie „Überlegenheitstyp", „Bequemlichkeitstyp", und „Kontrolleur" führen. Diese Etiketten oder Stigmen bedeuten für viele Patienten ein unabänderliches Schicksal oder eine Entschuldigung für ihr Verhalten. Sie wirken eher konservierend, als dass sie seine Flexibilität und sein kreatives Denken fördern. Selbst der Therapeut, der der Meinung ist, dass der Mensch seine Priorität nicht ändern kann, soll aus Respekt vor der vielschichtigen Einzigartigkeit der menschlichen Persönlichkeit seinen Patienten nicht auf so wenig sagende Begriffe festlegen.

Wer etwas gegen den Einsatz solcher Mittel, wie diesen Prioritätenbogen in Therapie und Beratung, hat, soll bedenken, dass jede Methode, jede Technik und jedes Hilfsmittel nur dann richtig funktioniert, wenn der Benutzer seine „Sache auf nichts stellt" (Adler) und seinen kühlen Kopf mit einem warmen Herzen bereichert.

9

Das Stottern – ein neurotisches, zielgerichtetes Verhalten

Theo Schoenaker

„Wenn Krankheit oder Krankheitssymptome als Alibi verwendet werden um soziale Mängel zu entschuldigen, ist die Diagnose Neurose berechtigt." (Dreikurs 1967)

Über die Zielgerichtetheit sprachen wir schon. Hier soll sie noch einmal unter dem Blickwinkel der Neurose betrachtet werden.[14]

Alfred Adler gab 1912 seiner Schule den Namen „Individualpsychologie" und leitete den Begriff vom „Individuum", was unteilbar heißt, her. Er drückt damit aus, dass individuelle Symptome, wie zum Beispiel Stottern und andere situativ auftretende Symptome wie Tinitus, spastische Dysphonie, usw. als ein Ausdruck der unteilbaren Einheit Mensch betrachtet werden müssen. Er stellt sich damit in Gegensatz zu Freud, der ja bekanntlich von drei Funktionssystemen oder Instanzen spricht: Das Ich, das Es und das Über-ich. Gleichzeitig weist Adler daraufhin, dass es erforderlich sei, die Zielrichtung des menschlichen Verhalten zu erkennen. Er macht klar, dass der Mensch sich immer als ein Ganzes, durch eigene Entscheidungen, auf selbstgesetzte – meist unbewusste – Ziele hin bewegt. Ein Beispiel möge uns wieder ins Thema führen:

Immanuel Kant hatte bis ins hohe Alter ein prächtiges Gedächtnis. Er hielt seine Vorlesungen auswendig, unterstützt von nur wenigen Stichwörtern. Wenn aber ein Student oder eine Studentin ihn ärgerte durch einen fehlenden Knopf an der Jacke oder durch unordentliche Haartracht, dann konnte er in einen großen hoffnungslosen Gedächtnisverlust verfallen. Betrachten wir dieses Phänomen vom Standpunkt der Prioritäten, dann könnte man an die Priorität Kontrolle/Ordnung denken. Kant „brauchte" geordnete Verhältnisse. Daher irritierte ihn der fehlende Knopf und brachte ihn aus dem Konzept. Trotzdem stellt sich die Frage:

„Was kann das Ziel des Gedächtnisverlustes sein?" „Wie fühlt sich der betreffende Student und wie wird er sich das nächste Mal verhalten?"
„Ist es seine Unfähigkeit sich zu konzentrieren, oder ist es eine freundliche Art der Tyrannei?"
Der fehlende Knopf ist keine Erklärung für sein Verhalten. Kant könnte sich auf seine eigene Sache konzentrieren und weitermachen. Wenn es aber sein Ziel war, dem Studenten ein schlechtes Gewissen zu machen, dann macht sein Verhalten Sinn. Ich nehme mal an, dass er sich dessen bewusst war. So wie auch einige stotternde Therapieteilnehmer in folgendem Fragebogen, den ich 237 Personen vorgelegt habe, zum Ausdruck bringen, dass sie schon am Anfang der Therapie eine Ahnung über die Ziele bzw. Wirkung ihres Stotterns haben.
Doppelnennungen waren möglich.

Fragebogen bezüglich der Ziele des Stotterns:

	Ziele des Stotterns	
Name:	Datum:	

Ziele des Stotterns

Bitte zutreffende Nummer umkreisen!

1	Ich drücke mich mit meinem Stottern vor Aufgaben und vor Verantwortung.	144
2	Ich löse Mitleid aus.	71
3	Das Stottern ist ein Mittel akzeptiert zu werden, auch wenn ich meinen Standpunkt nicht vertreten kann.	45
4	Es ist eine Entschuldigung dafür, der Konfrontation ausgewichen zu sein.	101
5	Ich kann mit Stottern Fehler vertuschen.	43
6	Ich kann mit Stottern andere milder stimmen.	85
7	Ich kann mir durch mein Stottern mehr erlauben.	39
8	Ich bekomme mehr Aufmerksamkeit.	85
9	Ich kann mit meinem Stottern Kritik umgehen.	78
10	Ich kann durch mein Stottern dem Konkurrenzkampf ausweichen.	45
11	Ich erreiche durch mein Stottern Mitleid.	54
12	Durch mein Stottern kann ich andere in meinen Dienst stellen.	111
13	Durch mein Stottern gewinne ich Zeit.	62
14	Durch mein Stottern kann ich dem Leistungsdruck ausweichen.	40
15	Ich appelliere mit meinem Stottern an Mitgefühl.	44
16	Mein Stottern löst Sympathien aus, so kann ich gefallen.	27
17	Das Stottern ist ein Hilfsmittel mich durchzusetzen.	25
18	Das Stottern ist eine Entschuldigung für mich selbst, Kontakten auszuweichen.	154
19	Mit meinem Stottern nehme ich Kritikmöglichkeiten vorweg.	56
20	Das Stottern ist eine Rechtfertigung, nichts sagen zu müssen.	129
21	Ich halte mit dem Stottern die Leute auf Abstand.	73
22	Das Stottern ist eine Entschuldigung für evtl. Fehler und Mängel.	64
23	Das Stottern ist eine Entschuldigung, nicht der Beste zu sein.	82
24	Durch mein Stottern bekomme ich Schonung.	76
25	Mit dem Stottern warne ich die Leute im Voraus: „Du sollst von mir nicht zu viel erwarten."	50
26	Mit dem Stottern sage ich mir selbst: „Was würde ich nicht leisten können, wenn ich nicht gezwungen wäre, an dieser Störung zu leiden, wofür ich schließlich nicht verantwortlich bin.	101

Mit der Anerkennung dieser Ziele ist auch immer das „Ja ..., aber", das Adler „die richtige Definition der Neurose" nennt, verbunden. Der Patient sagt: „**Ja**, ich würde schon alle meine Aufgaben im Leben wie alle anderen normalen Menschen gerade heraus anpacken, **aber** ich stottere und kann nun mal nicht telefonieren in unserem Großraumbüro." Oder zu den obigen Zielen: „**Ja**, ich sehe ein, dass mein Stottern eine bestimmte Wirkung auf andere hat, **aber** ich kann doch nichts dafür, dass ich stottere.

In der Logik des Zusammenlebens wird der Mitmensch als ein Wesen betrachtet, das sich für sein Handeln zwar nicht immer voll bewusst, aber immerhin selbst entscheidet und dafür auch Verantwortung trägt. **Die Entscheidungen stehen im Zusammenhang mit angestrebten Zielen.** Solange wir diese Logik nicht verlassen, haben wir Klarheit im Umgang miteinander. Ein Beispiel kann klarmachen, was dies praktisch bedeutet: Wenn Sie sehen, dass ich auf jemanden zugehe, die Zunge herausstrecke und spucke, und Sie sehen, dass der andere sich umdreht und weggeht, so finden Sie meine Handlung unerhört oder mindestens unhöflich und seine Reaktion wenigstens selbstverständlich und logisch. Wenn aber jemand stottert, haben wir die Neigung, diese Logik zu verlassen und ihm zu glauben, wenn er sagt, er könne nichts dafür, denn er wolle ja gar nicht die Zunge herausstrecken und er wolle ja nicht spucken und er fände es ungerecht, dass der andere weglaufe. Wenn wir dann anfangen, mit ihm Zungenübungen zu machen, dann haben wir endgültig den Weg der Logik verlassen und sind mit ihm auf einem Irrweg. Warum sagt er, er könne nichts dafür, dass seine Zunge herausrutscht? Warum bin ich für das Verhalten meiner Zunge verantwortlich und er nicht? Warum will er uns und vielleicht sich selbst mit dem, was er über sein Handeln sagt, verwirren?

Symptome, wie alles menschliche Verhalten, sind zielgerichtet. Dies ist auch in der Medizin, wo ja meist kausal gedacht wird, nicht unbekannt. Das Ziel einer Diarrhöe ist es zum Beispiel, die Irritation vom Verdauungstrakt auszutreiben. Das Ziel des Schmerzes ist, uns anzudeuten, dass etwas nicht in Ordnung ist; das Ziel von Husten, körperfremde Stoffe aus der Luftröhre auszutreiben usw. Aus dem Begriff „Krankheitsgewinn", woraus wir ja auch die Zielgerichtetheit erkennen, verstehen wir, dass man an Krankheiten und Symptomen nicht nur leiden, sondern dadurch auch etwas gewinnen kann. In der Bundesrepublik Deutschland kann derjenige, der stottert, zum Beispiel nach dem Schwerbehindertengesetz eingegliedert werden. Es ist einsichtig, dass die damit verbundenen Vorteile einen daran hindern können, seine Störung aufzugeben. „Mein Stottern hat mir so viele Nachteile gebracht, dass ich mir zum Ausgleich diese Vorteile erlauben darf", sagen manche Patienten zur Selbstrechtfertigung. Wie sind nun „Vorteile" und „Nachteile" aus therapeutischer Sicht zu betrachten?

Wer stottert, wird allein bzw. in Ruhe gelassen. Wer stottert, bekommt freundliche Hilfe und Zuwendung. Wer stottert, bekommt für durchschnittliche Leistungen überdurchschnittliche Bewunderung. Man kann dies als Folge des Stotterns deuten, aber wir wissen, dass man diese Folge nicht mit irgendeinem Stottern, sondern mit **ganz bestimmten Stottersymptomen und anderen nonverbalen Signalen** erreicht. Nicht jeder, der stottert, bekommt Hilfe und Zuwendung. Der Mensch muss schon ein ganz bestimmtes Muster von Stottern d.h. Zögern, Gesichtsausdruck, Stimmlage, Körperhaltung und Bewegung produzieren, um dies zu erreichen. **Wir sprechen dann nicht mehr von Folgen, sondern von Zielen,** denn der ganze Mensch ist mit dem Hervorrufen dieser nonverbalen Signale, wie mit einem schöpferischen Prozess, verantwortlich verbunden. Wenn wir überdies finden, dass es für den Betreffenden im Rahmen seiner Persönlichkeit wichtig ist, Hilfe und Zuwendung zu bekommen, weil er nicht daran glaubt, dass er selbstständig verantwortlich handeln kann, so verstehen wir auch die anderen Verhaltensweisen, womit er andere in seinen Dienst stellt, wie seine allgemeine Hilflosigkeit, seine Neigung sich dumm zu stellen, die vielen Fehler, die er macht, seine Schüchternheit oder seinen Charme. Dies alles dient dem Ziel, Hilfe und Zuwendung zu bekommen. Im Rahmen dieses Zieles ist das Stottern dann auch nur ein Mittel, ein Symptom. **Symptomwahl, Symptomproduktion und Zielsetzung sind unbewusste Prozesse.** Sie müssen auch unbewusst ablaufen um gelingen zu können. Sobald der Patient diese unbewussten Arrangements versteht, erschwert dies sein neurotisches Schutz-Verhalten.

Man wählt sein Symptom in Übereinstimmung mit seinem Ziel. Adler sagt: „... Der Mensch versteht von seinem Ziel nichts und folgt ihm dennoch. Er versteht von seinem Lebensstil nichts, und ist stets darin verhaftet. (A. Adler 1933/1994)

Dazu noch einige Denkanstöße durch Beispiele:

Wenn R. der anerkannte Führer sein kann, also der der bestimmt, spricht er fließend. Sobald ihm jemand diesen Platz streitig macht, insbesondere durch , wirkt er gespannt. Er stottert dann unerwartet mit lauten Vokalen und wirkt fast gefährlich. Der Zuhörer erschrickt. Es klingt wie ein militärisches Kommando oder wie: „Geh weg" oder „Halts Maul". Sein Gesicht drückt zur gleichen Zeit Hilflosigkeit aus. Deshalb wird er auf seine unfreundliche Sprechweise hin nicht angegriffen, aber man wird ihn nicht weiter kritisieren, denn man weiß nicht, was dann passieren könnte. **Er kommt mit seinem Symptom zum Ziel.**

V.'s zentrales Thema, verständlich aus ihrer Kindheitssituation, ist: Keiner hat Zeit für mich. Keiner liebt mich. „Das Stottern fing an, als ich 6 Jahre alt war und meine Lieblingsschwester, die Zeit für mich hatte, nach Kanada ging. Ich blieb allein zurück". Das Stottern ist ein schnelles Wiederholungsstottern, das sehr viel Zeit nimmt. Wenn man sich als Zuhörer fragt, was die Patientin will, so würde die Antwort lauten: „Sie will mehr Zeit, sie will mehr Zuwendung, denn sie nimmt sich sechs Mal mehr Zeit, als ihr eigentlich zusteht." Wenn sie die volle Aufmerksamkeit bekommt, spricht sie viel besser oder plötzlich ganz ohne Stottern. Man spürt: „Wenn ich in diesem Gespräch wegschaue, wird das Stottern schlimmer. Sie hält mich mit ihrem Stottern fest." In ihrer privaten Logik ist Zeit und Zuwendung bekommen das gleiche wie Liebe bekommen.

Wir verstehen so die zielgerichtete und situative Bedingtheit. Das Stottern tritt hauptsächlich auf, wenn sie sich nicht geliebt fühlt; wenn sie sich übergangen fühlt; unbeachtet weiß; meint, nicht willkommen zu sein usw. Überdies sehen wir, wie gerade diese Art der Symptome in diesem Rahmen sinnvoll ist.

Ohne psychotherapeutische Unterstützung, die einen Patienten zur Erkenntnis seiner Ziele führt und ihm hilft, Gemeinschaftsgefühl zu entwickeln, wird er seine Ziele nicht ändern können, weil er sich selbst nicht versteht. So ist die Aufdeckung dieses zielorientierten neurotischen Arrangements der wichtigste Bestandteil der Therapie. Dieses kann ja nur erhalten bleiben, solange es dem Patienten gelingt, es seiner eigenen Kritik und seinem Verständnis zu entziehen.

Ich habe hiermit klargemacht, dass

➢ das Stottern ein nonverbales Verhalten ist;

➢ das Stottern im Rahmen der neurotischen Persönlichkeit eine sinnvolle, schützende Funktion hat;

➢ die typische Art der Stottersymptome aus dem angestrebten Ziel verständlich ist (Schoenaker, 1978)[15].

Das Stottern, das sozial gesehen ein nicht nützliches Verhalten ist, entsteht auf der Grundlage von Minderwertigkeitsgefühlen. Die Patienten nehmen an, dass es umgekehrt ist. Sie meinen, dass ihre Minderwertigkeitsgefühle durch das Stottern entstanden sind. Es ist festzuhalten:

Man stottert, errötet und isoliert sich weil man Minderwertigkeitsgefühle hat. Nicht umgekehrt.

Das Ziel der Therapie ist es, dem Patienten aufgrund seiner eigenen Lebensgeschichte den Ursprung seiner Entmutigung zu zeigen, ihm die Funktion seiner Symptome klarzumachen und seine Beziehungsfähigkeit zu stärken.

Was nützt es dem Patienten, das Ziel seines Stotterns zu kennen?

Wer sein Stottern als zielgerichtet begreift, dem wird es oft schmerzlich bewusst, dass Zielgerichtetheit in diesem Falle auch impliziert, dass man die Symptome selbst wählt. Hier kommt ein für die Therapie und Selbsttherapie enorm wichtiges Prinzip zum Tragen. Individualpsychologisch geschulte Logopäden sehen den Menschen als eine Ganzheit. Als ein Ganzes bewegt er sich im Rahmen seines Lebensstils auf sein Ziel zu. Das heißt: Wenn jemand stottert, hat er diese typische Art der Symptome gewählt, um sein neurotisches Ziel zu erreichen. Man kann hier verstehen, dass es Therapeuten gibt – und dazu gehöre ich auch –, die sagen: „er stottert, weil er stottern will!" Dieses „er will" und „er hat sich entschieden" kann man nur im Rahmen der holistischen Sicht und im Wissen um die Priorität bzw. den Lebensstil behaupten. Sobald der Patient einige relevante Lebensstilaspekte im Zusammenhang mit seinem Stottern kennen gelernt hat, fällt es ihm nicht schwer, das Stottern als seine sinnvolle Entscheidung zu erkennen. Im Gegenteil: Patienten sagen, dass diese Erkenntnis ihnen ein Gefühl der Freiheit gibt. Sie sehen sich selbst nicht mehr als Opfer irgendeiner ungreifbaren Kraft, sondern als Schöpfer des eigenen Stotterns, und sie verstehen das „wozu". Sie haben das gute Gefühl, endlich selbst etwas tun zu können. Dadurch ändert sich nicht direkt etwas am Symptom, aber es ändert sich viel im Verhältnis zu sich selbst. Sie verstehen auch, dass es keinen Sinn hat, gegen das Stottern anzukämpfen, da sie sich, noch immer nicht bewusst, aber immerhin selbst, für das Stottern entscheiden. Der Patient kann durch die Arbeit am Symptom erleben, dass er sich auch anders entscheiden kann. Der Patient versteht jedoch auch, dass die Arbeit am Symptom allein nie zur Überwindung der Neurose führen kann. Er wird bereit, in einer umfassenden Art, individualpsychologisch an *sich* und nicht nur *an seinem Stottern* zu arbeiten. Er wird die Bedeutung, welche er seinen neurotischen Symptomen beimisst, mehr und mehr verringern. Es ist Ihre Aufgabe ihm dabei zu helfen.

Hier sind Ergebnisse einer Umfrage, die wir dank der Zusammenarbeit mit der Abteilung Phoniatrie der Hals-Nasen-Ohren-Klinik in Marburg 1981 (Schoenaker 1984) unter unseren Patienten durchführen konnten.

Von 293 Fragebogen unter Patienten, die noch in Behandlung waren, kamen 225 zurück. Das Durchschnittsalter der Patienten betrug 25 Jahre.

Mein Stottern ist

- schlimmer geworden   7
- gleich geblieben   18
- etwas verbessert   94
- viel verbessert   72
- sehr viel verbessert 31
- geheilt   3

Ich sehe meine Fortschritte im Zusammenhang mit:

1. Erkennen, welche Ziele ich mit dem Stottern verfolge: 88 %
2. Mein Stottern akzeptieren: 86 %
3. Über mich sprechen: 77 %
4. Meine Meinung sagen und dazu stehen: 76 %
5. Meine Gefühle äußern: 74 %
6. Trotz Angst und Stottern, Aufgaben erledigen: 73 %
7. Verantwortung tragen: 64 %
8. Eine Ablehnung riskieren: 61 %
9. Initiative ergreifen: 54 %
10. Fehler zugeben: 50 %
11. Kontakte herstellen: 46 %
12. Sprechhilfsmittel anwenden: 39 %
13. Mich für andere interessieren: 29 %
14. Beziehungen aufrecht erhalten: 26 %

Wir sehen hieraus, dass das Erkennen der eigenen Ziele, auch in der Erfahrungswelt des Patienten einen sehr hohen Stellenwert hat, und dass sofort dahinter die Fähigkeit, das Stottern zu akzeptieren, kommt. Dies wundert uns aus theoretischen Überlegungen nicht, dass aber der Patient unsere theoretischen Überlegungen so eindeutig bestätigt, ist interessant.

Ich bin Logopäde mit einer verhaltenstherapeutischen Vergangenheit und habe bis Anfang 1981 noch gut 40 Prozent meiner Arbeitszeit für symptomorientierte Therapieanteile eingesetzt. Die Therapieteilnehmer verweisen den Wert dieser Therapieanteile auf Platz 12. Das hat mich damals zwar gewundert, aber ich habe für unsere heutige Therapieform nützliche Konsequenzen daraus gezogen.

Das Stottern stört mich:

- mehr   8
- weniger   198
- überhaupt nicht mehr   15
- keine Angabe   4

Wenn Adler empfiehlt, die Bedeutung, welche der Patient seinen Symptomen beimisst, zu verringern, halte ich mit 198 und 15 diese Aufgabe für gelungen.

Ich kann, wenn ich will, ohne Stottern sprechen:

Ja:	165
Nein:	55
Keine Angabe:	5

Die Zahlen bestätigen uns u.a., dass Anfänger in der Therapie die meisten Fortschritte dadurch machen, dass sie das Ziel ihres Stotterns erkennen. 73½ Prozent aller Teilnehmer dieser Umfrage sagen über die Entscheidungsfreiheit im Umgang mit dem Symptom aus, dass sie, wenn sie wollen, in bestimmten Situationen ohne Stottern sprechen könnten, es aber nicht tun.

Warum tun sie es nicht, wenn sie es könnten? Ich meine, sie wollen die Vorteile, welche das Stottern bringt, nicht aufgeben. Wir können dies verstehen, wenn wir erkennen, wie das Stottern im Rahmen einer neurotischen Persönlichkeit, wo erlebnismäßig andere Gesetzmäßigkeiten gelten, einen sinnvollen Platz hat und auf keinen Fall unlogisch ist. Neurotisch heißt aus individualpsychologischer Sicht, dass der Mensch als soziales Wesen zwar seine Aufgaben, bejaht, sich davor **aber** zur gleichen Zeit zu drücken versucht, indem er sich mit Symptomen schützt. Er verhält sich nach dem Muster: "Ja..., aber". Damit entschuldigt er seine Unfähigkeit oder seinen Unwillen nach den Spielregeln des sozialen Lebens zu funktionieren. Die Aufgabe neurotischer Symptome ist es, das Selbstvertrauen des Patienten zu schützen.

Eine Patientin sagte es, wie aus dem Lehrbuch auswendig gelernt, so: „Wenn ich mich einer Aufgabe nicht gewachsen fühle, stottere ich mehr. Dann werde ich meistens davon freigestellt und behalte mein Selbstwertgefühl, weil ich meine Unfähigkeit nicht zeigen muss. Das Stottern rettet mich."

Die vorhergehende „Ja..., aber" Thematik wird an folgender Fallbeschreibung noch klarer. Auch wird klar, dass der Mensch sich bei diesen Vorgängen nicht bewusst ist, was er tut, oder dass er es wenigstens nicht versteht (so definierte Adler das Unbewusste).

Guten Morgen

Der Patient sagt: „Ich kann nicht ‚guten Morgen' sagen. Ich habe mein Büro, wo ich mit noch einem Kollegen arbeite, hinter einer Glaswand in der Ecke eines großen Raumes, in dem noch fünfzehn Kollegen arbeiten. Ich fange morgens eine halbe Stunde später an, und habe also auf dem Weg zu meinem Schreibtisch die etwa fünfzehn Kollegen zu grüßen. Wenn ich durch den Flur auf die Tür zugehe, überfällt mich eine furchtbare Angst. Ich fange an zu schwitzen, mein Herz klopft wie verrückt, und wenn ich dann die Türe hinter mir schließe und in dem Raum stehe, bringe ich es nicht fertig ‚guten Morgen' zu sagen. Ich fühle mich dann hundeelend und minderwertig, schleiche in meine Ecke, ärgere mich über mich selbst, fange wütend an zu arbeiten und komme nur für das höchst Notwendige hinter meinem Schreibtisch hervor."

Er kann ja ‚guten Morgen' sagen, denn, wenn er beim Psychologen sitzt und sagt: „Ich kann nicht ‚guten Morgen sagen'", hat er ja auch ‚guten Morgen' gesagt. Der Ausdruck: „Ich kann nicht ‚guten Morgen sagen'", stimmt also nicht. Wenn wir ihn in seiner Bürosituation beobachten, sehen wir, dass er die Tür hinter sich schließt, den Mund und den Kopf bewegt und mit geschlossenen Augen schluckende Bewegungen macht, aber nicht ‚guten Morgen' sagt. Wir könnten seine Situation für uns jetzt so formulieren: „Ich schließe die Tür hinter mir, will dann meine gute Absicht zeigen, indem ich mich anstrenge zu sprechen, aber schließlich will ich nicht ‚guten Morgen' sagen."

Er war schon länger wegen seines Stotterns in Behandlung. Eines Tages spricht er über dieses Problem und fügt hinzu: „Ich weiß schon, was du sagen willst: ‚Wenn ich wissen will, was ich will, muss ich schauen, was ich tue', aber du kannst mir doch nicht weismachen, dass ich nicht

‚guten Morgen' sagen will. Ich erlebe doch jeden Morgen, dass ich mein Bestes tue, aber dass ich es einfach nicht herausbringe. Bei größeren Problemen kann ich mir schon vorstellen, dass etwas dahintersteckt, aber was ist nun dabei ‚guten Morgen' zu sagen? Warum soll ich das nicht wollen?"

Wir lassen uns nicht verwirren, und probieren die Situation klarer zu sehen. „Erzähle doch einmal genau, was eigentlich passiert!" „Wenn ich morgens meinen Wagen geparkt habe und in den Flur des Gebäudes auf die Tür des Büros zugehe, habe ich Angst, nasse Hände und Herzklopfen, und wenn ich die Tür hinter mir schließe, so stehe ich in dem Raum, mit etwa fünfzehn Leuten vor mir, die mehr oder weniger darauf warten, dass ich „guten Morgen" sage. Ich bewege meinen Mund und meinen Kopf und presse, aber ich kann das ‚guten Morgen' nicht herausbringen. Anschließend fühle ich mich dann hundeelend und minderwertig und verkrieche mich hinter meinem Schreibtisch, stürze mich in die Arbeit, mit dem Vorsatz, vorläufig den Platz nicht mehr zu verlassen."

In uns geht folgender Gedankengang vor sich: Ich „will" mir selbst Angst machen, sodass mein Herz schneller klopft und meine Hände nass sind. Ich will, wenn ich die Tür hinter mir geschlossen habe, zeigen, wie sehr ich mich anstrenge, indem ich mit meinem Mund und mit meinem Kopf Bewegungen mache, aber ich will nicht ‚guten Morgen' sagen. Anschließend will ich mich dann hundeelend fühlen, damit ich berechtigt bin, mich in meinem Büro hinter meinem Schreibtisch zurückzuziehen und den Platz vorläufig nicht mehr zu verlassen.

Als ich diesen Gedanken als Hypothese laut formulierte, reagierte er etwas erstaunt: „Ja das stimmt genau. Ich will mit den Leuten nichts zu tun haben."

Aus dem Gespräch über die Kindheit sind es dann folgende Einzelheiten, die das Bild erhellen: „Mein Vater kam abends meistens betrunken nach Hause, und er schlug dann entweder meine Mutter oder mich. Ich hatte schon Stunden zuvor Angst, dass mein Vater wieder betrunken nach Hause kommen würde. Meine Mutter war lieb, und sie hat mich sehr verwöhnt, aber ich habe sie als unberechenbar erlebt, weil sie mich öfters, ganz unerwartet, geschlagen hat." In dem Lebensstil des Betreffenden haben sich Warnungen wie: "Die Menschen sind gefährlich und unberechenbar" festgesetzt. Er ist jetzt siebenunddreißig Jahre alt und lebt allein. Er erzählt weiter: „Ich verstehe jetzt, dass, wenn ich normal ‚guten Morgen' sagen würde, ich auch, wie die anderen Kollegen es machen, bei dem einen oder anderen auf dem Weg zu meinem eigenen Büro, stehen bleiben müsste, um über diese oder jene Aktualität des

Tages zu klönen. Ich hätte dann auch keinen Grund, den ganzen Tag hinter meinem Schreibtisch zu sitzen, denn ich würde dann auch, so wie meine Kollegen das machen, mit einigen Akten unter dem Arm durch die Gegend spazieren und hie und da einige nachbarliche Gespräche führen. Die Kollegen würden mich dann einladen, sie abends mal zu besuchen, und selbstverständlich müsste ich sie dann auch einladen. Ich verstehe jetzt auch, warum ich mich nie durchringen konnte, einfach ‚hoi‘ oder so etwas zu sagen. Nein, ich will mit den Leuten nichts zu tun haben. Ich sehe jetzt ein, wie mein unschuldiges Alibi: ‚Ich kann nicht guten Morgen sagen‘ mir zu dieser Freiheit verhilft, die ich mir so sehr wünsche, nämlich einen großen Abstand zu anderen Menschen zu haben, weil ich glaube, dass sie gefährlich und unberechenbar sind.“

Er wird sein Verhalten nicht von heute auf morgen ändern können, aber sicher ist es, dass er ab jetzt seine „Ja..., aber Haltung" nicht mehr so überzeugend im Stottern auf „guten Morgen" leben kann, weil er nämlich dahinter geblickt hat, und weil er versteht, dass er die Wahl hat, entweder mit seinem Stottersymptom zu sagen: „Komme mir nicht zu nahe!" oder einfach mit Worten klarzumachen, wo er die Grenzen seines Privatlebens ziehen will. Er ist jetzt nicht mehr Opfer, er kann jetzt über alternative Verhaltensweisen nachdenken. Solange er aber glaubt, im „Feindesland" (Adler) zu leben, wird er dieses oder ein anderes Symptom brauchen, um sich selbst zu schützen. Veränderung der Einstellung, Veränderung der inneren Selbstgespräche und der Aufbau von Mut sind neben der Selbsterkenntnis notwendige therapeutische Prozesse.

Widerstand

Einerseits leidet der Patient durch die Reaktionen der Umwelt an seinem Verhalten, und er leidet auch dadurch, dass er seine Symptome als unwillkürlich erlebt. Andererseits kann er sich unter Berufung auf sein Stottern, ohne Gesichtsverlust, vor Aufgaben, vor normalen Auseinandersetzungen mit den Mitmenschen drücken, kann der Konfrontation ausweichen oder Abstand zu den Mitmenschen halten. Er kann mit Leistung unter dem Durchschnitt bleiben, ohne sein Selbstwertgefühl zu gefährden. Dies alles, nur als Beispiel, würde ihm verloren gehen, wenn er die Störung aufgeben würde. Es wundert uns dann auch nicht, dass der Patient, sobald er in eine Therapie kommt, sich in der Klemme fühlt, und dass er im Grunde gar nicht gerne die angebotenen Sprechhilfsmittel in der Praxis anwendet. Er wird das fließende Sprechen oder die erlernte flüssigere oder lockerere Art des Stotterns auf die Dauer nur in die Praxis des täglichen Lebens integrieren, wenn er bereit und mutig genug ist, die Konsequenzen des besseren Sprechens zu tragen. Solange er dazu noch nicht bereit ist, wird er uns indirekt klarmachen, wie wenig er mit den erlernten Sprechhilfsmitteln in der Praxis des täglichen Lebens anfangen kann; er wird keine Fortschritte machen. Es ist dadurch deutlich, dass der Betreffende für sich selbst eine Entschuldigung gefunden hat, den Weg aus dem Stottern noch nicht gehen zu müssen und bei alten Verhaltensweisen bleiben zu können. Obwohl das Stottern ein Leidensgrund ist, ist es für ihn offensichtlich sicherer, als „Stotterer" geschützt, geschont, geliebt, entschuldigt zu werden, anstatt als vollwertiger Mensch die Möglichkeiten der Risiken, der Verantwortung, der Kritik, Ablehnung, Erniedrigung, die mit klaren sprachlichen Stellungnahmen gegeben sind, auf sich zu nehmen.

TherapeutInnen, die sich praktisch mit dem Thema Stottern beschäftigen, erleben allzu oft, dass am Anfang einer Therapie die Sprechhilfsmittel von einigen Patienten sehr begeistert aufgenommen und erfolgreich angewendet werden. Nach einiger Zeit kommt dann ein Rückfall auf das alte Stotterniveau. Die Sprechhilfsmittel klappen nicht mehr. Das lässt sich durch obige Erkenntnisse erklären. Der Betreffende wurde zwar bestaunt, bewundert, ermutigt und gelobt, wenn er in seiner alten Umgebung sein fließendes Sprechen zeigte. Das war schön, und es gab ihm Kraft, die neue, freie Sprechweise für einige Wochen durchzuhalten. Die Umgebung gewöhnte sich jedoch bald daran, dass er wieder „normal, so wie alle anderen" war, und die Bewunderung und Ermutigungen blieben aus. Man erwartete jetzt auch von ihm ein weitergehendes normales Verhalten: Verantwortung tragen, Initiativen ergreifen, Selbständigkeit, seine Meinung vertreten und dazu stehen, Kontakte schließen und aufrecht erhalten, keine ungebührliche Aufmerksamkeit mehr erregen; da kommt dann der Bruch. Die Sprechhilfsmittel funktionieren nicht mehr. Das Stottern als Schutz, als Alibi, ist wieder da.

Der Therapeut kann lernen, sich durch solche Rückschläge nicht beeindrucken zu lassen, und dem Patienten zu helfen, über die Politik der kleinen Schritte, Fortschritte zu machen. Übrigens sind Widerstandshaltungen auch Zeichen für den Therapeuten, dass er sein therapeutisches Vorgehen neu überdenken soll.

Andere Zeichen des Widerstandes können sein: das frühzeitige Abbrechen der Therapie, das ständige Wechseln von Therapeuten, das Anhimmeln des Therapeuten, um ihn dann anschließend zu bekämpfen, das regelmäßige Zuspätkommen. Wenn Sie solche Verhaltensweisen mit dem Patienten besprechen können, kann er wieder Fortschritte machen.

Symptomverschiebung – Symptomfreiheit

Solange der Patient seine falschen Zielsetzungen nicht ändert und nicht mutiger wird, können auch Symptomverschiebungen ihn in seiner falschen Zielsetzung festhalten. Wir sahen Verschiebungen von Stottern – womit sich der Patient bis dahin von menschlichen Kontakten zurückgezogen hatte –, hin zu Schwindelgefühlen, Herzrasen, und hin zu der Angst, zusammenzubrechen. Aufgrund dieser neuen Störung machte er wieder das gleiche, was er aufgrund des Stotterns gemacht hatte: Er zog sich von Kontakten mit seinen Mitmenschen zurück.

In einem anderen Fall sahen wir Verschiebungen von Stottern auf allergische Hautreaktionen, womit der Patient meinte, seinen Mitmenschen nicht unter die Augen kommen zu können. So ist sicher auch das oft abwechselnde Auftreten von Stottern und Asthmaanfällen zu verstehen.

In einem weiteren Fall berichtete der Patient (Priorität Ü und K), wie sein Stottern, wodurch er Abstand schafft und Schonung für gemachte Fehler bekam, allmählich weniger wurde, ein anderes Symptom, nämlich heftiges Schwitzen (Hyperhidrose), aber im gleichen Maße zunahm. Das Ergebnis war das gleiche: Kollegen und Vorgesetzte sahen, wie er sich anstrengte, schonten ihn für Fehler und werteten seine Leistungen auf. Der Patient berichtet: „Obwohl mir mein nasser Hals und Kopf nicht gefallen, kann ich mit dem Schwitzen besser leben als mit dem Stottern. Trotzdem ist es mir sehr unangenehm, weil man das Schwitzen mit einem ungepflegten Äußeren verbindet."

Auch die Verschiebung vom Stottern auf Tinitus konnten wir beobachten. Wenn der Tinitus stark war, war das Stottern weg und umgekehrt. **Wenn das Ziel, mit dem einen Symptom erreicht wird, braucht man das andere nicht.**

Ob man folgendes Beispiel auch zu Symptomverschiebung rechnen kann? Der Patient stottert seit frühester Kindheit. Er hatte mit zweiundzwanzig Jahren einen Motorradunfall. Er war zwei Jahre lang in der Klinik und wurde dort als ernster Fall betrachtet und mit viel Zuwendung behandelt. Er war etwas Besonderes. Nach den zwei Jahren war er noch ein ganzes Jahr zu Hause, arbeitsunfähig und wurde ambulant weiterbehandelt. In dieser ganzen Periode von drei Jahren hat er nicht gestottert. Als er danach wieder zur Arbeit ging, weil er wieder gesund, bzw. normal war und auch so betrachtet wurde, als er wieder einer unter vielen war und keine besondere Zuwendung mehr bekam und kein Mittelpunkt mehr war, als die normale Anforderungen wieder auf ihn zukamen, trat das Stottern wieder verstärkt auf. Er selbst hat dies nie verstanden, sagte er. Für ihn wäre es logisch gewesen, dass er durch den Schock des Unfalls mehr gestottert hätte, aber dass es verstärkt auftrat, nachdem alles vorbei war, das war ihm wie Vieles, was mit dem Stottern zusammenhing, unverständlich.

Dieses Beispiel und auch die folgenden widerlegen deutlich die Annahme, dass das Stottern organischen Ursprungs sein soll.

Patient G., 50 Jahre alt. Er ist verheiratet und hat zwei Kinder (22 und 25 Jahre alt). Seine Frau war seine erste Bekanntschaft mit dem anderen Geschlecht. Er meinte nicht sehr attraktiv zu sein, keine gute Wirkung auf Frauen zu haben. Vor einem Jahr hat er sich in eine andere Frau verliebt. Ihm wurde klar, dass er begehrt wird, dass er als Mann gut auf Frauen wirkt. Er fühlte sich größer, stark, optimistisch und glücklich. Ab dem Moment hat er fast ein halbes Jahr lang nicht gestottert. Er sagt: „Kein einziges Mal, kein einziges Wort." Seine Frau, die ihn nicht verlieren wollte, hat ihn gelassen und ihm das Leben nicht schwer gemacht. Jetzt ist die Geschichte vorbei. Die eigene Ehe hat auch qualitativ gewonnen. Sie sind sich näher gekommen, sprechen mehr miteinander. Das Stottern ist wieder da, aber nur noch sehr gering.

Patient C., 46 Jahre alt. Sie stottert durchschnittlich 80 Prozent der gesprochenen Wörter. Bei der Voruntersuchung erzählt sie von ihrem Leidensweg des Stotterns, von den vielen Therapieversuchen und ihren Schicksalsschlägen. „Als aber die Situation am schlimmsten war, war komischerweise das Stottern weg." „Welche Situation war das?" „Ich habe meinen ersten Mann sehr geliebt. Er hatte Bauchspeicheldrüsenkrebs. Ich habe ihn in den letzten Monaten bis zu seinem Tod jeden Tag besucht, betreut, ermutigt. Ich habe alle Kräfte mobilisiert. Ich war im siebten bis achten Monat schwanger. Ich habe mich sehr stark gefühlt. In dieser Zeit konnte ich gut sprechen."

Es ist klar, dass zur Überwindung des Stotterproblems nicht nur die am Munde wahrnehmbaren Stottersymptome zu behandeln sind, sondern der ganze Mensch und dass Fortschritte dann zu erwarten sind, wenn der Patient sich selbst versteht, mutiger wird, d.h. Fortschritte macht in der Bereitschaft, die normalen Verantwortlichkeiten des Lebens auf sich zu nehmen und zum sozialen Zusammenleben in der Gesellschaft beizutragen, ohne für sich eine Ausnahmeposition in Anspruch zu nehmen.

Die Zieldiagnose

Der sicherste Weg zur Zieldiagnose geht über eine Analyse der frühen Familienverhältnisse und der frühen Kindheitserinnerungen von der Zeit vor dem 8. Lebensjahr. Dieser Vorgang führt zur Aufdeckung des unbewussten Lebensstils. Dieser Prozess, welchen ich früher (Schoenaker 1979) schon beschrieben habe, ist das Kernstück der Therapie. Der Lebensstil enthält die Leitlinien, wonach der Patient sein Verhalten im täglichen Leben ausrichtet. Die Lebensstilanalyse zeigt besser als jede andere Methode die Meinungen, aufgrund derer der Patient glaubt, nicht fähig zu sein ohne Symptome funktionieren zu können.

Es gibt jedoch noch andere Wege, die wir in der Therapie anwenden können. Einen werde ich hier andeutungsweise beschreiben: Neurotische Symptome stehen zwischen dem Menschen und den Aufgaben, welchen er mit den Symptomen ausweichen will. Aus diesem Gedankengang entstand **die individualpsychologische Frage:** „Was würden Sie tun, wenn Sie von Ihren Symptomen befreit wären?" Die Antworten enthüllen uns dann die Gebiete und Aufgaben, welche der Patient unter Zuhilfenahme der Stottersymptome vermeiden will. Der Patient antwortet zum Beispiel: „Wenn ich nicht mehr stottern würde, wäre ich selbstständiger und würde noch ein neues Studium anfangen." Aus dem Gespräch geht hervor, dass der Patient als Kind von zwei jüngeren Kindern überflügelt und entmutigt wurde, und im Gegensatz zu den beiden anderen auch meinte, den Anforderungen der Eltern und der Schule nicht gerecht werden zu können. So flüchtete er schon in den ersten Kinderjahren in Bettnässen und andere Schwächen. Er spielte weiterhin die Rolle des kleinen Kindes und bekam so die Zuwendung, die er haben wollte. Die beiden anderen sind verheiratet, er wohnt noch bei seiner alleinstehenden Mutter zu Hause. Sie weckt ihn morgens, putzt seine Schuhe, macht sein Frühstück fertig, erledigt Bank- und Postsachen für ihn, und er lässt es sich gefallen. Tief in sich ist er der Meinung, dass er nicht auf eigenen Beinen stehen kann und dümmer ist als andere. Wir erkennen die Alibifunktion des Stotterns. Solange er stottert, braucht er sich den Glauben an seine eigene Unfähigkeit, auf eigenen Beinen zu stehen, und die Unfähigkeit zu lernen, nicht einzugestehen. Wenn er das Stottern aufgeben würde, so müsste er seine Lernfähigkeit und seine Fähigkeit zur Selbständigkeit unter Beweis stellen.

Wenn wir diese beiden Fähigkeiten mit bearbeiten, können wir in der Stottertherapie Fortschritte machen.

„Was wäre, wenn ...?"

Patient D. 54 Jahre, beantwortet diese Frage mit:
„Ich würde viel mehr mit Menschen zusammen sein und ich würde mehr erzählen, was ich weiß ...".
Das ist es wohl, was er mit seinem Stottern als Alibi vermeiden will. Er sagt uns: „Ja, ich würde schon, aber mein Stottern hindert mich daran."
Wenn wir sehen, wie er so sein Leben lebt, würden wir leicht dazu kommen, ihn einen Einzelgänger zu nennen. Diese Einzelgängerrolle ist nicht das Ergebnis des Stotterns, sondern das Stottern ist das Argument um die Einzelgängerrolle zu rechtfertigen.
Patientin U., 38 Jahre, sagt:
„Ich könnte selbstverständlicher Gottesdienste leiten und selbstverständlicher Vorträge halten."
Sie leitet schon Gottesdienste und hält auch berufsbezogene Vorträge. Was sagt ihre Antwort dann aus? Das Wort „selbstverständlicher" scheint das Schlüsselwort zu sein. Ich frage deshalb: Sie leiten doch schon Gottesdienste und halten Vorträge? „Ja schon, aber das ist mit dem Stottern doch so anstrengend."
„Gut, machen Sie mal die Augen zu und stellen Sie sich vor, dass Sie nicht mehr stottern. Es ist eine große Last von Ihnen gefallen, der Druck ist weg, es geht alles leichter, so wie das bei anderen Menschen auch ist. Sie haben ihren Beruf als Ärztin, können ganz unbekümmert Patienten empfangen und ganz selbstverständlich mit Ihnen reden. Sie halten wenn nötig ganz selbstverständlich Ihre Vorträge und leiten selbstverständlicher als früher die Gottesdienste, so wie ihre Kolleginnen in der Kirche auch. Wie geht es Ihnen dabei?"
„Dann bin ich ja `ne graue Maus – so wie die anderen. Das kommt mir so langweilig vor."
„Nun, dann stellen Sie sich mal wieder vor, wie es wirklich ist. Sie stottern. Das Stottern ist zwar eine Belastung, aber Sie machen Ihre Sachen. Sie haben Ihren Job, Ihre Kinder, die Sie ohne Mann erziehen, Sie singen und spielen Gitarre. Am Samstag schon regen Sie sich auf wegen Ihrer Beiträgen zum Sonntags-Gottesdienst und haben Angst. Am Sonntagabend regen Sie sich auf wegen dem Vortrag am Montag. Es ist ein Leben voller Aufregung, Spannung, Abenteuer, Angstüberwindung, Leistung unter Druck und Bewunderung für Ihre Leistungen trotz des Stotterns."

Sie strahlt: „Ja, das bin ich! Ich will im Grunde gar nicht, dass alles so selbstverständlich geht. So, mit meinem Stottern bin ich was Besonderes und das will ich auch sein."

Schuldgefühle und Selbstannahme

Ob der Patient im Laufe des Aufdeckungsprozesses die Selbsterkenntnis mit Gewissensbissen, Selbstvorwürfen und Schuldgefühlen belastet, ist wohl zum größten Teil von der Haltung des Therapeuten abhängig. Wenn dieser wirklich davon überzeugt ist, dass der Mensch, der durch seine irrtümliche Meinung von sich selbst und vom Leben fehlgeleitet wurde, zwar sozial gesehen keine nützlichen Ziele verfolgt, aber deswegen als Mensch nicht schlecht ist, wird der Patient sich, so wie er ist, annehmen können und sich durch die ermutigende Haltung des Therapeuten allmählich nützlichere Ziele setzen und Fortschritte machen. Er wird seine Meinung über seine Mitmenschen und sich selbst ändern. Dann wird auch die Aussage der Patientin: „So mit meinem Stottern bin ich was Besonderes und das will ich auch sein" nicht die Letzte sein. Auch das Stigma „Ich bin ein Stotterer" wird er aufgeben, weil er verstanden hat, dass er sich so lange als Stotterer verhalten wird, wie er glaubt, dass er einer ist. Auch wir Therapeuten sollen ihn damit nicht stigmatisieren.

10

Die Behandlung des Stotterns aus der Sicht eines individualpsychologischen Psychotherapeuten[16]

Albrecht Schottky

Eine neurotische Störung eigener Art

Das Stottern ist **eine neurotische Störung eigener Art**. Zugleich kann es jedoch, aus individualpsychologischer Sicht, als ein Muster, als ein Paradebeispiel neurotischer Störungen gelten. Lassen Sie mich das in einzelnen Punkten erklären.

1. Wer stottert, der will sprechen – der will mit aller Gewalt sprechen, mit einer krampfhaften Anstrengung. Er will, aber es geht nicht. So erscheint es ihm jedenfalls subjektiv. Das hörbare und auch sichtbare Ankämpfen kann man geradezu als Wesen des Stotterns bezeichnen, ob es sich nun um die tonische oder die klonische Form handelt. (Ganz anders liegt es bei dem sog. Poltern – hier fehlt dieses krampfhafte Anpassen; hier ist durch Mühegabe aber auch eine Besserung zu erzielen. Beim Stottern umgekehrt – je mehr Mühe sich einer gibt, desto schlimmer stottert er!)
    Zur Therapie, zum Umgang mit dem Symptom hier schon die Frage: Ist jemand, der stottert, verantwortlich oder nicht? Oder vielleicht besser formuliert: Wie kann die Therapie dazu führen, das Stottern als eigenes Handeln zu akzeptieren? Zu einer entspannten Haltung zu gelangen?

2. Typisch nach Alfred Adler für eine Neurose ist das Zurückweichen vor den Aufgaben des Lebens – die zögernde Attitüde. Beispielhaft erleben wir dies beim Stottern.
    Es verwundert daher nicht, dass das Ausmaß des Stotterns geringer ist, sobald sich ein Proband für den Text nicht verantwortlich fühlen

muss; sobald er der Aufgabe eine geringere Bedeutung beimessen kann. Je wichtiger, je verantwortungsvoller subjektiv hingegen die Aufgabe ist – desto stärker tritt bei dem Probanden das Stottern auf.

3. Das Stottern als Symptom wird beibehalten, weiterentwickelt aus einem fast normalen Entwicklungsstadium. Nach Fröschel sollen 80 Prozent der Kinder im 2. bis 4. Lebensjahr eine Phase auffälligen, auffällig hastigen Sprechens durchlaufen; die dabei auftretenden Sprechstörungen werden als Entwicklungsstottern bezeichnet – charakterisiert durch viele Wort- und Silbenwiederholungen.

   Ebenfalls nach Fröschel sollen jedoch lediglich 1,8 Prozent der Kinder auffällige Stottersymptome aus dieser Phase des Entwicklungsstotterns heraus beibehalten.

   Ein „fast normales Stadium" ist beispielsweise auch das Trotzalter. Für viele neurotische Störungen dürfte gelten, dass man sie bei genauer Kenntnis bis zu dem Punkt zurückverfolgen kann, an dem sie an ihrem Ursprung als äußerst naheliegend, ja als „fast normal" verstanden werden können oder konnten. Ich kann dies hier nicht weiter ausführen.

4. Die familiäre Häufung des Stotterns – es werden beispielsweise Prozentzahlen zwischen 51 und 68 Prozent genannt. Bei der Interpretation stellt sich die typische Frage: Erbfaktor oder Umweltfaktoren?

   Familienklima, eine familientypische Haltung, die das Stottern begünstigt? Vorbild des Vaters, Bruders?

   Erbfaktor? Zwillingsuntersuchungen sprechen dafür, dass ein Erbfaktor eine Rolle spielen könnte. Eine Organschwäche, „Organminderwertigkeit" – die aber offensichtlich nicht zwingend zum Stottern führt! Stottern als Organdialekt.

   Stottern, zumindest subjektiv, als Organminderwertigkeit, die im Adler'schen Sinne überkompensiert werden kann. Hier gibt es mindestens zwei berühmte Beispiele: Demosthenes aus der Antike – und, weniger bekannt, Winston Churchill!

5. Die Sprache ist das typische Medium des sozialen Kontaktes. Neben der Sprache, nonverbal und paraverbal, läuft auch vieles andere im Sinne dieser sozialen Verständigung; aber mit der Störung der Sprache ist doch das Kernstück gestört.

Sprache verbindet unser Denken. Denken ist, nach einer wohlbegründeten Auffassung, ohne Sprache nicht möglich! Das Stottern trifft zentral dieses Medium des sozialen Kontaktes.

Andere Aufgaben – individualpsychologisch gesprochen Lebensaufgaben –, wie der Beruf können durchaus bewältigt werden, sie können freilich auch durch Stottern mit einbezogen werden.

Es gibt natürlich viele andere Krankheiten und Störungen, bei denen der soziale Kontakt – auch der Sprachkontakt – in dieser oder jener Form beeinträchtigt ist. Ein Vergleich mag hier manches verdeutlichen.

Besonders eindrucksvoll ist die Kontakt- und Sprachstörung bei schizophrenen Psychosen. Im Extremfall: Mutismus; katatone Kontaktstörung; Störung des affektiven Kontaktes – des Fließens der mimischen und gestischen Verständigung.

Eklatantes Beispiel: Die Schizophrenie. Hier spricht der Schizophrene, jedoch produziert er Bruchstücke, die kein Verstehen zulassen.

Mit der Schizophasie verweigert der Schizophrene nicht das Sprechen, wohl aber die Verständigung! Technisch gesprochen: Als ob das Radio zwar eingeschaltet wird, aber ein willkürliches Gemisch von fünf verschiedenen Sendern ertönt.

Zumal nach längerer Dauer einer schizophrenen Psychose können manche Patienten, vom Eindruck her gesprochen, geradezu spielerisch damit umgehen – einschalten oder ausschalten.

Demgegenüber ist die Sprachstörung beim Stottern ausgesprochen peripher, instrumentell. Fachleute können diese instrumentelle Störung sicher im einzelnen beschreiben.

Erlauben Sie mir ein grob vereinfachtes modellhaftes Beispiel, wie wir Stottern verstehen können.

Eine typische Schulsituation

Der Schüler wird aufgerufen, kann und weiß aber nichts. Seine Situation ist angstvoll-gespannt, er fürchtet das Schlimmste. Was soll er machen: Sagen, dass er nichts weiß? Er fürchtet ein Donnerwetter, eine Blamage. Falsche Antwort geben? Folgen – siehe oben. Sagen, dass er nichts gelernt hat? Das ist noch schlimmer.

Jetzt die rettende Lösung: Er steht auf, setzt an – bleibt in einem entsetzlichen Stottern stecken.

Er bringt damit zum Ausdruck: Ich weiß es ja, ich will es unbedingt sagen, ich gebe mir die größte Mühe – ich kann, kann, kann aber einfach nicht – hab doch Mitleid!

Das hilft tatsächlich. Wenn das Symptom richtig gewählt wird, richtig zur inneren und äußeren Situation, so stellt es die augenblicklich und subjektiv beste Lösung dar!

Aber: Zu einem hohen Preis. Zu einem hohen Preis vor allem, was die weiteren Entwicklungsmöglichkeiten betrifft.

Denn: Das Stottern, wie auch andere neurotische Störungen, schränkt die Entwicklungs- und Entfaltungsmöglichkeiten ein.

Letztlich verschlimmert es da, wo es Abhilfe schaffen sollte!

Zur Möglichkeit der Behandlung des Stotterns

a) Übungsbehandlung des Stotterns.
   Dies entspricht dem Eindruck einer quasi peripheren Störung. Mit den Übungen können wir in kleinen Schritten vorgehen. Übungen, die sich nicht auf das Symptom konzentrieren, können zugleich die innere Haltung beeinflussen.

b) Stottern ist in einem bestimmten äußeren und inneren Klima entstanden – vergleiche Beispiel „Eine typische Schulsituation".
   Dieses Klima wird vom Stotternden weiter vorausgesetzt, erwartet, durch die Erwartung vielleicht auch begünstigt. Es gilt, einmal ein anderes Klima erfahren zu lassen – ein Klima des Akzeptierens, der freundlichen Zuwendung; des Akzeptierens ohne Forderungen und Vorbedingungen!
   Dieses Klima kann in der Gruppenarbeit, mit dem Therapeuten erfahren werden.

c) Der kognitive Ansatz.
   Information, Verständnis, Selbstverständnis. Das kognitive Erfassen des eigenen Lebensstils – das die Erfahrung, die neue Erfahrung ergänzt.

d) Das Übernehmen der Verantwortung für das eigene Tun.
   Wichtige Vorbedingung für eine erfolgreiche Behandlung neurotischer Störungen. Möglich nur, wenn Verantwortung und Forderungen getrennt voneinander abgekoppelt werden.

119

e) Die Bedeutung der Selbsthilfegruppe.
Selbsthilfegruppen – vergleiche die entscheidenden Fortschritte der Suchtbehandlung durch Selbsthilfegruppen. Selbsthilfegruppen bei Neurotikern.
Die Schoenaker'sche Gruppentherapie verbindet systematische professionelle Behandlungsmethoden mit der Wirkung einer Selbsthilfegruppe.

f) Die intermittierende Behandlungsform.
Intensive Therapien in der Gruppe über eine kurze Periode; dann Anwendung und Erprobung des Gelernten in der gewachsenen Umgebung; dann erneute intensive Gruppenbehandlung.
Diese Besonderheit des Settings erscheint vielleicht zunächst äußerlich, trifft aber einen ganz wichtigen Punkt des Problems der Neurosenbehandlung – wenn ambulante Behandlung nicht ausreicht:
Wie soll man eine Neurose stationär behandeln?
Langzeitbehandlung – Monate, bis zu einem halben Jahr oder darüber: Hier gesundet der Patient, gewinnt seine neuen Möglichkeiten im Treibhaus einer Klinik und **für** dieses Treibhaus, angepasst auf diese Bedingungen. Nach der Entlassung fällt er oft zusammen wie eine Pflanze, die plötzlich dem Kälteschock der Aprilnacht ausgesetzt ist.
Oder kürzere Behandlung über sechs bis acht Wochen – intensiv, aufknacken?
Hier sollten wir über geeignete Modelle der Neurosebehandlung nachdenken. Die Erfahrung mit der Behandlung von Stotternden im Institut für Stimm- und Sprechbehinderte, auf individualpsychologischer Grundlage, als Beispiel einer erfolgreichen Neurosebehandlung – an den Patienten entwickelt für die Patienten entwickelt – kann als Vorbild gelten und hier sicher noch viele Anregungen vermitteln.

Besonderheiten der Schoenaker'schen Therapie

Zu der Entwicklung und zu den Besonderheiten der Therapie, die das Ehepaar Schoenaker entwickelt hat, möchte ich folgendes zusammenfassen:
Am Beginn standen Übungen, die offensichtlich die Logopädie beherrschten. Dann kam ein entscheidender Entwicklungsschritt: Der ganze Mensch kam ins Blickfeld. Es tauchte die Frage auf:

- Was ist das für ein Mensch?
- Was macht er da eigentlich mit sich, mit seinem Leben, mit den anderen Menschen und mit dem Therapeuten?
- Wozu macht er das?

Auf einmal ging es nicht mehr darum, nur das Stottern zu behandeln, sondern es ging um den ganzen Menschen. Das zielgerichtete, ganzheitliche Verständnis – das fand das Ehepaar Schoenaker bei der Individualpsychologie. Individualpsychologen arbeiten herkömmlicherweise mit verbalen Methoden, einzeln oder in der Gruppe. In einer schöpferischen Leistung ergänzten die Schoenakers dies durch eine ganzheitlich körperorientierte Methodik, die sicher bei den logopädischen Übungen ansetzte, jedoch mit vielerlei Einflüssen kreativ entwickelt wurde. Die körperorientierte Psychotherapie spielt ja in der stationären psychotherapeutisch-psychosomatischen Behandlung eine sehr große Rolle – eine viel größere als ihrer Vertretung in der Literatur entspricht. Dazu kam das besondere Verfahren der Intervalltherapie: Kurze Behandlungsstrecken wechseln mit der Erprobung und Bewährung zu Hause, in der gewachsenen Umgebung ab. Und schließlich werden die Möglichkeiten der Gruppe genutzt. Zusätzlich zu den bekannten Möglichkeiten von Therapiegruppen und von Selbsthilfegruppen ermöglicht diese Methode, eine Kultur des Annehmens und der gegenseitigen Ermutigung und Bestätigung zu entwickeln und auch weit über die eigentliche Therapiezeit fortzusetzen.

11

Noch einmal „Ja ..., aber" [17]

Theo Schoenaker

Die Stotterneurose

Das Stottern ist aus individualpsychologischer Sicht eine Neurose. Was sind das für Menschen, von denen wir sagen, dass sie an einer Neurose leiden? Wenn wir die Kennzeichen erkennen wollen, müssen wir den Menschen als ein soziales Wesen betrachten, das einerseits von dem Zusammenleben mit den Mitmenschen abhängig ist, andererseits jedoch auch verantwortungsvoll seine Beiträge zum Zusammenleben zu leisten hat.

Der Begriff Normalität wird gesehen im Zusammenhang mit der Lösung der Lebensaufgaben (s. Kap. 3). Ein gesunder Mensch wird aufgrund seines Gemeinschaftsgefühls – das ist das Gefühl der Zusammengehörigkeit – zum Fortschritt der Gesellschaft beitragen, ohne dabei seine eigenen Interessen aus dem Auge zu verlieren. Dies kann derjenige, der sich als Gleichwertiger in der Gemeinschaft sicher fühlt. Wenn ein Zweifel an dem eigenen Wert auftritt, hört das Gefühl der Zusammengehörigkeit auf, und das Interesse richtet sich in erster Linie auf Absicherung des angeschlagenen Selbstwertgefühles, auf Rettung des Prestiges und der sozialen Stellung. So ist es immer die Angst, nicht gut genug zu sein, die Angst zu versagen, kurz: das *Minderwertigkeitsgefühl*, das die Aufmerksamkeit vor den Möglichkeiten zur Erfüllung der Erfordernisse der aktuellen Situation ablenkt und zur Ich-Haftigkeit führt. (Dreikurs).

Das Gefühl der Minderwertigkeit kann man kompensieren, indem man sich anstrengt, besser zu werden, bis man sich gut genug fühlt und sich seines Platzes in der menschlichen Gesellschaft sicher ist. Eine andere Möglichkeit, auf das Minderwertigkeitsgefühl und die daraus entstehende soziale Angst zu reagieren, ist aufzugeben, oder wie Adler es nennt, sich auf der „nutzlosen Seite des Lebens" zu bewegen. Wir sprechen dann von *Minderwertigkeitskomplex*. Dies führt dann zu Fehlleistungen, zur Psychopathologie. Eine Hauptform der Psychopathologie ist die Neurose.

Die Grundlage für neurotische Verhaltensweisen wird in der Kindheit durch die Reaktionen auf u.a.: **Vernachlässigung**, **Ablehnung**, **Verwöhnung** und **Mitleid** gelegt. Der zentrale Aspekt der Neurose ist immer Entmutigung, zusammenhängend mit dem Glauben, dass man nicht gut genug ist, nie Erfolg haben kann oder nicht liebenswürdig ist. So entwickelt sich ein entmutigter, d.h. ängstlicher und zugleich überehrgeiziger Mensch. Gerät er nun in eine Situation, wo er nicht nach seinen übersteigerten Zielen, die genau das Umgekehrte seiner Entmutigung sind, der Beste sein kann, überlegen sein kann, recht haben kann, tun kann was er will, verwöhnt werden kann, sich absichern kann, oder welche auch seine fiktiven Ziele im Leben sind, wodurch er glaubt einen Platz zu haben, dann entwickelt er Ausreden, um sich von der Krisensituation zu entfernen. Die Symptome sind seine Ausreden. Sie liefern die nötige Entschuldigung für das Versagen, das Zögern, oder den Rückzug. So verstehen wir, warum das Stottern eine situativ auftretende Störung ist. Sie tritt nicht immer auf, weil sie nicht immer gebraucht wird.

Dieser Gedanke über Symptome setzt natürlich voraus, dass wir annehmen, dass der Mensch seine Symptome, im Rahmen seiner ganzen Persönlichkeitsstruktur und passend zum sozialen Kontext, sinnvoll wählt. Diese Wahl spielt sich nicht auf der bewussten Ebene ab. Deswegen erlebt der Patient, der stottert, seine Symptome auch nicht als seine Entscheidung, und er ist auch nicht sehr daran interessiert, sie als solche zu verstehen. Damit würde das Symptom für ihn selbst ja seine Glaubwürdigkeit und damit die Schutzfunktion verlieren. So schaut der Patient auf die Mauer, die er selbst zwischen sich und den Aufgaben des Lebens gebaut hat, bekämpft sie mit aller Energie und baut sie stets wieder auf, damit er nicht die vermeintliche eigene Wertlosigkeit hinter dieser Mauer sehen muss. Deswegen wird eine Symptombehandlung keine wirklichen Fortschritte bringen, solange der Patient nicht dazu geführt wird, der hinter der Mauer liegenden Angst in die Augen zu schauen, sie zu akzeptieren und dann mit kleinen Schritten zur Überwindung seiner Neurose zu gelangen.

Damit der Therapeut ihm dazu den Weg zeigen kann, soll er sich vergegenwärtigen, dass der Patient mit psychogenen Symptomen situativ auch ohne Symptome lebt, d.h. dass der Patient auch normal sprechen kann, es nur in bestimmten Situationen, oft auch in sehr vielen Situationen, nicht tut. Weiter soll er die folgenden Punkte – ich orientiere mich an Wexberg (1931/1969) – als neurotische Haltung erkennen:

1. *Der Patient fühlt sich für seine Symptome nicht verantwortlich. Die Symptome, nicht er, sind schuld, wenn etwas schief geht.*
   Das situativ auftretende Stottern zeigt uns, dass der Patient vor Aufgaben steht, denen er sich nicht gewachsen fühlt. Die Symptome schützen sein geringes Selbstwertgefühl. Er produziert seine Symptome nicht absichtlich und doch ist er der Produzent. Er und nur er schafft die Distanz. Er kämpft gegen die Symptome und leidet daran, macht sich so zum Opfer und behält seine Symptome bei solange er dagegen kämpft. Ob das Symptom nun Stottern, frühzeitiger Samenerguss, Erröten oder Schlafstörung heißt. Sobald der Patient die Verantwortung für die Symptomproduktion übernimmt, ist er auf dem Wege der Besserung. Dies wird ihm leichter fallen, wenn er den Sinn, d.h. das Ziel seiner Symptome erkennt und begreift, warum es ihm so schwer fällt, die Verantwortung zu übernehmen.

2. *Verschiedene Ursachen werden für das Entstehen des Stotterns und für das nicht Funktionieren der Behandlung verantwortlich gemacht und dienen als Entschuldigung für die teilweise oder ganze Nichterfüllung von Lebensaufgaben.*
   Das Suchen nach Ursachen verschleiert den Blick für den Sinn der Symptome und für das Verständnis für die situative Bedingtheit des Stotterns. Der Patient selbst braucht jedoch die kausale Betrachtungsweise, um seine Fiktion: „Was er nicht alles tun würde, wenn er nicht an dieser Sprechstörung leiden würde", aufrecht zu erhalten. Jetzt kann er bei der neurotischen Formel: „Ja ..., aber", die ja immer „nein" heißt, bleiben. Mit dem „Ja" erkennt er das Eingebundensein in der menschlichen Gemeinschaft, und die damit zusammenhängenden Verantwortungen und Verpflichtungen an, und mit dem „aber" zieht er sich hinter sein Stottern, als Absicherung für die Gefahren des normalen Lebens in der Gemeinschaft, zurück. Neurose ist Stillstand!
   Beispiele:
   „**Ja**, ich würde noch ein neues Studium anfangen, **aber** mit diesem Stottern ist das unmöglich."
   „**Ja**, ich würde gerne mehr Kontakte schließen, **aber** ich kann mich nicht so gut ausdrücken."

„**Ja**, ich möchte ja meine Meinung sagen, **aber** ich werde ja nicht ernst genommen."

„**Ja** ich würde meine Freundin heiraten, **wenn** ich **nur** sicher sein könnte, dass meine Kinder, das Stottern **nicht** erben würden."

Sobald der Patient den Sinn seines Stotterns, das sogenannte neurotische Arrangement versteht, fängt seine Mauer an abzubröckeln.

3. *Weil der Patient an seiner Störung leidet, und sich nicht verantwortlich fühlt, müssen die anderen, nicht er, sich ändern.*

Leiden, wofür man sich nicht verantwortlich fühlt, ist immer eine Anklage an die Umwelt. So beansprucht er eine besondere Behandlung, im Sinne von Entgegenkommen, Toleranz, Schonung, Hilfe, Beachtung und Erleichterung. Diese Forderung ist einseitig; denn der Patient will nicht mit dem gleichen Maß messen und gemessen werden. Die anderen sollen sich ihm anpassen, nicht er sich ihnen. Die anderen sollen ihn akzeptieren, mit seinen Eigenartigkeiten; aber sie dürfen nicht erschrecken, lachen, weglaufen usw. Dies bedeutet ja, dass er nicht ihre Reaktionen akzeptiert. Nicht in den Symptomen liegt die Neurose, sondern in der „Extrawurst" die man aufgrund der Symptome beansprucht.

Sobald der Patient bereit wird, trotz Angst und trotz Stottern seinen Lebensaufgaben und seinen Verpflichtungen nachzukommen, wird er den gemeinschaftsfeindlichen, d.h. neurotischen Anspruch, dass anstelle der eigenen Verantwortung die Verpflichtung der anderen steht, aufgeben können.

4. *Das Symptom wird als Krankheit selbst angesehen, und somit zu wichtig gemacht.*

Der Patient kämpft gegen seine Symptome an, und zeigt damit gute Absichten, obwohl gerade dieser Kampf Voraussetzung für die Symptomentwicklung und -festigung ist.

Das Aufgeben des Kampfes, d.h. aufhören, sowohl das Stottern als auch das normale Sprechen zu wichtig zu nehmen, **steht nach dem Erkennen des Zieles** des Stotterns auf dem Behandlungsweg an zweiter Stelle. Helfen Sie Ihrem Patienten die Bedeutung, welche er seinen Symptomen beimisst, zu verringern.

In diesem Sinne sollen wir auch hellhörig werden, wenn jemand symptomorientierte Hilfen (Übungen und/oder Medikamente) und die Anwendung von Sprechhilfen so furchtbar wichtig macht und

125

sich dafür so sehr anstrengt. Entweder zeigt er, dass das Sprechen, trotz aller Sprechhilfen und Anstrengung, schließlich doch nicht klappt und fühlt sich dann befreit von weiterer Arbeit an sich selbst, weil ihm ja sowieso nicht zu helfen ist, oder er erreicht mit der Sprechhilfe das gleiche Ziel, wie vorher mit dem Stottern: Aufmerksamkeit (weil es auffällt), Bewunderung (weil er es so gut kann), Mitleid (weil ein so netter Kerl sich so Mühe geben muss), oder Distanz (weil er mit dem schrecklich fließenden Sprechen andere beherrscht und sonst wie auf die Nerven geht).

Wenn ich oben vom tiefenpsychologischen Standpunkt neurotisierende Faktoren beschrieben und neurotische Einstellungen auf eine Reihe gesetzt habe, mag dies wohl einen sehr nüchternen, manchmal sogar anklagenden Eindruck machen. Dies ist nicht meine Absicht. Wenn man jedoch Theorie für die Praxis beschreibt, ist Sachlichkeit eine Hilfe zum besseren Verständnis. Im Umgang mit dem Patienten kommt die Mitmenschlichkeit des Therapeuten zum Tragen. Er versteht, dass er es mit einem entmutigten, leidenden Menschen zu tun hat, der nicht aus böser Absicht Symptome produziert, und der wirklich das Gefühl hat, vom Stottern als eine außer ihm stehende Macht beherrscht zu werden. Sein Leiden ist echt. Der Therapeut versteht auch, dass für das Kind von damals, das jetzt als Erwachsener vor ihm sitzt, das neurotische Symptom seine Methode war, um beachtet, geliebt, verwöhnt, bemitleidet zu werden, oder sich, anstatt offener Auflehnung, durchzusetzen und sich vor allzu hohen Anforderungen zu schützen. Das Stottern war seine Methode, in der damaligen Lebenssituation zu überleben. Eine bewundernswerte kreative Leistung. Da steckt in jedem Einzelfall eine eigene Leidensgeschichte, die Verständnis anstatt Anklage verdient.
Es nützt aber dem Therapeuten nichts, wenn er auf dem Standpunkt des Leidens seines Patienten steht; denn dann ist er dort, wo der Patient auch ist. Der Therapeut braucht einen anderen Standpunkt, ein psychologisches Modell vom Menschen, wenn er einem neurotischen Menschen helfen will. Die Individualpsychologie ist so ein psychologisches Modell.

Die „Stotterer"-Selbsthilfegruppen

Jetzt verstehen wir, dass „Stotterer"-Selbsthilfegruppen in der Gefahr sind, das neurotische Denken, das ich unter Punkt 1-4 aufgeführt habe, zu pflegen. Jeder Punkt ist eine Falle, die den Patienten in seiner neurotischen Struktur festhält. Im Vordergrund stehen meistens Punkt 3 und 4.

Es kommt jedoch noch etwas hinzu: da das Symptom Stottern als die Krankheit selbst angesehen wird, wird der Träger der Symptome zum „Stotterer" oder zum „Stotternden" gemacht, deswegen der Name „Stotterer"-Selbsthilfegruppen. Diese Identität bindet die Mitglieder in einem verstärkten Bewusstsein, anders zu sein als andere, und ein Anrecht auf eine besondere Behandlung zu haben. Überdies blockiert der Glaube daran, ein „Stotterer" oder „Stotternder" zu sein, den Weg aus der Sackgasse, weil der Patient sich und sein Stottern mit diesem Stigma zu wichtig macht. So, wie jemand der acht Stunden am Tag sitzt, sich zu wichtig macht, wenn er sich „Sitzer" nennen würde. Die Wörter „Stotterer" und „Stotternder" haben eine gefährliche, konservierende Kraft, weil in ihnen das eigentliche Alibi liegt.

Übrigens spielt natürlich, wie in anderen Selbsthilfegruppen auch, das Bekennen eine Rolle, d.h. man wird angehalten, bei jeder vorkommenden Gelegenheit zu sagen: „Ich bin ein Stotterer". Ich halte das nicht für richtig, weil man sich selbst damit zu wichtig macht.

Trotzdem stelle ich immer wieder fest, dass, wenn jemand sich zu seinem Stottern bekennt, er anschließend meistens besser sprechen kann. Warum ist das so?

Natürlich hilft es, wenn man sich selbst dadurch erlaubt zu stottern, und nicht mehr gegen seine Symptome ankämpft und sich versteckt. Es hilft auch, weil man mit dem Bekennen schon unerwartete Reaktionen des Zuhörers, oder den möglichen schlechten Eindruck, den man machen könnte, vorwegnimmt.

Das Wichtigste ist aber, dass man mit dem Bekennen das gleiche Ziel erreicht, wie mit den Symptomen selbst. Man gibt sich ja dem Zuhörer von vornherein als nicht normal belastbarer Gesprächspartner zu erkennen. In Übereinstimmung mit dem Lebensstil löst der eine Bewunderung, der andere Rücksicht und Schonung, der dritte Mitleid und Anteilnahme, der vierte Verärgerung aus. Das Interessanteste ist jedoch, wie jemand dieses Bekenntnis ablegt.

Bei dem Patienten Norbert ist der Lebensstilaspekt: „Ich will tun, was ich will, und die anderen sollen machen, was ich will" vordergründig. Er stottert laut mit aggressivem Staccato. Nach einem oder zwei Sätzen sagt er dann: „Ich habe einen Sprechfehler, Sie müssen ein bisschen länger warten, bis ich Ihre Frage beantworten kann." Wenn der andere eingeschüchtert sagt: „Ja, ja, das ist gut", geht das Sprechen fast ohne Schwierigkeiten.

Myriam mit der Priorität Gefallenwollen sagt freundlich als Bekenntnis: „Ich stottere, und ich finde es blöd, dass ich das mache. Ich hoffe, dass mein Stottern Sie nicht stört". Sie bekommt ganz sicher als Reaktion: „Ach, das macht ja gar nichts. So schlimm ist es nicht."
Nachdem in dieser Weise die Beziehung abgesichert ist, ist das Sprechen in Ordnung. Obwohl das Bekennen also nicht die Ziele verändert, ist es trotzdem in kritischen Situationen ein brauchbares Hilfsmittel.

Man kann auch ohne sich selbst zu etikettieren dazu stehen, dass man stottert, und man kann daran arbeiten mehr Mut und Gemeinschaftsgefühl, die die Symptome auf Dauer überflüssig machen, zu entwickeln. Wenn man mit diesem Ziel eine Gruppe sucht, so kann das, muss aber nicht, eine Stotterer-Selbsthilfegruppe sein. Es gibt auch heterogene Gruppen, wo jeder teilnehmen kann, der es lernen will, mit sich und anderen besser umzugehen[18]. In diesen Gruppen wird die Entwicklung von Mut und Gemeinschaftsgefühl angestrebt, und die Teilnehmer lernen zu begreifen, dass die Symptome und Sorgen anderer nicht wesentlich anders sind, als die eines Menschen, der stottert.

Dies alles soll nicht heißen, dass es für bestimmte Personen *nicht* nützlich sein könnte, eine kurze Zeit bei einer „Stotterer"-Selbsthilfegruppe mitzumachen. Zu lernen, in einer Gruppe zu funktionieren und Interesse für die Interessen anderer zu entwickeln, ist immer ein Fortschritt. Die Mitglieder erfahren, dass sie nicht mit ihrem Problem allein stehen, und dass man über Probleme miteinander sprechen kann. Die Gruppe ist oft eine Informationsquelle über verschiedene Therapien und bildet somit ein Sprungbrett zu einer Therapie. Oft gewinnen die Teilnehmer mehr Mut und Selbstvertrauen, und alle diese Vorteile bekommen sie, ohne teure Therapiekosten zu bezahlen. Bei dem heutigen Mangel an genügend qualifizierten Therapeuten ist diese Tendenz zur Selbsthilfe zu begrüßen. Überdies kann keine Therapie den Willen zur Selbsthilfe entbehren oder ersetzen. Deswegen kann die Teilnahme an solchen Gruppen als Anlauf zur Therapie recht nützlich sein; aber als Ergänzung zu einer individualpsychologischen Therapie kann ich zur Teilnahme nicht ermutigen.

Dass der neurotische Mensch, aus seinem Gefühl der Minderwertigkeit heraus, ein starkes Überlegenheitsstreben hat, ist verständlich, und deshalb soll man sich nicht wundern, wenn Mitglieder von „Stotterer"-Selbsthilfegruppen versuchen, Logopäden und andere Therapeuten einzuschüchtern mit der Behauptung, dass sie ja von Stottern nichts verstehen, weil sie nicht selbst stottern. Wer die Struktur der Neurose versteht, begreift auch dieses neurotische Imponiergehabe als ein Ausdruck der

Entmutigung. Den Weg aus der Neurose kann nicht der weisen, der selbst in ihr verstrickt ist.

Eine Schwierigkeit bei der Beurteilung von „Stotterer"-Selbsthilfegruppen ist, dass das einzige, was man mit einiger Sicherheit weiß, ist, dass die Mitglieder stottern. Was aber in den einzelnen „Stotterer"-Selbsthilfegruppen gemacht wird, inwiefern sie sich ihrer neurotischen Tendenzen bewusst sind und daran arbeiten, darüber lässt sich im allgemeinen wenig sagen. Wenn ich als Therapeut die Frage beantworten müsste, was ich von „Stotterer"-Selbsthilfegruppen halte, kann ich nur urteilen über Gruppen, die ich kenne. Ich sprach oben von allgemeinen Tendenzen, die ich in jahrelanger Erfahrung kennen gelernt habe, dies auch mit der Absicht, meine Kollegen zu ermutigen, die Stottertherapie bei Erwachsenen anzupacken, und die abwertenden Äußerungen, die von „Stotterer"-Selbsthilfegruppen ausgehen können, als ein Teil der Krankheit zu verstehen und sich dadurch nicht entmutigen zu lassen.

12

Der Lebensstil in der Behandlung des Stotterns bei Erwachsenen[19]

Theo Schoenaker

Einführung

Der Begriff Lebensstil spielt in der individualpsychologischen Therapie eine Schlüsselrolle. Das liegt daran, dass die Individualpsychologen annehmen, dass das Konzept der unbewussten Überzeugungen und Erwartungen, welche das Kind sich in den ersten fünf bis sechs Lebensjahren bildet und das Lebensstil genannt wird, das Verhalten des Menschen für sein ganzes weiteres Leben weitgehend bestimmt. Das Verstehen des eigenen Verhaltens und der zugrundeliegenden Motivationen hängt deswegen eng mit der Erkenntnis des persönlichen Lebensstils zusammen.

Der Begriff Lebensstil ist nicht synonym mit Verhalten. Der Mensch hat innerhalb seines Lebensstils einen breiten Spielraum, sein Verhalten zu ändern. Der Lebensstil bleibt relativ konstant. Mit Hilfe einer Psychotherapie und auch durch sehr eingreifende Erlebnisse des Lebens selbst können Veränderungen im Lebensstil auftreten.

Hier werde ich die Zusammenhänge zwischen Lebensstil und Stottern besprechen und anhand einiger Fälle die situative Bedingtheit des Stotterns einsichtig machen.

Die Entwicklung des Lebensstils

Die Familie stellt gewöhnlich die erste soziale Umgebung für das aufwachsende Kind dar. Das Kind findet schon bald heraus, dass es in dieser Gruppe nicht mitmachen kann, es sei denn, es macht sich die Regeln, die Verhaltensweisen und die Sprache der Gruppe zu eigen. Die Eltern, die Geschwister, andere Personen, welche in dem gleichen Haushalt wohnen, Institutionen und die Gesellschaft nehmen Einfluss auf das Kind. Sie beeinflussen seine Sozialisierung. Das Kind ist ziemlich hilflos, wenn es nicht lernt, was in der sozialen Umgebung von ihm verlangt wird. Es nimmt deswegen seine Umgebung und sich selbst genau wahr, schätzt die Situationen ein und kommt durch Probieren, durch Fehlermachen, durch Aha-Erlebnisse und durch die Rückmeldungen aus der Umgebung zu immer klareren Schlussfolgerungen über sich selbst, seinen persönlichen Wert, seine Fähigkeiten und die „Welt"; auch über das, was das Leben von ihm verlangt, wie es darin seinen Platz bekommen kann und welche Bedingungen den Platz gefährden. Es lernt, wodurch es Beifall bekommt, abgelehnt wird oder etwas bedeuten kann. In seinem Streben nach Bedeutung und Anerkennung und der damit verbundenen Geschwisterkonkurrenz steckt jedes Kind für sich ein bestimmtes Gebiet ab, wo es seine Fähigkeiten einsetzt, in der Hoffnung erfolgreich zu sein. Wenn es überzeugt ist, dass es durch nützliche Anstrengungen seinen Platz bekommt, wird es sich auf der „nützlichen Seite des Lebens" (Adler) bewegen, sich konstruktiv und kooperativ verhalten. Sollte es spüren, dass es das Ziel, einen Platz zu haben, so nicht erreicht, wird es sich wie ein entmutigtes Kind entwickeln und durch störende Verhaltensweisen, zum Beispiel Stottern, seinen Platz finden.

Die Entwicklung des Lebensstils wird beeinflusst durch konstitutionelle[20], familiäre und kulturelle Faktoren. Damit geht das Kind schöpferisch um. Es ist dadurch nicht festgelegt. Zu den familiären Faktoren rechnen wir den Platz in der Kinderreihe, die Geschwisterkonkurrenz und -zusammenarbeit, das Eltern-Kind-Verhältnis, die Erziehungsmethoden, die Vorbilder, die Familienatmosphäre usw.

Die Überzeugungen und Schlussfolgerungen über sich selbst, über andere und das Leben, die es sich zurechtlegt, akzeptiert das Kind, als ob sie wahr wären, obwohl es eigentlich Fiktionen sind. Es sind subjektive Wertschätzungen, Vorurteile, Verabsolutierungen und keine objektiven Realitäten. Kinder sind gute Wahrnehmer, jedoch durch ihre beschränkten Erfahrungen und das anfängliche Fehlen des logischen Denkens sehr mangelhafte „Deuter". Deswegen finden wir in dem persönlichen Lebensstil aller Menschen den Faktor der Voreingenommenheit, der „privaten Logik", welcher sich nicht mit dem „gesunden Menschenverstand" deckt. Trotzdem sprechen wir bei einem Lebensstil nicht von richtig oder falsch, von normal oder anormal. Der Lebensstil wird als die Brille betrachtet, wodurch der Mensch sich selbst in Beziehung zur Umwelt sieht.

Aufbau des Lebensstils

Die Lebensstildatenbank des Erwachsenen enthält die kindlichen Gedanken und Meinungen aus den ersten Lebensjahren. Sie sind ichhaft und sehr absolut.

Ich gruppiere in meiner Arbeit die verschiedenen Lebensstilaspekte unter vier Überschriften nach Harold Mosak (1999):

1. *Das Selbstbild*

   Hierzu gehören die Antworten auf die Frage: „Wer, was bin ich?"
   Zum Beispiel: Ich bin klein. Ich bin gut. Ich bin ein Mädchen. Ich bin klug. Ich bin etwas Besonderes. Ich bin nicht intelligent genug. Ich bin dumm. Ich bin ein Stotterer. Ich bin unfähig. Ich bin schön, usw.

2. *Das Selbstideal*

   Hierzu gehören die Antworten auf die Frage: „Wie und was muss ich eigentlich sein, um einen Platz zu haben bzw. wertvoll zu sein?"
   Zum Beispiel: Ich muss (ich müsste, ich sollte) gut, stark, männlich, der Erste, etwas Besonderes, aktiv, intelligent, perfekt, im Recht sein, alles unter Kontrolle haben, usw.

3. *Das Weltbild*

   Hierzu gehören die Meinungen über die Welt, die Menschen, das Leben, die Natur – kurz über alles, das „nicht ich" ist und über das, was dieses „nicht ich" von mir erwartet, fordert, mit mir macht. Und was ich davon erwarten bzw. damit machen kann.
   Zum Beispiel:
   Das Leben ist gefährlich. Die Menschen sind ungerecht. Die anderen überfordern mich usw. Männer sind..., Frauen sind..., Neger sind..., Juden sind..., Feuer ist..., usw.
   Hier können auch ethische Überzeugungen wie: Ehrlichkeit ist..., Sex ist..., Religion ist..., untergebracht werden.

4. *Deshalb*

   Hier folgen privat-logische Schlussfolgerungen wie:
   Deshalb muss man mir helfen; deshalb muss ich im Mittelpunkt stehen; deshalb muss ich unabhängig sein; deshalb muss ich mich wehren, schützen; deshalb muss ich gut sein; usw.

Gibt es eine Diskrepanz zwischen dem Selbstbild und dem Selbstideal, zum Beispiel „Ich bin klein; ich muss groß sein" oder „Ich bin nur ein Mädchen; – ich müsste ein starker Mann sein", dann entstehen Minderwertigkeitsgefühle. Das gleiche geschieht, wenn die Überzeugungen im Selbstbild und im Weltbild Spannungen zeigen, zum Beispiel: „Ich bin schwach und hilflos. – Das Leben ist gefährlich."

An diesen Beispielen wird auch die „private Logik", die dem Wort **deshalb** folgt, verständlich: „Ich bin klein..., ich muss groß sein..., *deshalb* muss ich mich immer sehr anstrengen und darf nie meine Schwächen zeigen"; oder: „Ich bin schwach und hilflos..., die anderen sind stark..., *deshalb* müssen die anderen mir helfen." Wir sehen, dass im Lebensstil eine private Logik vorhanden ist, die in sich schlüssig ist.

Lebensstil und Verhalten

Mit diesem „deshalb" sind keine einzelnen Verhaltensweisen angegeben. Wie der Betreffende sich anstrengt und sich vor „Schwäche zeigen" schützt, kann man hieraus nicht ersehen. Die Verhaltensweisen können sich ändern. Das Ziel bleibt das gleiche. Die Überzeugung: „Deshalb müssen die anderen mir helfen" kann sich beispielsweise darin ausdrücken, dass man schweigt, sich dumm stellt oder durch Fehlermachen oder Symptome u.a. Stottern, seine Unfähigkeit zeigt. Genauso gut kann man schüchtern, hilflos, launisch oder charmant sein, wie auch andere einschüchtern, und in allen Fällen das gleiche Ziel erreichen, nämlich: „Die anderen müssen mir helfen."

Hierdurch wird es klar, dass wir innerhalb eines Lebensstils Spielraum für Verhaltensalternativen haben, ohne den Lebensstil zu ändern. Trotzdem gehen die verschiedenen Verhaltensweisen auf ein bestimmtes Organisationsprinzip des Lebensstils zurück und werden von daher verständlich.

Der Lebensstil als motivierende Kraft, funktioniert auf einer Ebene außerhalb des Bewusstseins, jedoch nicht so unbewusst, dass man ihm nicht auf die Spur kommen könnte. Wenn der Therapeut dem Patienten einen Aspekt des Lebensstils offenbart, wird dieser reagieren mit: „Ja, das stimmt", verbunden mit einer Art Erkennungsreflex, einem unterdrückten Lächeln, einem Seufzer, Grinsen, Verstummen oder Weinen. Er hat einen Einblick ins Organisationsraster seines Handels bekommen. Je bewusster der Lebensstil im Laufe der Zeit wird, um so mehr fängt der Mensch an, Alternativen für sein Verhalten zu sehen, und er kann seine verabsolutierten Meinungen relativieren. Er fühlt sich freier, in seinem Handeln, weniger von unbewussten Kräften gesteuert, wie das bei neurotischem Verhalten der Fall ist. Er empfindet sich selbst als ein Entscheidungen treffendes Wesen zwischen Reiz und Antwort, und Schritt für Schritt kann er die Verantwortung für seine Entscheidungen übernehmen.

Der Lebensstil in der Stottertherapie bei Erwachsenen

Es gibt auch einen Stotterlebensstil. Im *Selbstbild* sehen wir dann die Überzeugung: „Ich bin ein Stotterer" oder: „Ich bin sprechunfähig." Wir finden sie dort, wo das Stottern schon vor dem sechsten Lebensjahr zum Problem geworden war. Normalerweise unterscheidet sich der Lebensstil aber nicht von Patienten mit anderen neurotischen Störungen. Das *Weltbild* spricht fast immer von Gefahr, von Bedrohung, von Unberechenbarkeit und von Unrecht.[21]

Die Diskrepanz zwischen Selbstbild und Weltbild führt leicht zu der Schlussfolgerung: „Ich bin den Anforderungen des Lebens nicht gewachsen." „Ich bin ungenügend auf das Leben vorbereitet." „Ich muss aufpassen, mich schützen" usw.

Obwohl solche Überzeugungen auch bei anderen neurotischen Verhaltensweisen vorkommen, macht die Diskrepanz das Stottern verständlich. Es hat im Rahmen solcher Lebensstile einen Sinn, da man sich mit Stottern:

- vor dem Erwachsenwerden und der damit verbundenen Verantwortung drücken kann,
- vor Fehlermachen und Kritisiertwerden schützen kann,
- von Aufgaben zurückhalten kann,
- von sozialen Kontakten zurückziehen kann,
- Schonung erhalten kann,
- in Ruhe (alleine) gelassen werden kann,
- etwas Besonderes sein kann,
- Abstand halten kann,
- sich in den Mittelpunkt stellen kann,
- besondere Zuwendung (Hilfe) bekommen kann,
- andere in seinen Dienst stellen kann usw.

Wir sollen uns bei der Behandlung jedoch ständig vergegenwärtigen, dass diese Ziele nicht nur mit Stottersymptomen, sondern auch mit anderen Verhaltensweisen und neurotischen Symptomen erreicht werden können. Wir werden dann auch andere Verhaltensweisen des Patienten als „Stottern" im übertragenen Sinne aufgrund des Lebensstils verstehen und mit Alfred Adler mitdenken, wenn er fragt: „Welcher Art ist der Mensch, der bei der Lebensaufgabe Liebe versagt und sexuelle Schwierigkeiten ohne organische Ursache hat? – Er kann nicht weiter machen, er stottert. Wenn man an einen neurotischen Menschen denkt, muss man immer an einen Stotterer denken, denn man wird es im übertragenen Sinne immer mit einem Stotterer zu tun haben." (Adler und Crookshank 1934).

Wenn im *Selbstideal* die Meinung „Ich muss ein echter Mann sein" und „Ich bin **nur** gut genug, **wenn** ich fließend spreche" vorkommt, dann können wir die Schuldgefühle, die Selbstvorwürfe, den Selbsthass, die Minderwertigkeitsgefühle verstehen, die der Patient nach einer Stottersituation empfindet, wo er aus seinem Selbstbild heraus sich selbst als unfähig und aus seinem Weltbild heraus die Menschen, das Leben als zu bedrohlich erlebte und sein Stottern als Schutz eingesetzt hat. Er erlebt die Diskrepanz zwischen „Ich muss fließend sprechen" (*Selbstideal)* und „Achtung Gefahr" (*Weltbild),* und steht als Verlierer oder Feigling da.

Nicht aber nur im Zusammenhang mit dem Stottern zeigt sich sein Problem der zögernden Attitüde. Das Selbstideal „Ich muss ein echter Mann sein" und sein Glauben daran, dass er das nicht ist, führt zu Problemen in der Partnersuche. Er ist 35 Jahre alt und findet keine Partnerin. Er zögert. Nicht sein Stottern ist dabei das Hauptthema. Er findet keine Partnerin – so sagt er, weil er einen krummen Penis hat. Durch Nachfragen stellt sich heraus, dass er eine Erektion haben kann und auch einen Orgasmus. Wo liegt dann das Problem? Der Penis ist krumm, weil das Ligament zwischen Vorhaut und Eichel zu kurz ist. Deswegen ist der Penis, wenn erigiert krumm. Dafür schämt er sich so, dass er den Kontakt mit Frauen meidet. Aus dem Lebensstil können wir leicht verstehen, dass es nicht der krumme Penis, sondern seine Angst, kein echter Mann zu sein ist, was ihn zögern lässt.

In der Behandlung werden dem Patienten Teile seines Lebensstils bewusst gemacht. Man bespricht mit ihm, welche Faktoren zu diesen Überzeugungen geführt haben, welchen Einfluss sie auf sein heutiges Verhalten haben, und wie er dadurch in die Schwierigkeiten kommt, an denen er leidet. Der Lebensstil wird dem Patienten im Laufe der Therapie in den vier oben angeführten Kategorien bekannt und funktioniert als Verweisquelle für die Therapie und die Selbsterziehung. Das Verhalten wird in Lebensstilaspekten gedeutet und er selbst lernt – am besten in einer stationären Gruppentherapie, mit Hilfe anderer Gruppenmitglieder, die die Lebensstile voneinander kennen – sich erst *nach*, dann auch *in* der Situation zu ertappen, sobald er sich wieder mit Stottern oder anderen Verhaltensweisen nach seinem Lebensstil verhält. Auch Erwartungsängste vor bevorstehenden Ereignissen können im Sinne des Lebensstils gedeutet werden.

Diese Vorgänge sind am meisten erfolgversprechend, wenn eine humorvolle und ermutigende Therapeut-Patient-Beziehung das „so sein wie man ist" akzeptiert und die daraus resultierenden Verhaltensweisen ohne Schuldgefühle besprechbar macht. Dann kann der Patient lernen, über den „kleinen Kerl in sich" (Adler) zu lachen, seine Meinungen zu hinterfragen, sie weniger absolut zu nehmen, alternative Verhaltensweisen auszuprobieren und als verantwortlicher Erwachsener in kleinen Schritten das zu tun, was die Situation von ihm verlangt.

Beispiele

Ich werde in den Beispielen nur solche Aspekte des Lebensstils bringen, die den Zusammenhang mit dem Stottern klarmachen.
Beispiel 1:
Klaus, 24 Jahre, wirkt freundlich, sympathisch, zurückhaltend.

Selbstbild: Ich bin ein kleiner Junge, der den Aufgaben des Lebens nicht gewachsen ist.

Selbstideal: Ich muss groß, stark und gut sein.

Weltbild: Das Leben ist schwierig. Die anderen sind groß, können mehr und erwarten zu viel von mir.

Deshalb muss ich vorsichtig sein und mich vor Aufgaben schützen, denen ich mich nicht gewachsen fühle.

Klaus, der gut sein will, signalisiert seine sympathische und freundliche Art. Sobald er Angst hat, nicht groß und stark wirken zu können, d.h. bei den ihm übertragenen Verantwortungen zu versagen, hält er sich zurück, stellt sich dumm, schweigt. Wenn er mit diesen Methoden keinen Erfolg hat und nicht mehr ausweichen kann, tritt das Stottern auf. Der andere sieht ein, dass er diesen netten Klaus über Gebühr belastet, neigt dazu sich zu entschuldigen, nimmt meistens die Aufgabe zurück und gibt sie jemand anderem. Klaus fühlt in dem Moment sein Vorurteil bestätigt: „Das Leben ist schwierig; die anderen sind groß, können mehr und erwarten zu viel von mir."

Wir verstehen, dass sich das Stottern in letzter Zeit, nachdem er sein Studium abgeschlossen hat und die normalen Aufgaben des Lebens auf ihn zukommen, verschlimmert hat. Bei Bewerbungen stottert er so sehr, dass der potentielle Arbeitgeber lieber einen anderen vorzieht. Als er neulich einmal angenommen wurde, hat er abgesagt, weil ihm die Bedingungen nicht gefielen. Am Ende steht immer der kleine Junge, der mit verschiedenen Alibis, u.a. mit Stottern, sich vor den Aufgaben des Lebens drückt, weil er der Meinung ist, ihnen nicht gewachsen zu sein.

Klaus kann das Ziel seines Stotterns erkennen und schon darüber lächeln, dass die Meinungen aus seiner Kindheit noch so einen großen Einfluss auf ihn ausüben.

Beispiel 2:

Heidi, 21 Jahre alt, wirkt still, unnahbar, freundlich und eigenwillig.

Selbstbild: Ich bin nur ein kleines, scheues Mädchen.

Selbstideal: Ich muss männlich und stark wie der Vater sein und mich wehren.

Weltbild: Die anderen sind bedrohlich, wollen mich demütigen.

Alles in allem vermittelt Heidi einen Eindruck von Stärke. Man erwartet von ihr den Mut zum freundlichen und festen „nein", wenn ihr etwas nicht gefällt. Sie erlebt sich selbst jedoch eher als ängstlich. Sobald ihr starkes „Image" gefährdet wird, – wenn man etwa durch ein persönliches Gespräch erfahren könnte, wie klein sie sich fühlt, wenn man, insbesondere ein Mann, mit ihr einen näheren Kontakt sucht, – setzt sie das Stottern ein und wehrt damit unbewusst den Kontakt ab. Auf Abstand kann sie ihr Selbstideal aufrechterhalten.

Auch hier hat das Stottern eine Alibifunktion, d.h. Heidi löst den Konflikt zwischen Selbsterleben und Selbstideal in der Bewährungssituation durch Stottern und hält dadurch ihr Selbstwertgefühl aufrecht. Da sie das Stottern als etwas Übermächtiges, wofür sie nichts kann, erlebt, kann sie sich sagen: „Ich würde mich schon tüchtig wehren, wenn mich nur das Stottern nicht daran hindern würde." Wieder hört man das: **„Ja ..., aber"**, hier als **„Ja ..., wenn nur nicht"** (siehe Schaubild).

Als sie ihren Lebensstil verstanden hatte, konnte sie den Sinn des Stotterns erkennen und auch andere Probleme im Rahmen des Lebensstils verstehen. Bis jetzt hat sie gemeint, dass, wenn sie nicht stottern würde, sie auch einen festen Freund finden würde. Aus dem Lebensstil erkennt sie ihre Schwierigkeiten mit der Annahme ihrer Frauenrolle, ihre Angst vor Unterlegenheit und den Sinn ihres Stotterns als Mittel zur Schaffung von Distanz. Jetzt kann sie das eigentliche Thema angehen.

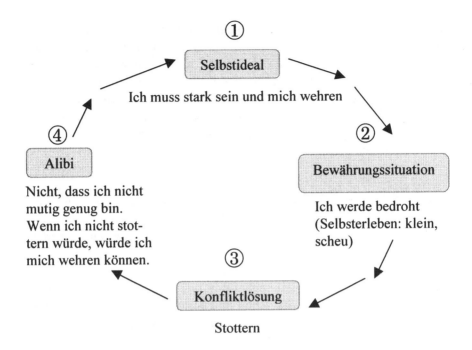

① Selbstideal

Ich muss stark sein und mich wehren

④ Alibi

Nicht, dass ich nicht
mutig genug bin.
Wenn ich nicht stot-
tern würde, würde ich
mich wehren können.

② Bewährungssituation

Ich werde bedroht
(Selbsterleben: klein,
scheu)

③ Konfliktlösung

Stottern

Wer in diesem Sinne verstanden hat, wie er aufgrund des kindlichen Selbst- und Weltbildes sein Stottern einsetzt, der ermutigt wurde, sich als Entscheidungen treffendes Wesen zu verstehen, und durch Zunahme des Selbstvertrauens zu sozial nützlichen Verhaltensweisen geführt wurde, wird die störenden Überzeugungen abschwächen oder ändern, mehr Mut entwickeln und schließlich auf seine Symptome verzichten können.

Der Einsatz von Sprechtechniken – darunter verstehe ich zum Beispiel langsamer, betonter, metrisch oder mit bewussterer Atemführung sprechen oder anders, lockerer oder bewusster stottern –, sind alle eine Hilfe zur Überwindung der momentanen Versperrungen und zur Entwicklung des Selbstvertrauens; sie können Fortschritte auf kurze Frist bewirken. Die Fortschritte sind aber nicht beständig, solange die Symptome im Rahmen des Lebensstils ihren Sinn nicht verloren haben. Die Entwicklung auf längere Sicht im Sinne von Persönlichkeitsveränderung, wodurch das Stottern im verbalen und nonverbalen Bereich überflüssig wird, wird deshalb am besten durch die Arbeit am Lebensstil erreicht.

Die Erarbeitung des Lebensstils

Der Lebensstil wird erarbeitet, indem systematisch die Faktoren erfragt werden, welche zur Entwicklung des Lebensstils geführt haben. Am wichtigsten sind die Familienkonstellation, die Familienposition, die frühesten Kindheitserinnerungen und die Träume. Dem erfahrenen Therapeuten gelingt es leichter als dem Anfänger, die Angaben zu deuten, doch lässt sich diese Fähigkeit erlernen.[22] Der Lebensstil wird in mehreren Sitzungen im Dialog mit dem Patienten erstellt. Lebensstilaspekte, die der Therapeut zu sehen meint, und vom Patient noch nicht angenommen oder verstanden werden können, werden evtl. später noch einmal zur Sprache gebracht.

Die praktische Durchführung der Lebensstilanalyse ist zu komplex und umfangreich, als dass ich im Rahmen dieses Buches eine praktisch brauchbare Anleitung geben könnte. Wir gehen aber in den nächsten Kapiteln etwas weiter auf Träume und frühe Kindheitserinnerungen als Handwerkszeug ein, damit Sie sich einen Zugang erarbeiten können.

13

Träume und Traumdeutung

Albrecht Schottky

Wir träumen jede Nacht

Manche Menschen können uns bei jeder Beratung, bei jeder Therapiestunde einen Traum erzählen – oder gleich mehrere. Manche sagen „Ich habe überhaupt nichts geträumt" oder „Beim Aufwachen war noch etwas da – schon halb verschwommen – aber das ist jetzt vergessen." Haben die einen Träume und die anderen nicht? Nein, es ist wissenschaftlich erwiesen: Jeder Mensch träumt mehrfach in jeder Nacht. Bei dieser Forschung hat die Methode einen Durchbruch gebracht, das Schlaf-EEG abzuleiten. Man fand dabei die sog. REM-Phase – Phasen mit rascher Augenbewegung, die regelmäßig mit Träumen verbunden sind. Weckt man einen Menschen in einer solchen Phase auf, dann kann er auch etwas über den Traum sagen. Alkoholisierung oder Barbiturate, diese inzwischen verlassenen Schlafmittel, können diese Traumphase unterdrücken – und das ist offensichtlich nicht gut! Wozu träumen, wieso brauchen wir diese Träume? Darauf gibt es keine eindeutige wissenschaftlich belegte Antwort, aber so viel lässt sich sagen: Das Gehirn arbeitet auch im Schlaf, und diese Arbeit ist wichtig. Alfred Adler hat die Auffassung, dass wir im Traum unsere Einstellung für den Tag, für das Wachen vorbereiten. Es scheint etwas Wichtiges zu fehlen, wenn die Träume unterdrückt werden.

Träume und Traumdeutung

Im Altertum galten Träume als wichtig und bedeutungsvoll – man sah in ihnen eine Botschaft der Götter. Die Traumdeutung stand in hohem Ansehen – das gilt auch noch für das Mittelalter und reicht bis in die Neuzeit hinein. Nehmen wir als Beispiel: Jemand stand vor einer Schiffsreise und träumte in der Nacht zuvor von einem grässlichen Schiffbruch.

140

Schiffsreisen waren im Mittelmeer sehr gefährlich. Die damaligen Fahrzeuge, mit Segeln oder Rudern angetrieben, waren Stürmen hilflos ausgesetzt, abgesehen von der Gefahr durch Seeräuber. Wer von einem solchen Schiffbruch träumte, für den lag es nahe: Ich bleibe lieber zu Hause. War das Aberglaube, oder tat er recht daran? Nun, der Traum vermittelte dem Träumer eine integrative Bewertung. Wenn er zu dem Schluss kam, die Reise ist gefährlich, zu gefährlich, dann war es sinnvoll und folgerichtig, davon abzusehen. Zudem war die Gefahr des Misserfolgs höher, wenn der Träumer nicht mit ganzem Herzen und mit voller Zuversicht in das gefährliche Unternehmen hineinging. In der Neuzeit, in der Aufklärung änderte sich die Auffassung. Träume und Traumdeutung wurden auf den Müllhaufen des „Aberglaubens" geworfen. S. Freud kommt das Verdienst zu, die Träume wieder entdeckt zu haben – ich komme noch darauf zurück.

Josef als Traumdeuter

Die Josefsgeschichte im Ersten Buch Moses (Genesis) zeigt uns Josef als Träumer und als Traumdeuter. Im Gefängnis in Ägypten erzählen zwei Mitgefangene Josef jeweils ihren Traum mit dem Zusatz: „Es hat uns geträumt und wir haben niemand, der es uns auslege." Josef antwortete darauf: „Auslegen gehört Gott zu; doch erzählt es mir." Beide, der Schenke und der Bäcker, erzählten ihm ihren Traum. Josef deutet beide Träume – deutet sie als Aussage künftigen Geschehens – und beides trifft ein. Berühmt ist der Traum des ägyptischen Herrschers, des Pharao. Der sieht sieben schöne fette Kühe aus dem Wasser steigen und im Grase weiden. Dann sieht er andere sieben Kühe aus dem Wasser aufsteigen, hässlich und mager. Diese mageren Kühe fraßen die sieben schönen und fetten Kühe. Der Traum bekümmert den Pharao, er lässt alle Wahrsager in Ägypten rufen, aber keiner kann ihm den Traum deuten. Der Schenke erinnert sich an den Traumdeuter Josef, und der herbeigerufene Josef deutet nun: Es werden sieben reiche Jahre im ganzen Ägyptenland kommen, und dann sieben Jahre teure Zeit, Missernten. Josef bringt auch gleich eine Empfehlung: In den sieben reichen Jahren soll genug Vorrat gesammelt werden, mit dem man die sieben mageren Jahre überstehen kann. Pharao ist begeistert und überzeugt und setzt gleich Josef als obersten Verwalter für diese Maßnahmen ein. Ein solch durchschlagender Erfolg ist unseren heutigen Traumdeutern, ob Therapeuten oder Berater, leider selten beschieden. Der Traum des Pharao enthält eine Voraussage, eine Weissagung. Pharao ist es, der den Traum hat, aber er braucht jemand, der ihm hilft, den Traum auch zu verstehen. Alfred Adler sagt: Wir wissen mehr, als wir verstehen. Das gilt auch heute noch für viele Träume. Josef selbst ging es so. Er erzählte seinen Brüdern folgenden Traum: Er band mit ihnen Garben auf dem Felde, und seine Garbe richtete sich auf und stand – und die Garben der Brüder umher neigten sich vor Josefs Garbe. Die Brüder verstanden sofort, was der Traum bedeutete: Josef als Herr, als König, der über sie herrschen wollte oder sollte. Das nahmen sie sehr unwillig und feindselig auf. Hier hat also Josef selbst seinen Traum offenbar nicht verstanden, sonst hätte er ihn kaum erzählt, aber die Brüder verstanden gleich, was gemeint war.

Traumthemen – der Traum und das Unbewusste

S. Freud hat die Bedeutung der Träume wieder entdeckt. Er hat sich sehr intensiv und geistreich mit Träumen, Traumbedeutung und Traumdeutung befasst. Er nennt die Träume eine „via regia", einen Königsweg zum Unbewussten. Die wichtigste Methode seiner therapeutischen und forschenden Arbeit ist die freie Assoziation des Träumers, d.h. die Einfälle des Träumers, verbunden mit den Einfällen und Überlegungen des Therapeuten, kurz gesagt, der therapeutischen Deutung. Für S. Freud liegt der Schwerpunkt eindeutig bei Wünschen des Träumers, und zwar sexuellen Wünschen verbotener Art. Diese Wünsche drängen sich vor, aber in raffiniert verschlüsselter Form; sie unterliegen der sog. Traumzensur. Mit der Freud'schen Methode können sie dann wieder entschlüsselt werden – so führt der Weg zum Unbewussten. Das ist sehr verkürzt ausgedrückt; der Interessierte sei auf S. Freuds umfangreiche und spannende Darstellungen verwiesen. Der Alltag des Träumers und des Therapeuten zeigt allerdings: Die Themen der Träume können sehr vielfältig sein, wobei sexuelle Wünsche durchaus dazugehören. Kurz gesagt: Alles, was den Träumer intensiv beschäftigt, kann auch Gegenstand des Traumes sein. Ein berühmtes Beispiel ist der Traum des Chemikers Kékulé. Dieser fand ein Molekül mit der Formel $C_6 H_{12}$. Dieses Molekül konnte er sich in seinem Aufbau nicht vorstellen. Offensichtlich beschäftigte ihn das Problem Tag und Nacht, und eines nachts erschien ihm im Traum die Lösung: Strahlend stand vor seinem Auge der Benzolring! Die Ringstruktur war die Lösung, das Benzol war entdeckt.

Pharaos und Josefs Träume haben andere Themen: Josefs Stellung unter seinen Brüdern, sein letztlich dann erfolgreiches Überlegenheitsstreben; Pharaos Sorgen, ob sein Volk auch genug zu essen haben werde. Banales Tagesgeschehen kann in den Traum hineinreichen (von S. Freud

142

„Tagesreste" genannt). Aber wer sagt, dass diese Reste so banal sind? Eine alte Regel sagt, man solle zum Lernen sein Lehrbuch unter das Kopfkissen legen. Das klingt magisch. Es hat aber seinen Sinn, unmittelbar vor dem Einschlafen noch zu lernen – man kann dann im Schlaf das Gelernte einschleifen und vertiefen, ohne sich sonderlich anzustrengen. Diese Vertiefung, Verarbeitung und Abgleichung dürfte zur Aufgabe des Träumens gehören. Was ein wichtiges Traumthema ist, sollte der Träumer bestimmen – es ist nicht so günstig, wenn der Deuter aus persönlichen oder schulmäßigen Gründen hier eine Zensur vornimmt.

Traum, Symbol, Träumer

Sigmund Freud schwankt in seinem deutenden Ansatz zwischen zwei Positionen. Zum einen betont er, dass es um den Träumer und seine Assoziationen geht. Danach ist der Traum nur zu verstehen im Zusammenwirken mit dem Träumer – seiner Persönlichkeit, seiner Lebenssituation und dem, was ihn bewegt. Das steht im Gegensatz zu Traumbüchern, die lexikonartig Erklärungen liefern, zum Beispiel: ein Traum von einem ausgefallenen Zahn bedeutet einen Todesfall in der Familie. Andererseits finden wir bei S. Freud immer wieder allgemeine Aussagen, was ein Traumsymbol bedeutet. Überwiegend sind das sexuelle Deutungen, zum Beispiel: Ein Gebüsch bedeutet Schambehaarung. Oder aber: Ungeziefer – das bedeutet kleine Geschwister. Solche isolierten Symboldeutungen machen uns heute eher Unbehagen. Überwiegend werden wir uns der Auffassung von Rainer Schmidt anschließen: „Wir deuten den Träumer, nicht den Traum."

Ist der Traum unlogisch oder gar psychotisch?

In Träumen kommen verrückte Dinge vor. Beispielsweise kann ich im Traum das deutliche Empfinden haben, dass ich zu Hause bin – aber es ist ganz anders, als mein Zuhause ist oder in der Kindheit war. Es können Menschen auftauchen, die längst verstorben sind – gleichzeitig mit anderen, denen ich täglich begegne. Schlagartig kann sich die Situation verändern – ein Mensch verschwindet plötzlich oder taucht plötzlich auf, oder ich springe in eine völlig andere Szene hinein. Kurzum, es können im Traum Dinge passieren im völligen Widerspruch zur Logik des Alltags, „verrückte" Dinge. So gibt es auch die Auffassung, dass wir im Traum in einer Art von Psychosen leben. Sind Träume wirklich unlogisch? Sicher haben sie nicht die Logik des Alltags. Aber sie haben eine andere. Ich möchte sie mit Ciompi als „Affektlogik" bezeichnen. Der Affekt – das ist der rote Faden, der uns zum Verständnis der Zusammenhänge hilft. Schade, dass soviel Literatur über Träume auf Aussagen über den Affekt verzichtet! Affekte – dazu gehört Angst, Zorn, Mitleid, Heiterkeit, Zuneigung. Es gibt eine ungeheure Vielfalt von Affekten und affektiven Einstellungen. Wir können sie in ihrer Vielfalt und in ihrer differenzierten und jeweils individuellen Abstufung und Kombination sprachlich gar nicht erfassen. Ein Tier – eine Situation am Arbeitsplatz – eine Landschaft, die ich vor 20 Jahren gesehen habe –, was haben die miteinander zu tun? Vielleicht den Affekt. Ich komme darauf zurück.

Der Traum als Stegreif-Theater

Eine junge Frau träumt, dass eine ihrer Freundinnen heiratet, und sie als Trauzeugin dabei ist. Dabei kann sich folgende Deutung ergeben. Die junge Frau beschäftigt sich innerlich mit der Überlegung: Wie wäre es, wenn ich heirate? Wie ernsthaft diese Überlegung ist, sei ganz dahingestellt. Nun bietet der Traum eine Möglichkeit, das auszuprobieren. Sie kann also träumen, dass sie heiratet, und erproben, wie es ihr dabei geht. Sie kann prüfen, ob das für sie stimmig und in Ordnung ist, oder auch nicht. Der jungen Dame ist das offenbar zu plump und zu direkt. Sie lässt erst einmal probeweise eine Freundin heiraten und guckt sich aus der Nähe an, wie es der dann damit geht. Dafür eignet sich natürlich sehr, dass sie als Trauzeugin aus nächster Nähe an dem Ereignis teilnimmt. Ein solches Ausprobieren, ein Sich-Herantasten ist im Traum nicht selten. Träume sind ja auch unverbindlich.

Eine Frau hat große Schwierigkeiten, sich über die Beziehung zu ihrer Mutter klar zu werden. Diese Beziehung, wie auch die Mutter selbst, ist höchst problematisch. Sie wünscht aber eine Klärung, eine Verbesserung. Sie träumt, dass sie die Mutter auf dem Bahnhof sieht. Die Mutter geht im Menschengewühl von ihr fort, sieht sie gar nicht. Die Traumszene bricht ab bzw. springt um – die Mutter geht im Menschengewühl, man sieht sich, man grüßt sich. Die Szene setzt noch einmal an, springt wieder um – man geht aufeinander zu. So kann in derselben Nacht, im selben Traum immer wieder geprobt und angesetzt werden. Wichtig ist dabei schließlich der Affekt, das Gefühl – ist es so in Ordnung? Fühle ich mich wohl dabei, oder ist es akzeptabel?

Es kann hilfreich sein, zum Verständnis eines Traumes den Vergleich mit dem Theater heranzuziehen; oder noch treffender den Vergleich mit einem Film. Filmszenen sind gewissermaßen unabhängig von Zeit und

Raum. Sie können immer wieder gedreht werden, ähnlich oder auch ganz anders. Im Theater, oder auch im Film ist der Träumer gleichzeitig der Autor, der Regisseur, und der Schauspieler. Er kann als Hauptdarsteller auftreten, anderen Darstellern gegenübertreten – oder er kann auch andere Rollen oder alle Rollen selbst spielen. Dieses Verständnis nennt man die Subjektstufe. Das sind jeweils nicht Fakten, sondern Möglichkeiten der Deutung. Nun ein Beispiel, das den Begriff „Affektlogik" vielleicht deutlicher machen kann. In einem Film sehen wir einen Hund, der krank und elend eine trostlose Straße entlang humpelt. Szenenwechsel: Wir sehen aus der Nähe einen erschöpften Menschen mit einem ratlosen nachdenklichen Ausdruck. Wir sehen ein freundliches Dorf – Menschen huschen aufgeregt hin und her, wir hören Schüsse. Und wir sehen einen vollbesetzten Zug im Anfahren, immer noch versuchen Menschen mit einem Koffer oder einem Bündel aufzuspringen. Ich gebe jetzt noch eine Überschrift, die sich schon erraten lässt: Krieg, Flucht, Flüchtlingselend. Die Verbindung dieser Szenen und der verbindende Affekt sind für die meisten von uns verständlich. Anders ist es bei dem Traum eines Menschen, der uns gegenüber sitzt. Hier wissen wir zunächst nicht, welche Einstellung, welchen Affekt und welche Befindlichkeit er jeweils mit einem Traumbild verbindet. Was bedeutet für ihn der Zustand, mit dem er diese bestimmte Landschaft vor 20 Jahren gesehen hat? Was bedeutet für ihn dieser Mensch – dieses Haus? Manches bleibt rätselhaft. Aber sehr viel lässt sich erfassen und deuten – durch einfühlendes Verstehen. Dieses einfühlende Verständnis hat Rogers als Kernstück der Therapie herausgehoben, und lange schon vor ihm Alfred Adler.

Träume und Lebensstil

Rainer Schmidt formuliert: „Bei Adler ist er (der Traum, Verf.) ein Ausdrucksphänomen unter anderen, in denen sich der Lebensstil eines Menschen abbildet." Lebensstil – was ist das? Nach Heinz L. Ansbacher beinhaltet der Lebensstil bei Adler „die folgenden organismischen Gedanken: Aktivität (nicht passive Reaktivität) des Individuums, Zielgerichtetheit, Einheitlichkeit und Einmaligkeit des Individuums, subjektive Bestimmung seiner Handlungen." Zum Lebensstil gehört eine kognitive Seite: Die Art der Wahrnehmung und des Verständnisses der Welt, der Menschen, des Lebens. Weiter gehört dazu das Selbstverständnis: Wie bin ich, wie stehe ich in der Welt, wie stehe ich zu den Menschen? Und im Sinne individueller Logik ergibt sich daraus die Bewegungsrichtung, die Bewegungslinie – für Alfred Adler das Kernstück des Lebensstils. Die Entwicklung des Lebensstils ist eine schöpferische Leistung des Kleinkindes, entwickelt in seiner subjektiv wahrgenommenen Situation. Das kleine Kind stellt sich Fragen: Wie ist die Welt, wie sind die Menschen? Wie bin ich, wie stehe ich? Woher komme ich und wohin will ich? Was sind geeignete Methoden? Ich möchte es so formulieren: Der Lebensstil wird entwickelt als subjektiv optimale Einstellung, Auffassung, Bewegung – in einer gegebenen und subjektiv wahrgenommenen Kindheitssituation. Lebensstil und subjektiv wahrgenommene Kindheitssituation passen zu einander wie Schlüssel und Schloss. Dabei ist der Lebensstil, diese Regel des Lebens, ganz oder weitgehend unbewusst. Aber wir richten unsere Wahrnehmung, unser Denken und Handeln nach ihm aus. Auch unsere Träume richten wir nach ihm aus.

Hier ist jetzt eine Einschränkung nötig. Was wir fühlen und tun, hat freilich mit unserem Lebensstil zu tun – aber es hat auch mit dem aktuellen Geschehen zu tun. Wenn zehntausend Menschen vor einem verheerenden Brand flüchten, so hat das mehr mit dem überindividuellen Katastrophenereignis zu tun als mit dem jeweils individuellen Lebensstil. Wenn ein Mann an jeder Arbeitsstelle regelmäßig Streit bekommt, können wir einen Zusammenhang mit seinem Lebensstil vermuten; ebenso bei einer Frau, die sich immer wieder ausnutzen lässt. So stellt sich bei einem Traum die Frage: Was ist aktuelles Geschehen, was hängt mit dem Lebensstil zusammen? Das zu unterscheiden, erfordert einiges an Aufmerksamkeit und an Erfahrung – und an Hinweisen und Kenntnissen aus anderen Quellen über den Lebensstil unseres Träumers. Bei manchen Träumen lässt sich sagen, dass sie ganz wesentlich eine Aussage über den Lebensstil enthalten. Das gilt besonders für Wiederholungsträume, die unabhängig vom Alltagsgeschehen immer wiederkehren, oder für deutlich erinnerte Kindheitsträume. Es gibt aber auch andere Beispiele.

Nehmen wir einen Menschen, der in durchaus friedlichen Zeiten vom Krieg träumt. Hier werden wir zunächst einmal klären, ob er vielleicht unmittelbar vorher einen Kriegsfilm gesehen hat und sein Traum oberflächlich und affektiv kaum besetzt erscheint. Dann dürfte es sich um einen sog. Tagesrest handeln. Nehmen wir aber an, der Traum vom Kriegsgeschehen ist nachhaltig und bedeutungsvoll. Er ist von einem düsteren Affekt getragen, aber mehr noch von der Vorstellung: So ist es eben, so muss es sein. Hier kommen wir vielleicht zu folgendem Ergebnis: Der Betreffende ist unter Kriegsverhältnissen aufgewachsen. Diese Verhältnisse, wie immer sie im einzelnen erlebt sein mögen, sind fest in seinen Lebensstil eingeschrieben. In den friedlichen Zeiten droht dieser Hintergrund mit seinen lebensstiltypischen Folgerungen zu verblassen. Durch den Kriegstraum belebt der Träumer diesen Hintergrund und seinen Lebensstil, er ruft sich gewissermaßen zur Wachsamkeit auf, stellt sich die Gefahr vor Augen. Wenn wir den Traum richtig erfassen und deuten, können wir ihn nach zwei Seiten lesen: Zum einen sagt er uns etwas über den Lebensstil des Träumers. Zum andern sagt er etwas darüber, wie die Umstände sind – in diesem Fall friedlich, freundlich –, die es ihm nötig erscheinen lassen, die alten grimmigen Zeiten wieder ins Gedächtnis zu rufen.

Ein weiteres Beispiel:

Ein Arzt besucht zu einer Schuluntersuchung zusammen mit seiner Gruppe eine entsprechende Schuleinrichtung. Er kommt mit der Untersuchung gut zurecht, auch mit den Lehrern und den Kollegen. Im Traum sagt ihm nun ein Kollege: „Du meinst, du kommst gut zurecht. Aber die Kollegin hat mir berichtet, die Schüler reden ganz anders über dich, sie lachen über dich." Anschließend spielen die beiden ihm vor, wie die Schüler sich hinter seinem Rücken über ihn lustig machen. Es geht weiter: Zu Ende der Pause müssen sie ins Klassenzimmer zurück. Er muss auf die Toilette und findet sie nicht. Ein Lehrer zeigt ihm den Weg – ein Abstellraum, dahinter eine merkwürdige Toilette. Er macht sich nass dabei. Dann geht er heraus und sucht seine Klasse, in dem riesigen Gebäude. Dort trifft er den Direktor, der fragt, „Was tun Sie denn da?" Er sagt: „Wir machen Untersuchungen, wo ist denn die Klasse?" Der Direktor sagt spöttisch: „Wenn Sie es nicht wissen, ich weiß es auch nicht!" Zum Affekt: Der Träumer fühlt sich insuffizient, ausgegrenzt, verspottet, auch ratlos und hilflos. Zur Gesamtsituation der Therapie ist zu sagen: Unser Träumer kommt aus einer sehr problematischen Kindheit. Sein Selbstbild, seine lebensstiltypische Wahrnehmung entsprach weitgehend dem, was sich im Traume darstellt. Er hat sich aber inzwischen ganz erheblich herausgearbeitet, beruflich und persönlich. Das weiß er auch. Aber hier kommt der Lebensstil, den ich für den Augenblick einmal personifiziert sehen will, und ruft zurück: „Du bildest dir vielleicht ein, du hast Fortschritte gemacht und kommst gut zurecht – nun schau mal, wie es wirklich ist! Höre dir an, schau dir an, was die andern in Wirklichkeit über dich denken!" In der therapeutischen Bearbeitung war dieser Arzt zunächst einmal betroffen über die Aussage des Traumes. Ich konnte ihm aber vermitteln, dass dahinter ja eine andere und wichtigere Aussage steckt: Seine enormen Fortschritte, die ja unbezweifelbar sind – und die nun im Gegensatz zu dem Bild stehen und zu den Vorstellungen, die er sich als Kind gemacht hat. Eine solche Differenzierung fordert freilich, wie bemerkt, einiges an Kenntnis und Erfahrung; und ebenso der sinnvolle therapeutische Umgang mit einem solchen Traum.

Traumdeutung und Träume im therapeutischen Prozess

Wer sagt uns, dass unsere Traumdeutung jeweils richtig ist? Wir können feststellen, dass die Traumdeutung manchmal mehr über den Therapeuten und über seine Schule sagt als über den Patienten. Es gibt schultypische Träume – brave Patienten bringen ihrem Therapeuten die Träume mit, mit denen diese am meisten anfangen können. Freies Assoziieren – das klingt bestechend, kann aber auch als belastende Aufgabe erlebt werden. Es ist manchmal gar nicht so frei, das wissen die Tiefenpsychologen längst. Traumdeutung nach S. Freud? Oder schließen wir uns C.G. Jung an? Dieser hat sehr viel über Träume und Traumdeutung gearbeitet. Erwähnt und hervorgehoben sei seine Methode der Amplifikation – d.h. der Erweiterung. Dazu gehört die Verbindung mit Mythen und Sagen quer durch die Völker und Zeiten. Ein weiterer wichtiger Begriff bei C.G. Jung ist die Individuation – das Verständnis eines Traumes als Weg zur Entfaltung und Entwicklung der individuellen Persönlichkeit. Ich darf es ruhig einmal sagen: Der mühsam erhaschte flüchtige Traum ist nicht identisch mit dem, was mir der Patient in der Therapiestunde berichtet. Er ist auch nicht identisch mit dem, was der berühmte Autor sich abends nach Abschluss der Therapiestunde als besonders bemerkenswert und veröffentlichungswürdig notiert. Was bleibt bei diesen Einschränkungen?

Die Traumdeutung
als faszinierende therapeutische Möglichkeit

Manche Menschen behalten sehr wenig Träume – oder gar keine – andere mehr. Das hängt nach meiner Erfahrung auch von der Tagesbelastung ab. Im Urlaub fällt es leichter, Träume zu merken und zu behalten, als bei sehr starker Belastung. Schon im Erzählen eines Traumes kann ein Mensch Entlastung finden. In dieser akzeptierenden Situation findet man ja schon selbst ein Stück Verständnis für den Traum – und für sich selbst. Ein einfühlendes Begleiten führt weiter. Freundliche Hinweise auf diesen oder jenen Zusammenhang lassen oft den Träumer zu einem Verständnis kommen, das ihm dann so naheliegend erscheint – er wundert sich, dass er nicht selbst darauf gekommen ist. Je näher die Deutung am Erleben und am Verständnis unseres Patienten oder Klienten ist, desto hilfreicher ist sie. Ich zitiere sinngemäß Max Frisch: „Wir sollten dem anderen die Wahrheit nicht um die Ohren klatschen, sondern sie ihm hinhalten, dass er hinein schlüpfen kann." Dann werden ihm auch Bereiche zugänglich, die ihm sonst versperrt bleiben oder die er sich selbst versperrt. So wird ihm der eigene Traum zum Königsweg zum Unbewussten.

Literatur beim Verfasser.

14

Die Kindheitserinnerungen[23] als Zugangstor zum Lebensstil

Theo Schoenaker

Die von Alfred Adler begründete Individualpsychologie ist zwar theoretisch leichter zu verstehen als praktisch anzuwenden, aber sie bietet dem Therapeuten, der sich mit ihr auseinandersetzen will, eine gute Hilfe bei der Behandlung von psychogenen Sprach- und Stimmstörungen.

Einführung

Der Mensch verhält sich in Übereinstimmung mit den tiefsten inneren Überzeugungen, welche er von sich, den Mitmenschen, der Umwelt und dem Leben hat. Diese Überzeugungen bedingen seine Einstellungen, Gefühle und Verhaltensweisen.

Er bildet seinen Lebensstil in den ersten Jahren seines Lebens. Die Ideen über sich, die Gesellschaft und über seinen Platz in der Gesellschaft leitet er ab von der kleinen Gesellschaft, in der er aufwächst – der Familie – und von den Reaktionen jener kleinen Gesellschaft auf sein Verhalten. Die Bildung des Lebensstils ist ein individueller, kreativer Prozess. Sie wird durch konstitutionelle, familiäre und kulturelle Faktoren beeinflusst, jedoch nicht durch sie bestimmt. Das Verständnis für den eigenen Lebensstil ist für den Patienten in der Therapie eine Notwendigkeit. Er wird sonst die wesentlichsten Fragen in Bezug auf sein Problem nicht beantworten und die Richtung für seine Entwicklung nicht bestimmen können.

„Das Material"

Die frühen Kindheitserinnerungen bilden einen der Zugangswege zum Lebensstil. Andere Zugangswege sind seine Familienkonstellation und seine Träume. Ich bitte unsere Patienten Kindheitserinnerungen aus der

150

Zeit vor dem achten Lebensjahr zu erzählen. Ich schreibe sie wortwörtlich auf, da sie später auch als Messinstrument für die Veränderung der Einstellung verwendet werden. Es müssen keine „wichtigen" Ereignisse sein, und es muss sich dabei auch nicht unbedingt um Erlebnisse handeln, in denen das Symptom Stottern vorkommt. Jeder Mensch kann sich an einige (drei bis sieben) frühe Ereignisse erinnern. In Ausnahmefällen findet jemand viele (bis zwanzig) Früherinnerungen, aber für das Verständnis des Lebensstils genügen meist fünf. In der Zeit zwischen Geburt und obengenannter Altersgrenze kommen Millionen Ereignisse vor, und trotzdem behalten wir so sehr wenige davon. Das menschliche Gedächtnis kann als ein Sieb betrachtet werden, das durchlässt, was es unwichtig findet, und festhält, was Wert hat. So gesehen gibt es also keine unwichtigen Kindheitserinnerungen.

Einige Patienten antworten, dass sie sich an keine Ereignisse erinnern. Ich bitte diese, sich zu konzentrieren und sich in die Kindheit zurückzuversetzen. Nach einigen Versuchen steigen dann meistens einige Kindheitserinnerungen auf. Man kann als Hilfe auch selbst einige Beispiele erzählen. In einem Gruppenprozess kann es auch vorkommen, dass die Anzahl der Kindheitserinnerungen bei einigen Teilnehmern zunimmt, je mehr sie solche von anderen hören. Das Zögern beim Erzählen von Erlebnissen kann als Zeichen aufgefasst werden, dass jemand nicht gerne weit in seine Kindheit zurückschaut, und die Schlussfolgerung liegt nahe, dass seine Kindheit nicht angenehm gewesen ist.

Einige äußern sich ungern, weil sie meinen, sonst ihre Angehörigen zu belasten. Man kann diese Patienten auch Kindheitserinnerungen phantasieren lassen (s. S. 183 ff). Auch phantasierte Kindheitserinnerungen lassen Rückschlüsse auf den Lebensstil zu, weil man ja aus dem Lebensstil heraus phantasiert.

Einige Personen behaupten, dass sie bis zum ersten Lebensjahr zurückdenken können. Das ist wohl kaum möglich, und die Wahrheit ist wohl, dass es sich hierbei um phantasierte Erinnerungen handelt und nicht um echte. Dies macht aber nichts aus. Andere sagen, dass sie nicht sicher sind, ob sie sich an etwas erinnern oder ob es die Eltern erzählt haben. Auch das ist nicht wirklich wichtig, denn wenn sie es von den Eltern gehört haben, haben sie es in ihrem Gedächtnis festgehalten, und deswegen können wir daraus schließen, wo ihr Interesse, ihre Erwartungen und Schwerpunkte liegen.

Die Wahrheit?

Für den, der eine Kindheitserinnerung erzählt, stellt sie die – manchmal stark emotional belastete – absolute Wahrheit dar. Trotzdem ist es gut zu wissen, dass es sich bei Kindheitserinnerungen nicht um objektive und wirklichkeitsechte Situationen handelt. Wir verstehen den Patienten besser, wenn wir die Kindheitserinnerungen als Spiegel betrachten, worin sich in mehr oder weniger symbolhafter Weise sein Leben von heute widerspiegelt. Kindheitserinnerungen sind durch den Lebensstil gefärbte Bilder und Erzählungen, deren geschichtliche Wahrheit man mit Recht anzweifeln kann. Anhand von eigenen frühen Kindheitserinnerungen macht Adler diese Behauptung klar: „Kurz nachher kam ich in die Volksschule. Meine Erinnerung sagt mir, dass ich auf dem Weg in die Volksschule über einen Friedhof gehen musste. Da hatte ich nun jedes Mal Furcht und sah es mit großem Missbehagen, wie die anderen Kinder harmlos den Friedhofsweg gingen, während ich ängstlich und mit Grauen, Schritt vor Schritt setzte. Abgesehen von der Unerträglichkeit der Angst quälte mich der Gedanke, an Mut den anderen nachzustehen. Eines Tages fasste ich den Entschluss, dieser Todesangst ein Ende zu machen. Als Mittel wählte ich wieder die Abhärtung. .... Ich blieb eine Strecke hinter den anderen Kindern zurück, legte meine Schultasche an der Friedhofsmauer auf die Erde und lief wohl ein Dutzend Mal über den Friedhof hin und zurück, bis ich dachte, der Furcht Herr geworden zu sein. Später glaubte ich den Weg ohne Angst gegangen zu sein" (Adler 1920/1974). Als Adler die Wohngegend dieser Kindheitserinnerung später überprüfte, stellte er fest, dass es auf dem Weg zur Schule keinen Friedhof gegeben hat.

Auch die Erfahrungstatsache, dass Kindheitserinnerungen sich durch eine gelungene Therapie verändern, zeigt dass sie mehr mit der Sichtweise der Person als mit der geschichtlichen Wahrheit zu tun haben.

Berichte

Dr. Dreikurs lehrte uns zu unterscheiden zwischen Kindheitserinnerungen und -berichten. Kindheitserinnerungen sind zurückzuführen auf: „Es war einmal ..." oder „Einmal an einem Tag ...". Berichte sind Mitteilungen über Situationen, die öfters vorkamen und einander ähneln, wie: „Früher, als ich klein war, ging ich sonntags immer mit meinem Vater spazieren." Aus einem solchen Bericht kann eine Kindheitserinnerung werden, wenn es zum Beispiel weitergeht mit:

„Einmal an einem Sonntag, als wir wieder spazieren gingen, geschah es, dass ..." usw. Obwohl wir Berichte nicht als Kindheitserinnerungen betrachten, sagen auch Berichte etwas über die Interessensrichtung des Betreffenden aus.

Alte und neue Erinnerungen

„Wir sollten keine zu scharfe Trennung zwischen alten und neuen Erinnerungen vornehmen, denn auch in neuen Erinnerungen ist die Handlungslinie enthalten. Allerdings ist es leichter und aufhellender, die Handlungslinie am Anfang zu finden, denn dann entdecken wir das Thema und können verstehen, warum der Lebensstil eines Menschen sich nicht wirklich ändert. Im Lebensstil, der im Alter von vier oder fünf Jahren ausgebildet wird, finden wir die Verknüpfung von Erinnerungen der Vergangenheit mit Handlungen der Gegenwart" (Adler 1972). Wenn wir eine Grenze ziehen zwischen frühen und späteren Kindheitserinnerungen, dann liegt sie bei acht Jahren (Mosak 1972). So wird es verständlich, dass einige Individualpsychologen von Früherinnerungen (siehe Schottky 1997 und hier S. 159 ff) und andere von Kindheitserinnerungen sprechen. Ich erlebe oft, dass Erwachsene sich nicht an ihre Kindheit erinnern können, und arbeite dann mit Kindheitserinnerungen bis zum zwölften/dreizehnten Lebensjahr, obwohl man mit Früherinnerungen sicherer geht, da sie nicht den wechselnden Einflüssen der Tagesstimmung unterliegen.

Die Geschichte des Lebens

„Die Erinnerungen sind für den Menschen die 'Mahner', die er mit sich herumträgt. Sie zeigen ihm seine eigenen Grenzen auf und erklären ihm die Bedeutung der Umstände. Es gibt keine 'zufälligen' Erinnerungen. Aus einer nicht zu berechnenden Anzahl von Eindrücken, die auf den Menschen einwirken, wählt er für seine Erinnerung nur jene aus, von denen er, wenn auch dunkel, fühlt, dass sie eine Beziehung zu seiner Situation haben. So stellen seine Erinnerungen die Geschichte seines Lebens dar; eine Geschichte, die er sich selbst immer wiederholt, damit er gewarnt oder ihm gut zugeredet wird, immer aber damit er auf sein Ziel ausgerichtet bleibt. Er wird also mit Hilfe vergangener Erlebnisse so vorbereitet, dass er der Zukunft mit einem schon geprüften Handlungsstil gegenübertritt" (Adler 1972).

Kindheitserinnerungen und Stottern

Ein stotternder Erwachsener, das älteste von drei Kindern, erzählt: „Ich bin etwa sieben Jahre. Es ist in der Zeit vor Weihnachten. Ich habe Angst und stottere viel schlimmer als sonst. Meine Mutter merkt das auch und deswegen zeigt sie mir alle Geschenke. Sie sagt mir, dass ich keine Angst zu haben brauche, weil es ja einen echten Weihnachtsmann nicht gibt. Ich fühle mich zufrieden." Wir erkennen hier die Angst und Unruhe vor neuen, besonderen Situationen und die Interessensrichtung, die mehr auf Bekommen als auf Geben eingestellt ist. Die Erinnerung ist eine Leitlinie für das Verhalten in ähnlichen Situationen: „Stottern bringt mir Aufmerksamkeit, Zuwendung und die Befreiung von Angst und Unruhe; ich brauche nicht zu warten und habe dadurch einen besseren Platz als die anderen." Mit Hilfe des Therapeuten kann der Patient sich der Verbindung zwischen seinen Kindheitserinnerungen und seinem Problem oder störendem Verhalten bewusst werden, die gemeinsame Grundlage von verschiedenen Problemen erkennen und es lernen, sich für ein anderes Verhalten zu entscheiden. Seine Kindheitserinnerungen zeigen ihm einen bestimmten Lebensstilaspekt, der ihm sagt, was er unter bestimmten Bedingungen vorhat zu tun. Wir können zwar nichts dafür, dass wir geworden sind, so wie wir sind, aber wir können was dafür, was wir vorhaben zu tun. Menschliches Verhalten ist zielgerichtet. Ziele liegen vor uns. Wenn wir unsere Ziele erkennen, werden uns die stereotypen Gefühle deutlich, die unser störendes Verhalten hervorrufen. Wir können erkennen, dass uns zum Beispiel unsere Angst dazu dient, unser Ziel zu erreichen und uns unsere persönliche Lebenssicht zu bestätigen. Ändert sich unser Ziel, ist auch eine Verhaltensänderung möglich. Die Richtung der Zieländerung ist immer gerichtet auf mehr Sachlichkeit und Gemeinschaftsgefühl.

Obiger Patient wird seine zunehmende Angst in Situationen, in denen er warten muss, durch die Behandlung als zielgerichtet erkennen. Er braucht die Angst, um Stottern zu produzieren, damit er dadurch die in der Kindheitserinnerung sichtbaren Vorteile bekommt.

Bei der **Selbsttherapie** – welche ja der entscheidende Teil einer Behandlung ist – kommt es darauf an, dass der Patient die Verbindung sieht zwischen seinen störenden Neigungen, Gefühlen, Erwartungen und Verhaltensweisen einerseits und einem bestimmten Lebensstilaspekt andererseits. Die Einsicht ermöglicht bei Kindern oft eine direkte Lösung des Problems, d.h., sie können ihr Verhalten sofort ändern. In den meisten Fällen, insbesondere bei Erwachsenen, ist sie jedoch nur der

Anfang einer Entwicklung, bei der es darum geht, sich selbst immer wieder dabei zu ertappen, indem man sich deutlich macht, wie man mit seinen Verhaltensweisen aufgrund kindlicher Erwartungen und Überzeugungen seine Ziele verfolgt. Der Mensch, der sich regelmäßig, sachlich-objektiv, dabei ertappt, wie er mit seinen störenden Verhaltensweisen diese Ziele verfolgt, kann immer weniger überzeugt dieses Verhalten zeigen. Mit dem „sich ertappen" untergräbt er seine bis jetzt unbewussten Beweggründe für sein Handeln, und mit dem weiteren Verständnis vom individualpsychologischen Denkmodell und der Entwicklung des Gemeinschaftsgefühles entwickelt er immer mehr soziale positive Motivationen. Die Änderung der Motivation bewirkt eine effektive und beständige Änderung des Verhaltens.

Eine Untersuchung (Schoenaker, Carow 1976) unter 200 erwachsenen stotternden Patienten zeigt, dass die Chancen, das Stotterproblem zu überwinden, in gleicher Weise zunehmen, wie das Gemeinschaftsgefühl wächst. In vielen Kindheitserinnerungen finden wir ein mangelndes Gemeinschaftsgefühl, ausgedrückt in Angst- und Geltungsstreben, in zu erwartenden Gefahren, in dem Erlebnis ungerecht behandelt worden zu sein mit anschließendem Rückzug von den Mitmenschen, in gelungenem Einsatz von Schwächen (Krankheit, Weinen, Stottern, Zögern, Schweigen, Fehlermachen) usw. In nur wenigen Fällen finden wir Kindheitserlebnisse, in denen das Stottern eine Rolle spielt. Wir sollten deswegen vor allem darauf achten, wie der Patient in den Kindheitserlebnissen sich selbst, das Leben und die Mitmenschen sieht. Diese Bilder, Überzeugungen und Erwartungen zeigen uns wie in einem Spiegel manchmal klar und deutlich, manchmal erst nach langem Hinschauen erkennbar, die Leitlinie des heutigen Verhaltens des Patienten. Mit zunehmender Erfahrung des Therapeuten wird das Arbeiten mit Kindheitserlebnissen interessanter und ergiebiger.

Kindheitserinnerungen als Messinstrument für Fortschritt

Die Kindheitserinnerungen geben ein zuverlässiges Bild von der Einstellung des Menschen zu seiner Umwelt und zu sich selbst und von den Zielen, die er verfolgt. Dieses Bild ist derart zuverlässig, dass Vergleiche von Kindheitserinnerungen aus verschiedenen therapeutischen Perioden Aufschluss geben über den Effekt der Therapie.

Unter dem Einfluss der Therapie:

a) erzählt der Patient neue Kindheitserinnerungen;
b) „vergisst" er einige der alten Erinnerungen, d.h. sie werden entweder nicht mehr spontan geäußert oder der Patient erinnert sich nicht mehr daran;
c) bringt er dieselben Erinnerungen, aber verblasst, d.h. sie haben nicht mehr die ursprüngliche emotionale Tonfärbung;
d) erzählt er die ursprüngliche Kindheitserinnerung mit Ergänzungen oder Weglassungen, wodurch zwar die Kindheitserinnerung dieselbe bleibt, der Patient damit aber etwas ganz anderes aussagt (Mosak 1972).

Patient G, 52 Jahre alt, hat in seinem Sprechen Fortschritte gemacht. Er hat in eineinhalb Jahren Therapie an einer Basistherapie und an einer Aufbautherapie, das sind insgesamt sieben Therapieperioden zu je fünf Tagen, teilgenommen. Seine äußerlich wahrnehmbaren Symptome, geben ein Bild des Fortschrittes. Er sagt, dass er mit sich und den Menschen in seiner Umgebung besser auskommt. Eine Kindheitserinnerung lautet:
„Ich war etwa fünf Jahre alt, gehe über den Zebrastreifen, werde von einem verrückt fahrenden Autofahrer, der nicht richtig aufpasst, auf dem Zebrastreifen angefahren. Ich falle mit dem Gesicht auf den Asphalt und werde weggetragen." Nach eineinhalb Jahren, erzählt er die Geschichte folgendermaßen: „Ich bin etwa fünf Jahre alt und gehe auf dem Trottoir. Ich sehe auf der Überseite der Straße meinen Freund, will auf ihn zu und renne ohne aufzupassen wie verrückt über den Zebrastreifen. Der Autofahrer, der auf mich zu kam, konnte gar nicht mehr so schnell bremsen und fuhr mich an. Ich fiel mit dem Gesicht auf den Asphalt und wurde weggetragen."
Wir erkennen die stärkere, soziale Komponente (er sieht seinen Freund und will auf ihn zugehen) und das zugenommene Bewusstsein für den eigenen Anteil seiner Schwierigkeiten. Die Beschuldigung der ungerechten anderen ist verschwunden. Kein Wunder, dass er besser mit seinen Mitmenschen auskommt.

Wir können selbstverständlich die therapeutischen Entwicklungen an klinischen Verbesserungen ablesen, d.h. wenn die Beschwerden aufhören und der Patient sich gut fühlt, können wir annehmen, dass er geheilt ist. Die Kindheitserinnerungen, die eine bildhafte Darstellung seines Lebensstils, seiner Haltung zum Leben sind, geben uns jedoch Informationen über seine fundamentalen Vorstellungen, welche der Nährboden für Gesundheit und Krankheit sind. Wenn diese sich nicht ändern, sind Symptomverschiebungen oder Rezidive zu erwarten.

Die Beziehung zum Therapeuten

Der Mensch lebt ja seinen Lebensstil auch in der Therapie. Kindheitserinnerungen machen Verhaltensmuster oder Grundeinstellungen klar, die man auch in der Therapie vom Patienten erwarten kann. Alfred Adler (in Ansbacher 1972): „Ich erwarte von dem Patienten die gleiche Haltung – und immer wieder die gleiche Haltung, die er, seinem Lebensplan gemäß, zu den Personen seiner früheren Umgebung, noch früher seiner Familie gegenüber, eingenommen hat. Im Augenblick der Vorstellung beim Arzt, oft noch früher, besteht beim Patienten die gleiche Gefühlskonstellation wie sonst belangreichen Personen gegenüber." Wenn Sie in Kindheitserinnerungen also Themen wie Weglaufen, Sichdummstellen, Weinen oder Kämpfen, wenn Schwierigkeiten auftreten finden, dann sollten Sie in der Entwicklung der therapeutischen Beziehung diese Aspekte im Auge behalten. Auch moralische Überlegenheit und sich ungerecht behandelt fühlen, können den Therapieprozess erheblich stören. Wenn Sie durch Kenntnis der Kindheitserinnerungen wissen, was Sie zu erwarten haben, können Sie leichter damit umgehen.

15

Stottern und frühkindliche Erinnerungen
– was hat das miteinander zu tun?

Albrecht Schottky[24]

Einführung

Die Arbeit mit frühkindlichen Erinnerungen kann in der Therapie des
Stotterns sehr hilfreich sein. Dabei geht es freilich nicht um das isolierte
Symptom, sondern um den Menschen, der sich als Stotterer präsentiert,
dieses Symptom „einsetzt". Es geht um seine Persönlichkeit, seinen
Lebensstil und die Bewältigung der Anforderungen des Lebens. Dieser
Lebensstil ist in einer besonders persönlichkeitsnahen, bildhaften Weise
zugänglich durch die frühkindlichen Erinnerungen. Hier soll der Zu-
sammenhang der frühkindlichen Erinnerungen (FE) mit Struktur und
Lebensstil (LSt) behandelt werden.

Die Bedeutung frühkindlicher Erinnerungen und Erfahrungen wurde
in der Tiefenpsychologie schon früh erkannt (S. Freud, A. Adler, C. G.
Jung). Dabei zeichneten sich, vereinfacht gesagt, zwei Schwerpunkte ab:
1. die traumatische Erfahrung/Erinnerung als verdrängtes Agens der
   Neurose;
2. der Zusammenhang mit dem Kern der Persönlichkeit (Struktur, Lebensstil).
Hier soll der Zusammenhang der frühkindlichen Erinnerungen (FE) mit
Struktur und Lebensstil (LSt) behandelt werden.

Struktur, Lebensstil, life Script (Transaktionsanalyse) – das sind unterschiedliche Ansätze, die Persönlichkeit zu erfassen. Die Bejahung früher
Aktivität, früher Interaktionen und Kreativität entspricht einerseits neueren Forschungsergebnissen („baby watching"). „Die neuere Kleinkind-
forschung – bestätigt in eindrucksvoller Weise Adlers entwicklungspsy-
chologische Weitsicht: Säuglinge können, ausgestattet mit weitgehend
funktionstüchtigen Sinnen, in einen komplexen und differenzierten
Handlungsdialog mit ihrer Welt treten. Sie können bereits unmittelbar

nach der Geburt aus sich heraus eine hochdifferenzierte präverbale Kommunikation führen. Die frühen Stadien der Selbstwahrnehmung, der Differenzierung zwischen sich und der Welt, der originären Mitwirkung am Handlungsdialog, die offensichtliche Intentionalität seines Tuns – sie problematisieren die Annahme einer Stufenfolge von Autismus, Symbiose und Individuation, und machen deutlich, dass der Wachstums- und Entfaltungs- und Integrationsprozess, den Jung mit dem Begriff der Individuation kennzeichnet – dass dieser Prozess der Selbst- und Wir-Findung spätestens mit der Geburt beginnt." (Heisterkamp 1995). (Vgl. auch Lehmkuhl und Lehmkuhl 1990 und H.J.Lang 1994). Zum anderen ist der Ansatz der frühen Kreativität therapeutisch günstig für die Förderung der aktuellen Kreativität, die für den Erfolg einer Psychotherapie eine bedeutsame Rolle spielt.

Früheste Erinnerungen können etwa ab dem Alter von zweieinhalb bis drei Jahren verfügbar sein – frühestens; in Einzelfällen deutlich später. Die FE werden als eine frühe „präverbale Formulierung" der Struktur oder des Lebensstils aufgefasst. G. Rudolf (1993) spricht von „einer Art von Episodengedächtnis". „Es enthält in der bewussten Vorstellung die zu „Deckerinnerungen" verdichteten Erfahrungen aus verschiedenen Zeiten, vielleicht sogar mit verschiedenen Personen." Das ist zutreffend, bedarf jedoch der Ergänzung und Erweiterung.

Zur Diskussion Früherinnerungen/Deckerinnerungen siehe unten. A. Adler schreibt 1931: „Von allen psychischen Ausdrucksformen gehören die Erinnerungen eines Menschen zu den erhellendsten. In ihnen trägt er Ermahnungen an seine schwachen Seiten und Hinweise auf die Bedeutung gewisser Erlebnisse mit sich herum. Es gibt keine „zufälligen Erinnerungen"; aus der unberechenbar großen Anzahl von Eindrücken, die den Menschen treffen, wählt er nur jene als Erinnerungen aus, von denen er – wenn auch nur dunkel – spürt, dass sie für seine Entwicklung wichtig waren. So stellen seine Erinnerungen seine „Lebensgeschichte" dar, eine Geschichte, die er sich selbst erzählt, um sich zu warnen oder zu trösten, sich die Ausrichtung auf sein Ziel zu erhalten und sich darauf vorzubereiten, mit Hilfe verflossener Erfahrungen der Zukunft mit einem bereits erprobten Handlungsstil zu begegnen."

Das Konzept der FE steht im engen Zusammenhang mit dem des Lebensstils.

Lebensstil ist Struktur – jedoch dynamisch, zielgerichtet und individuell – verstanden als frühe kreative Leistung mit dem Ergebnis einer kindlichen Lebensphilosophie.

Nicht zufällig tauchen FE in einer bestimmten Phase der Entwicklung auf – in einer Schwellensituation. Es ist eine besondere Phase der Individuation – eines Bewusstwerdens, eines kindlichen philosophischen Fragens und Antwortens: Wer bin ich? Wie ist die Welt, das Leben? Was soll ich, was will ich, was muss ich?

Diese Fragen stellen wir umgekehrt an die erhobenen FE, um ihre Aussage zu erfassen. Struktur und LSt als subjektiv optimale Leistung des Kindes zur Erklärung und Bewältigung seiner Lebenssituation. Die FE bieten die präverbale Formulierung – bildhaft, auditiv, kinästhetisch. Sie geben Struktur und LSt nicht vollständig wieder, erlauben aber einen wichtigen und sonst nicht erreichbaren Einblick. Zu der kreativen Leistung gehört einmal die von A. Adler beschriebene Auswahl der FE aus der unendlichen Fülle der Möglichkeiten. Weiter gehört dazu eine Bearbeitung, die sich am besten mit der Arbeit eines Filmregisseurs beschreiben lässt: Die Wahl des Ausschnitts; Darstellungsstil und Tempo – zum Beispiel: dramatisch-knapp oder erzählend-ausführlich; die Einstellung – Was kommt auf den Film? Was wird weggelassen? Und schließlich die affektive Tönung, der im Film am ehesten die der musikalischen Untermalung entspricht, der Soundtrack.

Struktur und LSt werden hier aufgefasst als „Leistung" im Sinne einer positiv und ressourcenorientierten Therapie – im Gegensatz zu einer pathomorphen Auffassung, die Struktur als pathologisch auffasst, LSt als „Summe der grundlegenden Irrtümer", der „Basic Errors". Zum LSt siehe auch die Darstellung von Heinz L. Ansbacher 1995; R.F.Antoch 1981; M.Titze 1979.

Beispiele

Ich werde später auf das methodische Vorgehen zurückkommen und bringe hier zunächst zwei FE unterschiedlicher Klienten. Beide haben das Thema „aus dem Elternhaus in die Welt hinaus."

1. Früherinnerung: „Der Hahn"

Ich erinnere mich – ich lief aus dem Haus auf den sonnigen Hof. Ein großer bunter Hahn flatterte auf mich zu, krallte sich in meinen Haaren fest, wollte mich hacken. Schreiend vor Angst rannte ich zum Haus zurück.

Auf Fragen:

Ich mag damals ein Junge von drei oder vier Jahren gewesen sein. Der lebhafteste, deutlichste Augenblick: Wie der Hahn mir auf den Kopf flattert, und hackt. Die Angst, das Weglaufen – das ist eigentlich alles eins.

Mein Gefühl dabei: Schrecklich, Angst.

2. Früherinnerung: „Der Traktor"

Ich war auf dem Hof und sah an der Straße den Traktor stehen. Ein sehr großer, prächtiger Traktor – bunt, blitzend im Sonnenschein. Der Opa war auf dem Traktor, machte da etwas. Reparierte er, wollte er losfahren? – Das weiß ich nicht mehr. Ich glaube, ich war damals vier Jahre alt.

Der lebhafteste Augenblick? Ihr Gefühl? – Ich sehe eben diesen Traktor, wunderschön, er blitzt in der Sonne.

Wir versuchen jetzt zu erfassen: Welche Lebensphilosophie hat jeder dieser beiden Männer in seiner FE festgehalten? Wenn wir das genau wissen und sagen wollen, müssen wir natürlich noch sehr viel mehr wissen. Gut wäre es, von jedem der Beiden mehrere FE zu kennen, um das Gemeinsame herauszuarbeiten. Gut wäre es, wenn wir den Erzähler kennen und erleben könnten. Die Sicherheit unserer Deutung wäre größer, wenn er uns zuvor seinen Lebensweg erzählt hätte, von seiner Familie berichtet hätte. Wir möchten wissen, was ihm zu der Situation, zu den einzelnen Elementen einfällt: Zum Beispiel, was er zu „Traktor" assoziiert – oder wie seine Beziehung zu dem Opa war. Vielleicht fallen ihm dann noch viele wichtige Dinge ein – durch die wir ihn besser verstehen und er sich selbst besser versteht. Dann könnten wir schließlich sorgsam formulieren, was die erste und was die zweite Kindheitserinnerung bedeutet.

All das können wir hier nicht erfragen und erkunden. Das ist schade, aber es hat auch einen großen Vorteil: Der Glanz und die Frische dieser Kindheitserinnerung bleibt erhalten. Wir machen es anders: Wir denken uns in jede dieser Erinnerungen hinein. Wir nehmen teil, wir stellen uns selbst auf den Hof und suchen zu erspüren: Wie ist das, wie geht es einem dabei, wie fühlt man sich? Wir lassen uns beeindrucken, wir lassen unserem Einfühlungsvermögen und unserer Vorstellungskraft, unserer Phantasie freien Lauf.

Der Hahn:

Der Junge verlässt das dämmrige, schützende Haus. Er wagt sich hinaus, von der schützenden Nähe der Mutter weg. Der Hof im Sonnenlicht, der bunte Hahn – ihn lockt die Welt draußen. Da erhebt sich das stattliche bunte Tier, phantastisch und gefährlich wie ein Drache im Märchen, stürzt sich auf ihn. Da gibt es nur eins: Angst, Flucht – sich retten in das schützende Haus, zurück zur Mutter. Das Kind hat diese Erinnerung ausgewählt, hat sie sich eingeprägt und lebendig erhalten – aus tausend anderen Erlebnissen, die zur Auswahl standen. Welche Philosophie hat es damit festgeschrieben? Wenn wir jetzt versuchen würden, das möglichst sorgsam und abstrakt zu formulieren – ich würde mir das wohl zutrauen! –, dann bestünde eine Gefahr: Dass wir den Glanz und den Schmelz verderben, ja das Leben und die Kraft dieser Erinnerung zerstören. So kann es mit einem wundervollen lyrischen Gedicht gehen, das ein ungeschickter Deutschlehrer bis zum Überdruss erklärt, zergliedert – und den Schülern für immer verleidet. Trotzdem möchte ich die Erinnerung nicht einfach so stehen lassen, sondern schon etwas erklären. Ich versuche es, dabei möglichst wenig zu verderben.

Es ist der Gang in die Welt hinaus, der am Beginn so vieler Märchen steht. Wie ist diese Welt? Was erwartet einen? Wohin bewege ich mich, **was muss ich tun?** Die Welt draußen lockt und leuchtet – aber da lauert ein Ungeheuer, es stürzt sich auf mich. Da bleibt nur eins: Flüchten, zurück in den geschützten und vertrauten Bereich. Für diesen Menschen wird es wohl klar sein: Besser bleibt man in der Sicherheit des Vertrauten. Das Neue, die Welt draußen – das ist in erster Linie gefährlich und bedrohlich.

Der Traktor:

Auch dieser Junge hat sich aus dem schützenden Haus auf den Hof gewagt. Er schaut noch weiter – vom Hof auf die Straße. Da leuchtet und lockt der mächtige Traktor, bunt und blitzend im Sonnenschein. Der Opa ist auf dem Traktor, werkelt daran herum. Die Vorstellung liegt nahe: Das möchte ich auch wohl tun! Hier lockt die Welt, und zwar schon recht konkret: Die prächtige große Maschine, die man beherrschen kann. Man kann von ihr herunterschauen, man kann an ihr und mit ihr arbeiten. Der Opa vermittelt dies gewissermaßen.

In Gedanken stelle ich mir hier einige Fragen:

Strahlender Mittelpunkt dieser FE ist diese Maschine. Die Mehrzahl der FE hat mit anderen Menschen zu tun – wieso hier nicht? Wieso wendet sich dieses Kind so früh der Technik zu? Und wenn die Beziehung zum Opa in der FE wichtig ist: Warum der Opa – und nicht die Eltern?

Die FE geben uns einen ganz wichtigen Entwurf zum Verständnis. Dieser Entwurf ist aber offen – offen für viele Überlegungen und Fragen. Wir können diese Fragen manchmal laut stellen. In der Psychotherapie werden wir sie viel häufiger im Gedächtnis behalten und sehen, ob wir auf dem Weg zur Antwort weiterkommen.

Zum methodischen Vorgehen

Einleitend fragen wir etwa: Können Sie sich noch an ein Erlebnis aus ihren ersten Kinderjahren erinnern?

Erwünscht ist dabei eine FE aus dem Alter bis zu sechs Jahren; das ist aber keine feste Grenze. Erwünscht ist weiter, dass das entsprechende Erlebnis aus eigener Erinnerung bekannt ist – nicht aus der Erzählung von Angehörigen. Erwünscht ist weiter, dass die FE besonders herausgehoben ist, gewissermaßen einmalig. Diesen strengen Kriterien entspricht es nicht, wenn jemand zum Beispiel anfängt: „Ich kam auf dem Weg zum Kindergarten immer an einem Zaun vorbei, dahinter war ein Hund." Ich empfehle jedoch ausdrücklich, in der therapeutischen Situation auf diese Einschränkungen zu verzichten. Durch jede Einschränkung beeinträchtigt man sonst die besondere Atmosphäre, in der alles erzählt werden kann; die Atmosphäre des unbedingten Akzeptierens, des umfassend interessierten Zuhörens, in der auch sonst unzugängliches Material zur Oberfläche der Erinnerung und des Erzählens aufsteigen kann. Günstig ist es, wenn gleich mehrere FE erzählt werden können. Man kann dann auf den gemeinsamen Zug, den roten Faden horchen und achten, und verirrt sich nicht so leicht in der Deutung. Hinzu kommt, wie Elsa Andriessens und Hans-Josef Tymister schreiben (1995): „In einer Serie von fünf bis sieben frühen Kindheitserinnerungen können sich mehrere Tendenzen einer Person widerspiegeln und sowohl ihre Interpretationsweise als auch ihre lebensstiltypischen Handlungsmuster, die sie bis heute beibehalten hat, anzeigen. Denn die so herangezogenen Kindheitserinnerungen sind wiederbelebte Anmutungen aus früher Kindheit analog dem Gesamtbefinden des Patienten unter seiner derzeitigen Lebensbelastung. In der Verarbeitung auch möglicher Kontraste in den Erinnerungen zum mehr oder weniger breiten, aber immer einheitlichen Lebensstil besteht dann ein wesentlicher Beitrag zur Diagnose."

Übrigens liefern auch „Erinnerungen" aus der Erzähltradition in der Familie wichtiges Material, ebenso der Bericht über wiederholte Vorgänge.

Um eine FE richtig erfassen und verstehen zu können, sind zwei Zusatzfragen erforderlich:

Einmal die nach dem **lebhaftesten Augenblick**, zum anderen die nach dem damit verbundenen **Gefühl** oder **Affekt**. Man kann etwa fragen: Gibt es da etwas, was Ihnen besonders deutlich ist, was sich besonders heraushebt? Bei der Frage nach dem damit verbundenen Gefühl tun sich manche Menschen schwer; dann kann man die Frage vereinfachen: War es angenehm oder unangenehm? Positiv oder negativ?

Weiter wird man fragen: Wie alt könnten Sie damals gewesen sein?

Was tut man, wenn keine FE präsentiert werden bzw. verfügbar sind? Natürlich sind wir nicht unbedingt angewiesen auf diese Art des Materials. Wir können uns aber die kindliche Welt beschreiben lassen – das Haus und seine Umgebung, die Wohnung – nicht selten bewegt sich unser Klient dann innerlich in diesem Bereich, und plötzlich ist die Erinnerung da. Eine andere Möglichkeit: Wenn der Klient vergeblich gesucht hat und wir zwanglos dazu übergehen, nach Mutter oder Vater zu fragen – dann fällt ihm nicht selten eine FE ein, die mit den Eltern zu tun hat. Schließlich kann, wer keine FE verfügbar hat, auch eine erfinden. Auch in einer erfundenen FE drückt sich der gegenwärtige LSt aus, der ja auf den kindlichen LSt zurückgeht.

Figur und Grund

Ich beginne mit einer FE:

Bei uns in der Nähe wohnte eine arme Frau. Zu dieser Nachbarin, die wenig angesehen war, ging ich manchmal hin. Ich glaube, sie war Näherin. Einmal – das weiß ich noch ganz deutlich, strich sie mir übers Haar. Und der wichtigste Augenblick? Das ist ganz deutlich: Wie sie mir so freundlich, zärtlich übers Haar streicht. Das war schön.

Zur Ergänzung und zum Verständnis möchte ich hinzufügen, dass dieser Erzähler eine Reihe von FE bringen konnte – aber keine einzige, in der seine Mutter vorkam.

An diesem Beispiel möchte ich erklären, wie wir FE nach der Sichtweise „Figur und Grund" betrachten können. Warum wird etwas verkündet – etwas nachdrückliches, bedeutungsschweres? Weil es nötig oder wichtig scheint, dies gegen andere Möglichkeiten abzusetzen und herauszustellen. Warum wurde in alten Zeiten an die Soldaten appelliert, tapfer und mutig zu sein, vorwärts zu stürmen? Weil die meisten Menschen die natürliche Regung verspüren, sich schleunigst in den Hintergrund zu verziehen, wenn vorne geschossen wird.

Ich nehme ein anderes, ein monumentales Beispiel: Die zehn Gebote. Ich führe sie hier nicht einzeln auf – jeder kennt sie oder kann sie nachlesen. Bei jedem einzelnen Gebot kann man feststellen: Das ist die Neigung des Menschen, sich gerade anders zu verhalten – nur diese Neigung macht das Gebot nötig. Sich auf Kosten seiner Mitmenschen bereichern: Das passiert laufend und es passierte noch viel öfter, wenn nicht

164

aufgepasst würde. Kein falsches Zeugnis reden: Wenn man überhaupt einmal darauf achtet, wie oft und eifrig gelogen wird, auf allen Etagen! Ich will aber hier nicht moralisieren, sondern eben nur auf den einen Punkt hinweisen: Jedes der zehn Gebote kann in zwei Richtungen gelesen werden. Auf der einen Seite ist es ein Gebot; auf der anderen Seite wurde es erlassen auf dem Hintergrund, dass es offenbar nötig war, dies Gebot zu erlassen; auf dem Hintergrund, dass Neigungen und tatsächliches Verhalten eben sehr oft ganz anders sind. Es gibt beispielsweise kein Gebot: Du sollst jeden Tag essen. Das Essen ist zwar wichtig – aber es ist so selbstverständlich, dass es keine Aussage braucht, kein Gebot braucht. Etwas Vergleichbares gibt es übrigens auch bei den FE: Was als völlig selbstverständlich gilt, wird in keiner FE festgehalten. Manchmal sind das sehr wichtige Grundhaltungen, die eher atmosphärisch oder durch das Vorbild des Handelns und Seins vermittelt werden, aber sie werden eben niemals formuliert, auch nicht durch eine FE. Manchmal sind sie im Hintergrund einer FE fassbar, gewissermaßen beiläufig.

Der Begriff der Figur-Grund-Beziehung stammt aus der Gestaltpsychologie. Ich darf hier zitieren: „Eines der bedeutendsten Grundprinzipien ist das Gesetz der Figur-Grund-Beziehung, das von dem dänischen Psychologen Rubin ermittelt wurde. Er wies nach, dass sich die Wahrnehmung so organisiere, dass bestimmte Aspekte des Feldes sich als Figuren vor dem Hintergrund, den das übrige Feld bildet, abheben. Die Figur wird als geschlossenes, in den Vordergrund tretendes Ganzes wahrgenommen, vom Grund durch eine Kontur abgegrenzt. Der Grund erweckt dagegen den Anschein, als erstrecke er sich nach hinten. Dieser Unterschied zwischen Figur und Grund zeigt sich bei den sog. Kippfiguren, zum Beispiel bei dem bekannten Pokal-Profil-Muster."

Unter dem Aspekt von Figur und Grund möchte ich jetzt die FE betrachten: Es ist eine schöne, eine angenehme FE. Ihre Empfindung lässt sich sicherlich nur unzureichend wiedergeben – etwa mit den Begriffen Zärtlichkeit, Geborgenheit, freundliche Zuwendung, Ruhe. Bei der bescheidenen, etwas verachteten Nachbarin wurden keine Anforderungen an den kleinen Jungen gestellt. Die zärtliche Geste war ihm sehr wichtig – er spürt sie gewissermaßen heute noch. Aus der FE lässt sich somit ableiten: Was er damals erlebt hat, dürfte ihm noch heute wichtig sein – die Zärtlichkeit, die Zuwendung oder freundliche Anwesenheit ohne Forderung und Anspruch. Das ist gewissermaßen die „Figur". Nun kommt die Frage nach dem „Grund": Wieso erinnert er sich an diese Szene bei der armen Nachbarin, die insgesamt doch eher eine periphere

Rolle spielte? Wovon hebt sich diese Szene ab? Es ist anzunehmen, dass es im häuslichen Alltag dieses Jungen anders zuging – vielleicht straff, geordnet, leistungsorientiert, distanziert; dass für ruhige Zuwendung und Zärtlichkeit kein Raum war. Wir springen nun gewissermaßen um und betrachten das als Figur, was zuvor als Grund erschien: Leistungsorientiert, straff, distanziert, Prestige – so ist das Alltagsleben; das gilt etwas. So muss man sein, wenn man etwas gelten will. Es ist kein Zufall, dass diese schöne Szene der FE bei einer Nachbarin spielt, die wenig geachtet ist. Ich bemühe mich bei der Erläuterung und Deutung einer FE immer möglichst dicht an dem zu bleiben, was beschrieben und geschildert ist. Ich male aus, ich charakterisiere, ich spinne aus. Aus dem einfühlenden Verständnis heraus äußere ich Vermutungen. Es ist unvermeidlich, dass ich hier und da überinterpretiere, einzelne Linien überbewerte. Alfred Adler spricht von der „Ratetechnik". Hier dann das Wichtigere vom weniger Wichtigen zu scheiden, gelingt durch weitere Informationen – durch weitere FE; aus dem heraus, wie ich den Erzähler erlebe; und schließlich aus allen Informationen, die er mir gibt. Auf die Gesamtdarstellung von einzelnen „Fällen" habe ich aber hier verzichtet, aus verschiedenen Gründen. Zum einen fordert sie viel Platz; sie kann überzeugen – aber trifft sie auch die Wirklichkeit, die Wahrheit? Jede Falldarstellung, jede Fallvignette ist ein Stück Wirklichkeit und ein Stück Fiktion. Wichtiger noch ist mir aber die Anonymität meiner Beispiele. Diese Anonymität verlasse ich ein Stück mit jeder Falldarstellung oder Vignette – auch ohne Namensnennung.

Auf eine Besonderheit unserer FE soll noch hingewiesen werden, wieder nach dem Prinzip von Figur und Grund. Unser Erzähler wurde als Junge jeden Tag von seiner Mutter versorgt und betreut. Die zärtliche, liebevolle Geste, die er erinnert, ist jedoch der armen Nachbarin zugeordnet. Ja, in keiner FE taucht die Mutter auf. Das ist aber eine sehr starke Aussage, eine Art von energischem Protest – ablesbar aus den FE. Jeder Leser mag aus seiner Sicht ein Bild entwickeln, was sich hier abgespielt hat und vielleicht noch heute abspielt.

Struktur und LSt sind nicht als ein Verharren auf einem festen Punkt zu verstehen, sondern im Sinne einer Bewegung zwischen zwei Polen – polar oder dialektisch. Solche Pole können zum Beispiel sein: Bedeutungslosigkeit als negativer Pol – und Bedeutung, Überlegenheit als das, was erstrebt wird; oder die Angst, von allen abgelehnt zu werden – und als positiver Pol, die Fähigkeit und das Erleben, akzeptiert zu werden, beliebt zu sein. (Vgl. Prioritäten in Schottky/Schoenaker 1995) Zur Dialektik des LSt gehört eine Ebene und ein Gegensatzpaar.

166

Pilz und Myzel –
FE und die positive Regression beim Erzählen

Es gibt FE, mit denen wir viel anfangen können – etwa in der Therapie, in der Beratung. Manchmal kann der Erzähler selbst uns schon viel zu seinen FE berichten, kann sie mit seinem Selbstverständnis und mit seiner Lebensart in Zusammenhang sehen – wenigstens bis zu einem gewissen Grade. Manchmal erfahren wir auch FE, die isoliert und unverständlich erscheinen und auch in der Therapie eher isoliert und unverständlich bleiben. Dieses Problem möchte ich mit dem Bild vom Pilz und seinem Myzel verdeutlichen. Wir sehen einen bunten Pilz im Wald und denken: Da steht er, da ist er gewachsen. Was wir im allgemeinen nicht bedenken: Dass die Hauptmasse dieses Pilzes im Myzel, in einer Art Wurzelwerk mit tausend Fäden sich weit in den Waldboden hineinerstreckt, das Jahr über unsichtbar und unterirdisch wächst. Und nur bei besonderer Witterung schießt der sichtbare Pilz auf. An diesem sichtbaren Pilz können wir freilich die Art und Gattung erkennen. So ist die FE Ausdruck eines Wurzelwerks von jahrelanger vielfältiger kindlicher Erfahrung. Manchmal ist diese schon durch die FE selbst zugänglich, oft erhellt sie sich im Gespräch. Gelegentlich erscheint sie jedoch wie abgeschnitten vom Untergrund. Das ist am ehesten bei Menschen der Fall, denen auch der Zugang zur eigenen kindlichen Vergangenheit schwer fällt – oft auch der Zugang zum eigenen emotionalen Erleben. Welches auch die Gründe sein mögen: Es braucht dann manchmal den Aufbau einer vertrauensvollen therapeutischen Beziehung, bis sich jemand traut, sich wieder dem eigenen Hintergrund zuzuwenden, ihn anzuschauen und sich zu eröffnen.

Abspaltung der Gefühle

Eine Erzählerin berichtet:
Die Mutter drohte mit Fortgehen, mit Selbstmord. Das kam wiederholt vor. Deutlich hebt sich jedoch ein Erlebnis heraus – da schrie die Mutter die Patientin an: „Dich nehme ich einfach mit!" Es war lebensbedrohlich! Sie hat sich dagegen aufgelehnt, jedenfalls innerlich. Die Mutter schildert sie als sehr stark, intensiv, rücksichtslos. Ein Gefühl für diese FE kann sie nicht angeben.
Die innere Annäherung an diese FE oder an Selbstmordversuche ist lähmend, fällt ihr schwer. Die Mutter war rücksichtslos, jedoch auch lebhafter Mittelpunkt von Gesellschaften.

167

Die Abspaltung des Gefühls: Bei den schlimmsten FE ist das Gefühl nicht zugänglich. Das ist verständlich: Wäre bei der schlimmen Erinnerung, als die Mutter mit Selbstmord drohte, schrie und noch sie mitnehmen wollte, auch noch das vernichtende Gefühl dabei – das müsste wohl geradezu lähmend sein. Ich vergleiche es mit einem Schlachtbild mit schrecklichen Szenen. Sie hängt dieses Bild wohl in ihr Zimmer, als bildliche Darstellung ihres Lebensstils. Sie erträgt aber nur eine Schwarz-Weiß-Darstellung; wären alle Farben dabei, so wäre dies unerträglich.

Abschließend möchte ich noch einige Beispiele bringen:

Jan erinnert sich an seine jüngste Schulzeit. Als Grundschüler sei er ausgelacht worden, weil ihm das Lesen nur holprig gelungen sei. Er habe dann zunehmend gestottert, die Mitschüler hätten um so mehr gelacht. Später habe er dann das Vorlesen völlig verweigert, habe auch nicht mehr drankommen wollen. In der Folge sei er sogar in Fächern zurückhaltend gewesen, die ihm Spaß gemacht hätten, wie Mathematik und Physik. Obwohl er sich hier seines Wissens sicher gewesen sei, habe er sich doch nicht gemeldet, um nicht wieder ausgelacht zu werden. Als lebendigsten Moment gibt Jan an: Vor der Klasse stehen zu müssen und von allen anderen ausgelacht zu werden. Das begleitende Gefühl kennzeichnet er: „Absolut unangenehm, voller Scham, peinlich."

Was für Vermutungen, was für Möglichkeiten kommen uns in den Sinn? Die geschilderte Situation kann ich gut nachempfinden, auch Jans Folgerung und Logik: Ich will mich nicht lächerlich machen und mich nicht schämen müssen – also sage ich gar nichts, verweigere mich, ziehe mich zurück. Die Vermutung liegt nahe, dass Jan für sich die Priorität Kontrolle besonders entwickelt hat. Dazu passt dass ihm Mathematik und Physik in der Schule Spaß gemacht haben. Wichtig wäre natürlich zu wissen, wie weit sein Rückzug, seine Verweigerung im Leben gegangen ist. Hat er dennoch Freunde und Freundinnen gefunden, bei denen er sicher war, dass sie ihn nicht auslachen? Oder ist er zum Einzelgänger geworden? Die Früherinnerung gibt mir auch Hinweise für unsere therapeutische Beziehung. Ich werde drauf achten, dass sich Jan bei mir sicher aufgehoben fühlt. Ich werde seine hohe Empfindlichkeit respektieren und besonders behutsam sein.

Esther muss längere Zeit überlegen, bis ihr folgende Situation einfällt: Beide Eltern sind gestresst, sie bauen gerade an ihrem eigenen Haus. Sie ist damals sechs Jahre alt. Es sei eine hektische Zeit gewesen. Beide Eltern sind berufstätig, die Mutter als Krankenschwester. Sie ruht sich von der Arbeit aus und geht danach auf den Bau. Esther geht nach der Schule zu einer Bekannten – dort ging es ihr gut.

Esther kommentiert dazu: Sie habe sich vernachlässigt gefühlt. Das sei schon immer so gewesen, besonders als der vier Jahre jüngere Bruder geboren wurde, habe sie sich als fünftes Rad am Wagen gefühlt. Der Bruder habe im Haushalt nicht mithelfen müssen, weil er immer zu klein war. Das sei auch heute noch so – sie müsse zu Hause alles ausbaden. Alle kommen zu ihr mit ihren Problemen. Sie fühle sich überfordert, wie ein Psychologe, obwohl sie keiner sei. Sie soll immer eine Lösung finden und kommt doch mit ihren eigenen Problemen nicht zurecht. Letzte Woche habe sie erstmals zu ihrer Familie gesagt: „Kommt bitte nicht mehr zu mir."

Diese Früherinnerung greift auf eine Familiensituation zurück, die nicht so selten ist: Die Eltern bauen ein Haus, arbeiten beide dafür. Sie sind erschöpft, der Abend und die Wochenenden werden auf dem Bau verbracht. Das Ganze ist natürlich für die Familie – jedes Kind soll ein Zimmer haben. Aber möglicherweise erleben die Kinder in diesen wichtigen Entwicklungsjahren ihre Eltern hauptsächlich erschöpft und gereizt. Bei der Bekannten geht es Esther gut! Aus den Erläuterungen entnehmen wir, wie Esther sich ihren Platz gewonnen hat: Dem Wunsch der Eltern entsprechend, war und ist sie die Tüchtige, die Verantwortungsvolle. Aber diese Lebenshaltung, dieser Lebensstil hat sie überfordert, überfordert sie noch heute – und hat zudem für sie etwas Freudloses.

Die nächste Früherinnerung habe ich gewählt, weil sie sich mit einer Therapiesituation befasst. Tanja musste mit drei oder vier Jahren zu einer therapeutischen Gruppe gehen, da sie so trotzig und schwierig gewesen sei. Sie sei nicht gerne hingegangen. Dort habe man immer machen müssen, was die Therapeutin gewollt hat. Es seien Bilder gemalt, oder auch einmal ein Schneemann gebaut worden. Auf die Frage nach dem lebendigsten Moment ergänzt sie: Einmal hätten alle eine Leiter malen sollen. Ein Mädchen habe gesagt, sie werde die Leiter nicht malen. Da sei die Therapeutin laut geworden und habe gesagt, sie könne hier ihren Kopf nicht durchsetzen, sondern sie bestimme, was gemacht werde. Als begleitendes Gefühl: Sie sei sich böse vorgekommen, schuldig und ausgeschlossen, sie sei traurig gewesen.

Sehr auffallend und merkwürdig ist hier: In der Gruppe protestiert ein anderes Mädchen, die Therapeutin fährt dieses Mädchen an. Aber Tanja selbst fühlt sich, als sei das Ganze ihr geschehen. Das erinnert in der Komposition an die Gestaltung mancher Träume. Nicht selten lässt der

169

träumende Mensch einen anderen ausprobieren, einen anderen das erleben, woran er sich vorsichtig annähern will – gewissermaßen als alter ego, wie wir es vom Psychodrama kennen.

Ein letztes Beispiel:
Frau G. berichtet eine Früherinnerung aus der Zeit, als sie vier Jahre alt war. Es war bei der Heimatvertreibung – sie war mit Urgroßmutter, Großmutter, und Mutter zusammen in einem Zimmer, sehr eng. Die Großmutter stirbt. Sie weint, versteckt sich hinter dem Schrank, kriecht auf dem Boden, man soll es nicht merken. Die Tante schimpft. Sie ist darüber empört! Einen Affekt, ein Gefühl dabei kann sie nicht nennen.

Meine Auffassung:
Der Affekt wird ausgeschaltet in den Notsituationen der Flucht. Trotzdem ist er erkennbar an ihrem Weinen – sie weint über die Großmutter und vermutlich über die ganze Situation. Weinen passt aber nicht, es geht ums Überleben. Die Tante schimpft, das Kind ist empört. Mit der Empörung kommt sie wieder in eine aktive Stimmung!

Wir erleben das Kind in einer dramatischen, vielleicht chaotischen Situation – Flucht, Vertreibung, Enge, Tod. „So ist das Leben." Wie wird dieser Mensch sein Leben als Erwachsener verstehen, sein Leben gestalten? Deutlich ist die Hinwendung zu einer aktiven Haltung, zu Zorn und Empörung. Vermutlich bewegt sich diese Frau zwischen zwei Polen: Auf der einen Seite Trauer und Resignation – auf der anderen Seite Aktivität, bei der Vorwurf und Empörung nahe liegt. Es kann schwierig werden, wenn die Zwischenstufen, die Zwischentöne, die Nuancen zu wenig entwickelt sind.

Schließlich noch eine Früherinnerung, die uns auf eine beachtliche Leistung schließen lässt. Frau L. berichtet:
Ihre Mutter war alleinerziehend, der Vater taucht in den ersten Jahren nicht auf. Nun die Früherinnerung: Sie geht mit sechs Jahren neben ihrem Vetter, der gerade von der Gefangenschaft zurückgekommen ist. Er ist einundzwanzig Jahre. Sie gehen einen Landweg, es ist schön, vielleicht gehen sie Hand in Hand, sie unterhält sich mit ihm. Er trägt Soldatenkleidung mit blank polierten Stiefeln, das beeindruckt sie. Eine durchweg schöne Erinnerung!

Wir verstehen die Früherinnerung besser vor dem Hintergrund, den uns Frau L. anschließend berichtet:
Sie lebte zeitweilig als Kind bei einem Onkel. Der machte ihr erotische Anträge, sie brach diese Regelung ab und kehrte zur Mutter zurück. Später lebte sie eineinhalb Jahre lang bei ihrem Vater. Er beschäftigte

sich mit ihr, erkannte sie aber nicht an. Sie musste ihn mit Onkel anreden, vor anderen verleugnete er sie!

Das Mädchen hat gewissermaßen keinen Vater gehabt. Ein Onkel hätte Vater sein können, aber mit ihm machte sie nur schlechte Erfahrungen. Eineinhalb Jahre lebte sie später bei ihrem leiblichen Vater, sie erlebte nur Enttäuschungen. Nun die besondere Leistung: Vor diesem Hintergrund adoptiert Frau L. gewissermaßen in der Früherinnerung ihren Vetter als Vater. Diese schöne Szene bewahrt sie sich! Hier findet sie Halt, hier bewahrt sie sich Entwicklungsmöglichkeit und Optimismus.

Atmosphäre und Beziehung

Die FE werden gleichzeitig als Material und Zugang verstanden, vom Bewussten bis ins Vorbewusste, Unbewusste reichend (vgl. „Pilz und Myzel"). Vom Leben zu gewinnen, brauchen sie eine geeignete Beziehung, eine geeignete Atmosphäre und einen positiv-regressiven Zustand. Als Material sind sie viel stabiler als Träume, aber dennoch verletzlich, empfindlich und variabel. Bekannt ist die unterschiedliche Zugänglichkeit von FE bei positiv-regressiver Stimmung und deren Gegenteil sowie am Anfang und am Ende einer erfolgreichen Therapie. Daraus folgt schon, dass sich ein sehr behutsamer Umgang mit den FE empfiehlt. Verstehen, Emphatie, Teilhaben stehen im Vordergrund. Ein einzelner Satz mag hier und da herausgehoben werden – möglichst eigensprachlich und im Bilde des Klienten. Dann wird das Ergebnis im Klienten etwas „Eigenes" bleiben, jedoch besser verstanden, geteilt, verarbeitet – und offen für Änderungen und neue Möglichkeiten.

Der Erfolg einer Psychotherapie ist wesentlich abhängig von dem Grad an Einfühlungsvermögen und Verständnis.

Dies lässt sich steigern durch die Einbeziehung der FE in die „therapeutische Kette": Problem – Lebensgestaltung – Muster – Struktur / Lebensstil – Selbstverständnis und korrigierende Erfahrung.

In der Psychotherapie bilden daher die frühkindlichen Erinnerungen eine ganz besondere und großartige Möglichkeit – ebenso wie die Träume eine „via regia", einen Königsweg.

16

Weitere methodische Ansätze für die Arbeit mit Kindheitserinnerungen
Theo Schoenaker

Für den Umgang mit Kindheitserinnerungen gibt es viele Vorgehensweisen (siehe Olson 1979 und Schottky 1997). Ich empfehle gerne die behutsame Art, die Albrecht Schottky auf S. 171 beschreibt. Mit dieser und den nachfolgenden Vorgehensweisen komme ich gut zurecht. Das Ziel der Arbeit mit frühen Kindheitserinnerungen ist die Aufdeckung der für die Therapie und Selbsttherapie relevanten Lebensstilaspekten. Ich beschreibe hier einige Vorgehensweisen, die ich für meine Arbeit entwickelt habe.

Man kann den Patienten bitten, als Hausaufgabe zwischen den Sitzungen oder als Vorbereitung auf das erste Interview einige Kindheitserinnerungen aufzuschreiben. Diese kann man dann nach einem bestimmten methodischen Ansatz mit dem Patienten durchgehen. Ob Sie den schriftlichen Weg wählen, oder sich in der Sitzung eine Kindheitserinnerung erzählen lassen, Sie sollten darauf achten sie nicht vom Gefühl abzukoppeln. Jedenfalls nicht am Anfang.

Ich bin, die anderen sind, das Leben ist

Bitten Sie den Patienten – und helfen Sie ihm, sich zu entspannen und sich wieder in die damalige Kindheitssituation hineinzuversetzen. Ist er dort angekommen (er sagt: ja), beschreibt er in der grammatikalischen Gegenwartsform was genau passiert. Lassen Sie die Emotionen zu und geben Sie ihm empathische Unterstützung. Fragen Sie ihn dann: „Wie würden Sie sich jetzt als kleiner Junge/Mädchen in der Ich-Form selbst beschreiben; zum Beispiel ich bin..., ich habe..., ich kann.... . Nach den Antworten stellen Sie die Frage: „Und wie erleben Sie die anderen?". Die anderen sind..., die anderen können..., die anderen haben.... . Danach

172

die Fragestellung: „Und wie erleben Sie das Leben?" Das Leben ist... .
Dann: "Und weil das so ist (Sie wiederholen was er zu *ich, die anderen*
und *das Leben* sagte), deshalb... ?" Vielleicht fällt dem Patienten dazu
etwas ein – vielleicht auch nicht, aber *jede* Antwort hat Bedeutung! Dies
findet in einer ruhigen, besinnlichen Atmosphäre statt.
Nehmen wir ein praktisches Beispiel:
Der Patient – achtunddreißig Jahre alt, stottert am meisten in der noch
jungen Partnerschaft. Deshalb kommt er zur Therapie. Er weiß nicht, ob
er sich trennen soll. Er meint, das Stottern habe auch seine erste Ehe und
zwei weitere Partnerschaften zerstört.
Seine Kindheitserinnerung lautet:
Ich bin fünf Jahre alt. Mein Vater will meinem Onkel mit den blonden
Haaren zeigen, wie gut er mit mir auf dem Schoß den Bauchredner machen kann. – Ich soll dann mit geschlossenem Mund Fragen beantworten. Ich kann das schon, aber ich will mich nicht blamieren. Er schimpft
wütend mit mir. Ich drehe mich um und gehe die Treppe hoch und setze
mich oben an der Treppe auf den roten Teppich. Ich bin wütend. Ich
habe einen dicken Hals.
   Wie erleben Sie sich selbst? Ich habe... ?
Ich habe Angst! Ich will nicht! Ich bin wütend! Ich kann nichts machen!
Wie erleben Sie die anderen? Die anderen sind..., oder die anderen haben... ?
*Die anderen sind gemein! Die anderen sind ungerecht! Die anderen
haben die Macht! Die anderen schicken mich weg!*
Und wie erleben Sie das Leben? Das Leben ist... ?
Das Leben ist...weiß ich nicht..,. äh... gefährlich ? ...; ich weiß es nicht!
Und weil Sie nichts machen können gegen die gemeinen ungerechten
anderen, die die Macht haben, und weil das Leben – vielleicht – gefährlich ist, deshalb...?
*Deshalb werde ich aufpassen, mich nicht mit den Leuten einzulassen,
ich werde weggehen.* (In diesem letzten Satz hören wir schon den ge-
danklichen Übergang in die Gegenwart heraus.)
Mit diesen Lebensstilaspekten steht der Patient im Leben und natürlich
auch in der Partnerschaft. Darüber kann man jetzt mit ihm sprechen.
Sein Lebensstil hat auch andere Aspekte, aber die obigen scheinen für
das Verständnis des Problems hilfreich zu sein. Ungerecht und gemein
scheinen die anderen zu sein, wenn sie etwas von ihm wollen oder mit
ihm machen wollen. So kennt er es, sagt er, auch aus seinen Partnerschaften. Er hält grundsätzlich etwas Abstand. Dann kommen Wünsche,
Erwartungen und Forderungen der Partnerin. Er fühlt sich dann unter

Druck und fängt verstärkt an zu stottern. Er zieht sich zurück, bevor man ihn wegschicken kann und erlebt die andern als ungerecht (so bestätigt er sich *seine* Sicht auf die anderen). Die Partnerin fühlt sich schlecht, weil sie sich als die Ursache des stärkeren Stotterns empfindet (das ist wohl das Ziel des Stotterns). So lässt sie ihn in Ruhe, solange er motzt. Bald danach geht der Prozess von vorne los.

Er erkennt, dass nicht das Stottern die Partnerschaft stört, sondern seine mangelnde Bereitschaft zur Zusammenarbeit und seine Methode, der Partnerin durch Stottern Schuldgefühle zu machen. Er kann jetzt auch klarer erkennen, dass er normal sprechen kann und sich ruhig fühlt, wenn er in Freiheit tun kann, was er will.

Kann er mutiger werden und lernen früher Initiativen zu ergreifen, so dass er selbst die Qualität der Beziehung gestaltet, anstatt zu warten und Zusammenarbeit zu meiden bis Druck oder Forderungen kommen?

Kann er lernen sich nicht-motzend in Stottern und in die Passivität zurückzuziehen, sondern über sich und die Ursachen seiner Verstimmung zu sprechen? Da ist die Richtung, die die Spannung, woraus das Stottern sich entwickelt, auflösen kann. Wir sehen hier, wie seine Konzentration auf das Stottern den Patienten blind macht für das wirkliche Problem, das wir durch die Kindheitserinnerung sichtbar machen konnten.

Nicht immer hat man so viel Glück, dass der Patient es einem so leicht macht und die Lebensstilaspekte so brauchbar formulieren kann. Es gibt dann aber noch andere Wege.

Die Bewegungslinie

Alfred Adler hat viele Begriffe versucht, bis er sich schließlich 1929 zum Begriff Lebensstil entschied. Bis dahin sprach er von Leitbild, Leitlinie, Lebensplan, Grundmelodie, Lebenslinie, Lebensschablone und auch von Bewegungslinie (Adler 1995). Das Wort *Bewegungslinie* hat mich beschäftigt, da die Lebensart des Menschen ja nur in Bewegungen erkennbar wird. Es ist hilfreich, davon auszugehen, „... dass alles Bewegung ist..., um so zur Überwindung von Schwierigkeiten zu gelangen" (Adler, A. 1972). Im Bewusstsein, dass Bewegung durch die Verben Leben bekommt, schreibe ich in dieser Vorgehensweise während der Patient erzählt, nur die Verben der Kindheitserinnerung auf. Die Abfolge nenne ich *Bewegungslinie*. Ich hoffe Sie finden diese Art der Arbeit genauso anregend wie ich.

Nehmen wir dieselbe Kindheitserinnerung:

Ich bin fünf Jahre alt. Mein Vater **will** meinem Onkel mit den blonden Haaren **zeigen**, wie gut er mit mir auf dem Schoß den Bauchredner **machen kann**. Ich **soll** dann mit geschlossenem Mund Fragen **beantworten**. Ich **kann** das schon, aber ich **will** mich **nicht blamieren**. Er **schimpft** wütend mit mir. Ich **drehe mich um** und **gehe** die Treppe hoch und **setze mich** oben an der Treppe auf den roten Teppich. Ich **bin wütend**. Ich **habe einen dicken Hals**.

Die Personen, die allgemein gesprochen als Bewegungsträger in Kindheitserinnerungen auftreten können, sind *ich, die anderen* und *wir*. So gruppiere ich die Verben:

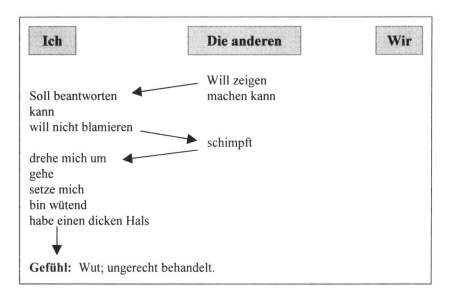

Hier sehen wir klar die Thematik, die die Probleme schafft: Das Thema heißt: *Ich soll* und *ich kann* aber *ich will nicht, ich provoziere* mit Widerstand. Die Reaktionen des anderen deute ich als ungerecht. Ich *gehe*, ich *setze* mich, *bin wütend und habe einen dicken Hals*. Schuld ist der andere.

Da wir nun annehmen, dass der Patient diese Thematik durch die Vorstellungsbilder und seine inneren Selbstgespräche lebendig hält und als Warnung „die anderen wollen was von mir" und als Leitlinie „ich will nicht und gehe" in sich trägt, wird er dieses Muster immer wieder leben. Er wird große Augen und Ohren haben, um mögliche Anforde-

175

rungen und Erwartungen zu erkennen und auf dem Sprung sein, sich zurückzuziehen. Hierauf komme ich noch zurück.

Es ist interessant, dass in dieser Kindheitserinnerung kein Eintrag in der 3. Spalte unter *wir* erfolgen konnte. Daraus kann man ablesen, wie der Patient zur Zusammenarbeit steht. In der 2. Spalte sind die Verben bzw. das Verhalten eingetragen, das er immer wieder von anderen erwartet. In der 1. Spalte ist das Verhaltensmuster erkennbar, das ihm unter dem Strich immer wieder zu dem Gefühl der Wut und des Ungerecht-behandelt-seins führt. Hier liegen also Ansätze für neue Verhaltensstrategien, nachdem er die Frage beantwortet hat: „Sind Sie mit diesem Ablauf der Bewegungslinie zufrieden, sie taucht ja als Muster in Ihrem Leben immer wieder auf?" Ist die Antwort „nein" kann man sich überlegen, wo und wie er sich damals in der Kindheit anders hätte verhalten können, wenn er mit dem Wissen und der Weisheit von jetzt ausgestattet gewesen wäre.

Noch einige andere Beispiele für diese Vorgehensweise:
Hier erst die Kindheitserinnerung von S. 154 (unter Kindheitserinnerungen und Stottern):
Ich bin etwa sieben Jahre. Es ist in der Zeit vor Weihnachten. Ich habe Angst und stottere viel schlimmer als sonst. Meine Mutter merkt das auch und deswegen zeigt sie mir alle Geschenke. Sie sagt mir, dass ich keine Angst zu haben brauche, weil es ja einen echten Weihnachtsmann nicht gibt. Ich fühle mich zufrieden.

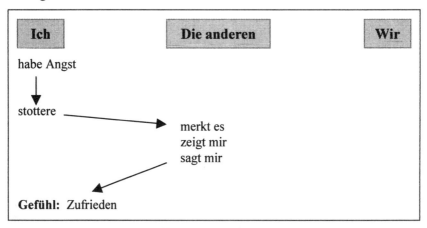

Das, was Mutter sagt, nämlich „... dass ich keine Angst zu **haben brauche**, weil es ja einen echten Weihnachtsmann nicht **gibt** ...", trage ich nicht ein, weil die darin vorkommenden Verben ja keine Bewegung bedeuten. Sie sind nur gesprochene Worte.

Diese Methode hat auch den Vorteil, dass man sich als Therapeut vorerst nicht durch allerlei Details ablenken lässt.

Weitere Einzelheiten:

Bei der Arbeit mit der Bewegungslinie ist es noch wichtiger als bei anderen Methoden, dass Sie sich die Kindheitserinnerung in der **grammatikalischen Gegenwartsform** erzählen und **kurze Sätze** bilden lassen. Am Einfachsten haben Sie es, wenn in jedem Satz nur ein Verb vorkommt, eventuell mit Hilfsverb. Und beschränken Sie sich dann für die Bewegungslinie auf das, was wirklich – als Bewegung – passiert.

Ein weiteres Beispiel:

Ich sitze bei Tisch und ich muss essen. Aber ich will nicht. Die anderen Kinder sind schon fertig und spielen. Ich sehe, wie Vater kommt. Er sagt, dass ich nicht mitspielen darf, bevor ich das Essen nicht aufgegessen habe. Ich stehe trotzdem auf und laufe weg. Er packt mich und drückt mich auf den Stuhl. Ich übergebe mich. Alle schimpfen. Vater sagt, ich soll weiteressen. Ich fühle mich ohnmächtig.

Als Bewegungslinie finden wir jetzt folgendes:

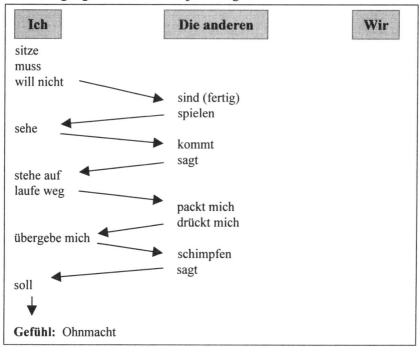

Wir sehen in der vertikalen Ich-Bewegungslinie wie er auf Druck reagiert, nämlich mit „will nicht", mit Weglaufen und mit Symptomen – sich übergeben oder stellvertretend dafür stottern.

Den Druck und die Einengung wird er dadurch aber nicht los. Er erlebt sich als Opfer, die anderen (siehe die 2. Spalte) als stärker/mächtiger und er bleibt in der Ohnmacht stecken.

Von anderen erwartet/befürchtet er – verkürzt ausgedrückt – dass sie befehlen und zwingen.

In einer so erlebten Welt gibt es keine Zusammenarbeit, kein konstruktives Wir (3. Spalte).

Veränderung der Bewegungslinie

Die Kindheitserinnerungen sind die immer präsenten Muster, die unser Leben weitgehend beeinflussen. Sie sind die Widerspiegelung unseres Lebensstils. Wenn man die Kindheitserinnerungen als die Wurzel und das Verhalten als die Früchte sieht, macht es dann nicht Sinn, die Kindheitserinnerungen zu verändern in der Annahme, dass sich dann leichter das Verhalten ändern lässt? Sinn macht so eine Veränderung meines Erachtens nur dann, wenn man den Anteil anderer und auch die Rahmenbedingung stehen lässt und nur die Frage beantwortet „Was kann **ich** anders machen?" In der Kindheitserinnerung „Mein Vater will meinem Onkel mit den blonden Haaren zeigen ... usw." kann der Patient sich überlegen, ob er an der Stelle wo er sich dessen bewusst ist „ich kann das schon", eine andere Strategie finden kann als „ich will nicht". Danach verändert sich dann naturgemäß auch die Reaktion des Vaters. Die veränderte Bewegungslinie könnte so aussehen:

Ich bin fünf Jahre alt. Mein Vater will meinem Onkel mit den blonden Haaren zeigen wie gut er mit mir auf dem Schoß den Bauchredner machen kann. Ich soll dann mit geschlossenem Mund Fragen beantworten. Ich kann das schon. **Ich gehe einen Schritt auf Vater zu und sage "Vater ich habe Angst, dass ich es nicht gut genug kann!"** Vater sagt: „Das ist nicht schlimm, Onkel Bernd wird uns nicht auslachen. Wollen wir es zusammen mal probieren?" Ich setze mich auf seinen Schoß. Er hält mich gut fest. Ich fühle mich schon ruhiger. Ich mache es gut. Ich fühle mich stolz und zufrieden."

Die Veränderung an der Stelle wo er über seine Gefühle spricht, kann ein Ansatz für seine Partnerschaft sein.

In der Kindheitserinnerung, die in der Ohnmacht endet (siehe Beispiel), kann man mit dem Patienten überlegen, ob er bei „will nicht" oder bei „laufe weg" eine neue Initiative ausprobieren will. Hier liegen Möglichkeiten für klare Hausaufgaben, die die Symptomproduktion überflüssig machen, und als Ergebnis ein anderes Gefühl bringen.

Ein anderes Beispiel:
Der Patient ist fünfzig Jahre alt. Sein Problem:
Ich habe so viele gute Ideen in meinem Fachbereich. Ich würde sie so gerne veröffentlichen, aber ich komme nicht über einen kleinen Artikel als Beitrag für eine Zeitschrift hinaus. Wenn ich ein Buch anfangen will, bin ich wie gelähmt und kann nicht mehr denken. Seine Kindheitserinnerung lautet so:
Ich bin sechs Jahre alt und sitze in der letzten Bank in der ersten Klasse. Es ist das Ende des Schuljahres. Die alte grauhaarige Lehrerin verteilt die Zeugnisse. Sie kommt auf mich zu, schaut über ihre Brille, überreicht mir das Zeugnis mit den Worten: „Das hätte ich von einem Johanson ganz anders erwartet." Ich fühle mich mit meinen Cousins verglichen. Ich weiß, ich bin nicht gut genug und habe Angst.

Bei der Veränderungsarbeit an dieser Kindheitserinnerung macht der Patient folgenden Vorschlag:
Ich bin sechs Jahre alt und sitze in der letzten Bank in der ersten Klasse. Es ist das Ende des Schuljahres. Die alte grauhaarige Lehrerin verteilt die Zeugnisse. **Bevor sie meine Bank erreicht, stehe ich auf und stehe ihr in dem Gang zwischen den Bänken gegenüber.** Sie schaut von oben auf mich herab über die Brille, überreicht mir das Zeugnis und sagt: „Das hätte ich von einem Johanson ganz anders erwartet!" Ich schau nach oben in ihre Augen und sage: „Das kann schon sein, aber erstens bin ich nicht hier, um Ihre Erwartungen zu erfüllen und zweitens werden Sie schon sehen, wie weit ich's´ noch bringe." Ich nehme mein Zeugnis und setze mich wieder hin. Ich fühle mich zufrieden.
Zusätzlich malt er den wichtigsten Augenblick auf Papier.

Er hatte herausgefunden, dass er die Blockaden, die er beim Schreiben eines Buches hat, daher rührten, dass er schon beim Anfang des Buches, irgendeine Autorität auf seinem Gebiet mit dem Buch in der Hand stehen sieht (wie die Lehrerin mit dem Zeugnis), die sagt: „Das hätte ich aber von einem Johanson anders erwartet!"
Je öfter er sich diese neue Kindheitserinnerung vergegenwärtigt, sich diese gemalte Situation, wo er vor der Lehrerin steht, anschaut, desto sicherer wird er sich, dass er etwas zu sagen hat und nicht hier ist, um die Wünsche und Erwartungen anderer zu erfüllen, sondern dass er hier

ist, das zu tun, was er für das Richtige hält. Er ist ein erfolgreicher Schriftsteller geworden, der jetzt etwa zehn Jahre nach der Therapie auf zehn Bücher, wovon drei Bestseller geworden sind, zurückblicken kann.

Diese und ähnliche Beispiele sagen uns, dass solche Methoden nur im Rahmen einer laufenden Therapie im richtigen Moment eingesetzt, sehr wirksam sein können.

Noch ein Beispiel:
Die Patientin, siebenunddreißig Jahre alt, erzählt davon dass sie mit sieben Jahren von einem Unbekannten am Straßenrand sexuell missbraucht wurde. Sie hatte damals Angst, hat sich nicht gewehrt und es geschehen lassen. Sie hat bis jetzt geschwiegen.

An der Stelle hat sie die Kindheitserinnerung mit meiner Hilfe verändert, in dem Sinne, dass sie sich mit Schreien bemerkbar macht und es den Eltern erzählt. Nach 14 Tagen empfing ich folgenden Brief:
„Was mich sehr beschäftigt ist die Auseinandersetzung mit mir und meinen Problemen. Ich hatte meine Kindheit eigentlich als sehr schön in Erinnerung, mir war nur nicht klar, woher ich meine Macken in Bezug auf Partnerschaft habe und was mir das Leben so schwer macht. Ich erinnere mich jetzt an gewisse Ereignisse, die für mich ziemlich schrecklich waren. Ich glaubte aber, dass sie vorbei sind und mit mir heute nichts mehr zu tun haben. Ich finde es erschreckend festzustellen, welchen Einfluss sie immer noch auf mich haben, aber es ist wohl wirklich der einzige Weg, es sich mal genauer anzugucken, wenn es einen nicht immer wieder einholen soll. Das meinte ich als ich Ihnen sagte, dass sich alles in neuer Inszenierung wiederholt. Wenn die Auseinandersetzung damit auch sehr anstrengend und schmerzlich ist, so habe ich erfahren, dass es seine Wirkung hat. Das Thema, das ich angepackt habe – zwei geschiedene Ehen, drei missglückte Partnerschaften, ist wohl das richtige, es muss es aber nicht bleiben.
Mir ist am letzten Montag etwas merkwürdiges und schreckliches passiert. Da mein Auto kaputt ist, muss ich z.Zt. zu Fuß zum Dienst. Nach dem Spätdienst gegen 22 Uhr ging ich durch das dunkle Feld und war in Gedanken wieder bei meinem Thema und überlegte, ob ich denn wirklich die für mich richtige Verhaltensweise bei der Bearbeitung meines Kindheitserlebnisses gefunden hatte. Plötzlich hörte ich Schritte hinter mir. Gott sei Dank knirschte der Schnee und ich drehte mich um: Da lief ein Mann der sich entkleidet hatte, hinter mir her und versuchte nach mir zu greifen. Genau wie damals stand ich erstarrt und gelähmt da, hatte Angst wegzulaufen, weil mir die Vorstellung, dass er mich verfolgt noch

mehr Angst machte. Und dann ging ich ohne zu Überlegen einige Schritte auf ihn zu und schrie ihn aus Leibeskräften an, bis er sich umdrehte und flüchtete. Ich habe so sehr hinter ihm hergeschrieen, bis ich ihn nicht mehr sehen konnte. Ich bin dann zitternd und leise weinend zur Straßenbahn gegangen, aber ich hatte die Gefahr früh genug wahrgenommen und mich bemerkbar gemacht - wie in der neuen Kindheitserinnerung. Danach fühlte ich mich genauso erschöpft und gleichzeitig so erleichtert wie neulich in der Therapiestunde. Zu Hause habe ich sofort allen davon erzählt und auch am nächsten Tag an der Dienststelle. Damals als Kind habe ich es ja niemand erzählt, deswegen hat es mich auch ein Leben lang so belastet. Das alles wird mich noch eine Weile beschäftigen. Ich hatte seit dreißig Jahren zumindest kein so direktes Erlebnis damit."

Das Kindheitserinnerungs-Raster

So wie es keine zufällige und unwichtige Kindheitserinnerungen gibt, so gibt es auch keine unwichtigen Begriffe in den Kindheitserinnerungen. Bei der Betrachtung der Verben haben wir das schon gesehen. Worauf kann oder sollte man noch achten? In der Literatur von Adler und seinen Schülern sind viele Hinweise zu finden, die unser Augenmerk auf Details lenken. Ein Adler-Zitat (Adler 1933) möge das Auge dafür schärfen. „Wir sind nun imstande, natürlich mit allergrößter Vorsicht und der größten Erfahrung ausgestattet, die fehlerhafte Richtung des Lebensweges, den Mangel an Gemeinschaftsgefühl, oder auch das Gegenteil, zumeist aus den ältesten Erinnerungen herauszufinden. Uns leitet da besonders unsere Kenntnis vom Mangel an Gemeinschaftsgefühl, von dessen Ursachen und dessen Folgen. Vieles leuchtet hervor aus der Darstellung in einer **Wir-** oder **Ich-Situation**. Vieles auch aus der Erwähnung der **Mutter**. Die Mitteilung von **Gefahren** oder **Unfällen** auch von **Züchtigungen** und **Strafen**, deckt die übergroße Neigung auf, das Feindliche des Lebens besonders im Auge zu behalten. Die Erinnerung an die **Geburt** eines Geschwisters deckt die Situation der **Entthronung** auf, die an die ersten Besuch im **Kindergarten** oder in der **Schule** den großen Eindruck anlässlich neuer Situationen. Die Erinnerung an **Krankheit** und **Tod** ist oft mit der Furcht davor, öfters mit Versuchen verknüpft, etwa als Arzt oder Pflegeperson oder ähnlich diesen Gefahren besser gewappnet entgegenzutreten. Erinnerungen an den **Landaufenthalt** mit der Mutter zeigen oft, ebenso wie Erwähnungen bestimmter Personen wie **Mutter**, **Vater**, **Großeltern** in einer **freundlichen Atmo-**

sphäre, nicht nur den Vorzug dieser offenbar verwöhnenden Personen, sondern auch den Ausschluss anderer. Erinnerungen an begangene **Untaten, Diebstähle, sexuelle Vorkommnisse** weisen gewöhnlich auf die große Anstrengung hin, sie weiterhin aus dem Erleben auszuschalten. Gelegentlich erfährt man auch andere Neigungen, die, wie eine **visuelle, akustische, motorische Neigung**, recht gut zur Aufdeckung von Schulmisserfolgen und fehlerhafter Berufswahl sowie zu Anweisung eines Berufs Anlass geben können, der der besseren Vorbereitung fürs Leben besser entspricht."

In meiner Praxis und in der Ausbildung zum/zur Individualpsychologischen BeraterIn setze ich ein Raster ein, das aufgebaut ist aus solchen und anderen Einzelheiten wie Adler sie hier beschreibt. In dem Raster finden Sie solche Begriffe, die ich in Adlers Zitat herausgehoben habe. Die Einführung in die Arbeit mit dem KE-Raster würde mehr Literaturkenntnisse erfordern, als ich bei den meisten Lesern voraussetzen kann.

Trotzdem hilft es, wenn ich Ihre Aufmerksamkeit auf solche Details richte. Betrachten wir noch einmal die Kindheitserinnerung von S. 173 jetzt unabhängig von der Bewegungslinie:

Ich bin 5 Jahre alt. Mein Vater will meinem Onkel mit den blonden Haaren zeigen, wie gut er mit mir auf dem Schoß den Bauchredner machen kann. Ich soll dann mit geschlossenem Mund Fragen beantworten. Ich kann das schon, aber ich will mich nicht blamieren. Er schimpft wütend mit mir. Ich drehe mich um und gehe die Treppe hoch und setze mich oben an der Treppe auf den roten Teppich. Ich bin wütend. Ich habe einen dicken Hals.

Warum spricht der Patient von *geschlossenem Mund*, von *Fragen beantworten*, von einem *dicken Hals*? Das muss nun bei jemandem der stottert nicht befremden, aber wir würden auch das Gespräch dahin führen, wenn er nicht stottern würde, denn wir erkennen, dass hier ein starkes „Interessengebiet" liegt.

In der Kindheitserinnerung *dreht* der Patient *sich um und geht die Treppe hoch* und setzt sich *oben* an die Treppe. Hier kommt die moralische Überlegenheit zum Ausdruck. Er ist oben, der Vater deshalb unten. Er leidet zwar und ist wütend, er erhebt sich aber über den anderen, den er gedanklich kritisiert und herabsetzt. Genau das macht er, wenn er jetzt als Erwachsener motzt, sich ungerecht behandelt fühlt und sich zurückzieht.

Die Wörter „drehe mich um" und „gehe" scheinen selbstverständlich, weil er ja die Treppe hoch *geht*. Trotzdem hat er ja diese Wörter gewählt. Sie können ihn deswegen mal fragen, welche Rolle Bewegung in seinem Leben spielt, wenn Sie das aufgrund des Körperbaus nicht schon erkannt haben, und ob er, wenn es eine größere Bedeutung hat, für genügend Bewegung sorgt.

Warum erwähnt er die *blonden Haare* und den *roten Teppich?* Farben haben offensichtlich einen hohen Stellenwert. Hat er Veranlagung zum Malen? Macht er etwas daraus? Fragen Sie!

Der Vater wird als strafende, fordernde Autorität beschrieben. Lebt der Vater noch? Wie ist die Beziehung? Gibt es da etwas zu bereinigen, zu verzeihen? Ist die Beziehung zu Männern mehr als zu Frauen belastet oder angespannt?

Warum hat er *Angst sich zu blamieren* wenn er meint „ich kann das schon"? Hat er zu hohe Ansprüche an sich selbst und deshalb Angst zu versagen? Wo spielt dieser Aspekt eine Rolle? Am Arbeitsplatz, in der Partnerschaft, in der Sexualität?

Sie sehen, wie die Bewegungslinie erst einmal vor den vielen Details schützt, das Kindheitsraster diese aber hervorholt und einen wesentlich breiteren Zugang schafft.

Manch einer könnte meinen, das alles habe mit dem Stottern nichts zu tun. Nein, mit dem Stottersymptom im engen Sinne nicht, aber es hat alles zu tun mit dem Symptomträger, der ein Symptom braucht um sich selbst zu schützen und deshalb mit seinem Leben nicht zurecht kommt. Wenn es uns nicht nur um Lippen, Zunge, Atmung und Stottersituationen geht, dann spielen diese Aspekte alle eine Rolle.

Es lohnt sich für eine effektive Therapie dieses Feld weiter zu studieren und sich Alfred Adler anzuschließen, der sagt: „Ich untersuche niemals eine Persönlichkeit, ohne nach der ersten Erinnerung zu fragen."

An dieser Stelle ist es von großer Bedeutung sich zu vergegenwärtigen, dass die Kindheitserinnerung das Eigentum des Patienten ist, das wir so respektieren wie es uns angeboten wird. Dann fallen auch unnötige Einzelheiten auf, und gerade weil sie uns unnötig vorkommen, fragen wir uns, warum der Patient sie reinbrachte.

Nur bei der Arbeit mit der Bewegungslinie greifen wir ein, zugunsten von kürzeren Sätzen. Sonst nie.

Kindheitsphantasien

Aber was mache ich – werden Sie fragen, wenn der Patient sich an keine Situation in der Kindheit erinnert. Sie können den Patienten bitten, eine Kindheitserinnerung zu phantasieren. Hat der Patient dazu keinen Zugang und weiß er nicht, wie er anfangen soll, dann braucht er Ihre Hilfe. Ich habe dafür folgende Form gefunden:

Ich gebe einen Teil vor und bitte dann weiter zu phantasieren. Ich verwende eine kleine Anzahl von solchen Vorgaben. In den meisten Fällen fließen Bruchstücke von echten Kindheitserinnerungen ein, sodass diese Methode auch eine Möglichkeit beinhaltet, den Patienten an eigene Kindheitserinnerungen heranzuführen. Man kann die Kindheitsphantasie dann wieder mit Hilfe der hier vorbesprochenen Methoden analysieren.

1. Vorgabe

„Ich bin fünf Jahre alt und gehe auf ein Haus zu. ...“

Ich betrachte das Haus als den Ort, wo sich die Familie bildet und entwickelt, und ich meine in den Kindheitsphantasien auch das Maß an Zugehörigkeitsgefühl wiedergespiegelt zu sehen. Ist das Haus das eigene Haus, ein fremdes Haus, ein gefährliches Haus, ein vertrautes Haus, ein leeres Haus? Gibt es überhaupt Menschen? Sind die Menschen gefährlich oder freundlich? Das heißt, wie sieht er die Umwelt? Welchen Standpunkt nimmt er dieser Umwelt gegenüber ein? Läuft er weg? Setzt er sich mit der Umwelt auseinander? Wartet er ab? Geht er auf die Leute bzw. auf die Gefahr zu? Zögert er oder handelt er trotzdem? Usw.

2. Vorgabe

„Ich bin auf dem Weg zum Einkaufen. Am Straßenrand stehen einige mir unbekannte Kinder ...“

Da in der ersten Phantasie nur das Haus angeboten wird, muss der Patient ja nicht unbedingt Menschen mithinein bringen. In dieser zweiten Phantasie hat er die Wahl, sich mit den Menschen auseinander zusetzen oder sie zu meiden. Sind es Jungen oder Mädchen? Sucht er den Kontakt oder wartet er ab, bis sie auf ihn zukommen? Hat er Angst oder Bedenken? Weicht er aus? Flüchtet er? Vermeidet er den Kontakt? Sieht er also die Kinder als Bedrohung oder als Chance zum gemeinsamen Spielen? Erkennen wir hier das Gemeinschaftsgefühl und die Kontaktfähigkeit? Redet er, stottert er, weint er, benutzt er andere Symptome? Macht er gute oder schlechte Erfahrungen mit Menschen? Hat er Angst oder sucht er trotzdem den Kontakt?

3. Vorgabe

„Ich bin vier Jahre alt und spiele in einer Gruppe von Kindern. ...“

Konnte er in der zweiten Kindheitsphantasie den Kindern am Straßenrand noch aus dem Wege gehen, hier ist er Teil einer Gruppe. Hier wird Vieles über die Kooperationsbereitschaft und -fähigkeit zum Ausdruck gebracht.

Sind es Jungen oder Mädchen? Welches Spiel wird gespielt? Welche Rolle spielt er selbst? Ist er der Anführer? Gibt er das Spiel vor? Ist er Mitspieler, Spielverderber, Ausgestoßener, Zuschauer, Opfer, Gestalter? Hat das Spiel einen guten Verlauf, wem ist das zu verdanken? Wenn nicht, wie stellt sich der Patient zu dem Unfrieden? Treten Stottern oder Weinen oder andere Schwächen auf? Was gewinnt er dadurch? Macht er gute oder schlechte Erfahrungen mit Menschen? Ist Gemeinschaftsgefühl zu erkennen? Usw.

4. Vorgabe

„Ich bin sechs Jahre alt. Meine Mutter hat mir Geld gegeben. Ich muss Kaffee kaufen. Sie sagte ich solle mich beeilen. ..."

Ich möchte wissen, wie der Betreffende zu Forderungen, Pflichten und Gemeinschaftsgefühl steht. Erfüllt er die Aufgabe und tut, was er soll oder probt er den Aufstand, Widerstand? Was macht er mit dem Geld? Was macht er mit dem Zeitdruck? Holt er andere Personen hinein? Welche Rolle spielen diese? Usw.

Der Umgang mit dem anderen Geschlecht bzw. die Erfahrungen, die man als Kind damit macht, sind überaus wichtig für die Erfüllung der Lebensaufgaben. So achten Sie darauf, ob in den Kindheitserinnerungen mehr Männer oder mehr Frauen auftreten und welche Rolle sie im Leben des Erzählers spielen. Sie können deshalb die obige und die anderen Vorgaben auch noch einmal mit „Vater" anstatt „Mutter" geben.

5. Vorgabe

„Ich komme in den Kindergarten. Es ist der erste Tag. Mutter bringt mich ..."

Wie geht er mit neuen Situationen um? Sind sie freudige, spannende oder belastende angstmachende Anlässe? Wie reagiert er darauf? Was passiert im Moment der Trennung von der Mutter? Sucht er den Kontakt zu der Erzieherin, zu den Kindern? Weint er, stottert er und was erreicht er dadurch? Wird hier das verwöhnte Kind sichtbar?

6. Vorgabe

„Ich bin vier Jahre alt und fahre mit meinem Dreirad ..."

Hier ist eine Einladung zur freudigen Bewegung allein oder mit anderen, aber auch zum Unfall. Sieht er den eigenen Anteil daran, oder sind die anderen Schuld? Wenn Unfall, was passiert danach? Verwöhnung oder Strafe? Hat er Angst? Was ist das Ziel der Angst? Isoliert er sich? Usw.

7. Vorgabe

„Ich bin mit meinem Vater zu Hause ..."

Hier können Verwöhnungs- oder Eifersuchtssituationen zum Ausdruck kommen; aber auch das Maß an Gemeinschaftsgefühl. Ist es gut mit Vater zu sein oder schlecht für ihn? Ist er gesund und spielt, allein oder mit ihm? Geht das gut aus? Hilft er und trägt er bei oder ist er der Nehmende? Sind noch Geschwister dabei? Ist er krank und wird verwöhnt? Ist er für Vater eine Last?

Kindheitsphantasien in einer Gruppentherapie
Mit obigen Kindheitsphantasien hat man ein großes Feld für die Lebensstil-Diagnostik und die weitere Therapie abgedeckt. Diese Methode kann man sehr sinnvoll in einer Gruppentherapie einsetzen, zum Beispiel so: „Ich bin fünf Jahre alt und gehe auf ein Haus zu ...". Jedes Gruppenmitglied macht hier schriftlich eine Kindheitsphantasie. Nach etwa einer viertel Stunde liest jeder in der Gruppe seine eigene Phantasie vor. Die Teilnehmer sind erstaunt über die Vielfältigkeit der Möglichkeiten und sehen schon bald, dass jeder seine eigene Lebensstilsituation beschrieben hat.
Ich habe nun folgende Arbeitsweise:
1. Die Phantasien werden vorgelesen; in einigen Fällen vom Therapeuten gespiegelt.
2. In kleinen Gruppen (zu dritt) werden die Phantasien besprochen und der Betreffende erzählt, was diese Phantasie mit seinem jetzigen Leben zu tun hat. Die anderen Teilnehmer können ihm dabei notfalls auf die Sprünge helfen.
3. Gemeinsam erarbeiten sie einige Lebensstil-Aspekte nach dem Schema „ich, die anderen, das Leben, und deshalb ...".
4. In der Großgruppe werden einige, mit Hilfe des Therapeuten, weiter analysiert.
5. Jeder zeichnet seine eigene Kindheitserinnerung, gibt der Zeichnung einen Titel und schreibt unter das Bild das Gefühl.
6. Wer mit dem Ablauf in der Kindheitsphantasie nicht zufrieden ist, kann an dem Punkt, wo die Geschichte unbefriedigend wird, eine neue Entwicklung stattfinden lassen und dann ein neues Bild zeichnen.
7. Nachdem das Muster erkannt wurde, werden Handlungsstrategien besprochen für das Leben im Alltag.

Ich habe mir mal die Mühe gemacht in drei Gruppen mit insgesamt 55 Teilnehmern die Kindheitsphantasien näher zu betrachten als Gruppen-

bild. Die Begriffe und Abläufe, in den damals vorliegenden Kindheitsphantasien habe ich geordnet und folgende Übersicht bekommen:

1. Ich gehe auf ein Haus zu	Insgesamt 55 Patienten
Ein fremdes Haus	18
Ein bekanntes Haus	11
Ein leeres Haus	9
Bemüht sich um Kontakt	18
Hat damit Erfolg	18
Angst	33
Bedenken	27
Weinen, Stottern	6
Gute Erfahrungen mit „Kontakt bekommen"	12
Gute Erfahrungen mit „Kontakt herstellen"	18
Schlechte Erfahrungen, Weglaufen	24
Zögern	21
Obwohl Angst trotzdem handeln	3

2. Auf dem Weg zum Einkaufen ... einige mir unbekannter Kinder	Insgesamt 55 Patienten
Sucht aktiv Kontakt	9
Wartet ab	16
Flüchtet, vermeidet	45
Erfolg mit der Art der Kontaktaufnahme	16
Angst	33
Empfindet Kinder als gut	15
Empfindet Kinder als böse oder schlecht	33
Mitspielen bzw. Gemeinschaftsgefühl	12
Weinen oder Stottern	15
Erfahrungen mit den anderen gut	12
Erfahrungen mit den anderen schlecht	18
Erfahrungen mit den anderen - trotzdem	3

Auffällig in dieser Übersicht ist der hohe Prozentsatz Angst – „Bedenken" kann man auch dazu rechnen –, die sowohl in der ersten als auch in
der zweiten Kindheitserinnerung hervortritt. Auch die Neigung zu
flüchten und den Kontakt mit anderen zu meiden. Hier wird deutlich
erkennbar, dass Fortschritte dann zu erwarten sind, wenn neben der

187

Selbsterkenntnis auch ein Ermutigungs-Training stattfindet. Man kann schließlich Angst nicht bekämpfen, da Angst ja nur das Fehlen von Selbstvertrauen ist. Deswegen kann man die Erfahrungen der Angst reduzieren, wenn man Mut und Selbstvertrauen aufbaut. Dazu gehört die Entwicklung des Zugehörigkeitsgefühls, d.h. die Selbstannahme, das Interesse für andere und die Bereitschaft zur Kooperation, und auf dem Weg zur inneren Freiheit natürlich der Mut zur Unvollkommenheit.

Lebensbedingungen – Krisenbedingungen

Als ich einen Patienten bat, in seine Kindheit zurückzudenken und mir eine Begebenheit zu erzählen, meinte er wohl er solle etwas Negatives oder ein schlimmes Ereignis erzählen. Er sagte nämlich: „Meine Kindheit war in Ordnung. Ich denke gerne daran zurück. Ich habe nur gute Erinnerungen."

Wenn nun jemand eine psychosomatische Kommunikationsstörung wie Stottern hat und sagt „Ich habe nur gute Erinnerungen!", dann glaube ich einen „Lebenskünstler" vor mir zu haben. Er verdrängt das Negative, d.h. er will die Wahrheit nicht wahrhaben. So lebt er mit den positiven Erinnerungen und kommt, abgesehen von seiner Störung, gut zurecht. Das ist ein Kompliment wert. Ich habe ihn gebeten, mir gute Erinnerungen zu erzählen. So kam ich auf folgende Methode, die ich mit Lebensbedingungen – Krisenbedingungen überschrieben habe.

Der Patient erzählt:

„Ich bin fünf Jahre alt. Ich stehe vor dem Frühstückstisch. Mein Vater sitzt und erzählt mir ein Märchen. Dann spricht er mit mir über sich selbst. Er vertraut mir. Er sagt mir unter anderem „Du bist mein großer Junge. Mit dir kann ich mich gut unterhalten." Dann räumen wir gemeinsam den Frühstückstisch ab und haben Spaß dabei."

Ich frage ihn: „Warum denken Sie nach dreißig Jahren noch gerne daran zurück?"

Er sagt: „Weil Vater sagt, dass ich sein großer Junge bin, weil er mich ernst nimmt. Ich fühle mich als etwas Besonderes. Auch weil wir zusammen was machen und Spaß haben."

Die Antworten sagen: So hätte ich es gerne, so wäre mein Leben in Ordnung! Der Patient weiß aber, dass sein Leben so nicht ist. Die Erinnerung ist deswegen erinnerungswürdig, weil sie eine Ausnahme darstellt. Sie ist wie ein Stern am dunklen Himmel. Er weiß aber: „So will ich es haben. Da will ich hin!"

Die Antworten drücken seine Erwartungen / Forderungen aus. Deswegen ist die Antwort auf die zweite Frage ‚Warum ist das so schön, dass Sie jetzt nach dreißig Jahren noch gerne daran zurückdenken?' wichtiger als die erste Frage: ‚Woran danken Sie gerne zurück?'

Wir sind mit den Antworten mitten in seinem heutigen Alltag, wenn wir die Erwartungen im Dialog mit ihm mit „ich will..." verbinden.

Ich will

❖ groß sein
❖ ernst genommen werden
❖ etwas Besonderes sein
❖ gemeinsam mit anderen etwas leisten
❖ gemeinsam mit anderen Freude erleben

Das sind einige seiner Lebensziele. Der Patient findet sich darin zurück, obwohl er sich nicht so leicht zu jedem Satz vor dem Therapeuten bekennen kann. Die Antworten sagen: "Unter diesen Bedingungen habe ich Bedeutung. Unter diesen Bedingungen fühle ich mich zugehörig. Unter diesen Bedingungen kann ich so richtig kreativ leben." Diese sind seine Lebensbedingungen. Seine psychosomatischen Störungen – welcher Art auch, treten dann auf, wenn diese Lebensbedingungen oder auch nur einige davon, nicht erfüllt sind.

Es lohnt sich die Antworten hierarchisch zu ordnen. Dann sieht man welche für ihn – aus der heutigen Sicht seines Lebensstils entscheidend sind. So frage ich: „Welche von diesen fünf Antworten ist Ihnen am wichtigsten und auf welche von diesen fünf könnten Sie am ehesten verzichten?" Danach werden die übrigen drei eingeordnet. Im Falle unseres Patienten sieht die Hierarchie nun so aus:

Ich will

❖ groß sein
❖ etwas Besonderes sein
❖ ernst genommen werden

Auf die Antworten vier und fünf, die mit Gemeinsamkeiten zu tun haben, könnte er am ehesten verzichten. Fragen Sie den Patienten, welche Rolle sein Stottern spielt, wenn diese Bedingungen erfüllt sind. Die Antwort kennen Sie schon, oder? Er stottert gar nicht, oder kaum!

So wie oben haben wir den Patienten in unserer stationären Stottertherapie auch kennen gelernt: Er will groß und wichtig sein und ernst genommen werden. Was er macht, das macht er gründlich. Er fährt einen großen BMW. Das Haus, das er gebaut hat, ist ein großes und ein besonderes Haus. Wenn er vor der Gruppe etwas vorträgt, ist es gründlich vorbereitet, mit vielen Papieren für das Flip-Chart und Folien für den

Tageslichtprojektor. Er hat Humor und kann seine Zuhörer für sich gewinnen. Das Stottern braucht er nicht, wenn er vorne steht. Bei gemeinsamen Gruppenaktivitäten außerhalb der Therapiestunden ist er meistens allein. Wenn der Therapietag vorbei ist, aber auch in der Mittagspause, sehe ich ihn alleine gehen, in seinen Wagen steigen und wegfahren. Die Abende verbringt er auf seinem Einzelzimmer mit Laptop und angeschlossenem Drucker.

Ich spreche bei den nun übrig gebliebenen drei Forderungen von Lebensbedingungen, weil so sein Leben in Ordnung ist und er so in seiner Art lieben, und angstfrei sprechen und kreativ handeln kann. Es sind die Bedingungen, unter denen er sich zugehörig fühlt.

Der Patient hatte den Auftrag gegeben:
„Ich möchte verstehen, warum ich in meiner Ehe mehr stottere als am Arbeitsplatz und was ich da machen kann."
Von hier aus kam ich auf die Frage nach der Kindheitserinnerung.

Jetzt konnte er erkennen, dass seine Lebensbedingungen wohl am Arbeitsplatz, wo er viel Anerkennung bekommt, nicht aber in der Ehe erfüllt sind. Er fühlt sich von seiner Frau nicht ernst genommen und hat keine Möglichkeit sich groß zu fühlen. Sie interessiert sich wenig für seine Arbeit und macht seine Visionen lächerlich.

Für die Ehefrau ist es auch nicht leicht, mit einem Star und Boss zu leben. Sie will nicht von ihm dominiert werden und Liebe für Bewunderung kaufen müssen. Weil sie sich schlecht behandelt fühlt, versucht sie ihn von seinem Sockel herunter zu holen. Es gab auch andere Zeiten. Da hat sie ihn bewundert und sich bei ihm – dem Großen – sicher gefühlt. Er fühlte sich ernst genommen. Sie hat sich aber entwickelt; ist aus der „kleinen Mädchen-Rolle" herausgewachsen; hat eigene Ideen und Meinungen entwickelt und lässt sich nicht mehr alles gefallen. Sie fordert Gleichwertigkeit. So kommt es ständig zu Streit, Sprachlosigkeit und Verlust von Zärtlichkeit.

Die beiden haben einiges vor sich: Miteinander sprechen und Zuhören lernen, sich gegenseitig akzeptieren, das Gute aneinander erkennen, sich und andere ermutigen. Das sind einige der Ziele, die sie gemeinsam anstreben können. Aus der Frage nach Antworten auf sein Stottern wurden einige Sitzungen zur Eheberatung, die sein Sprechen verbesserten.

Da man generell nicht erwarten kann, dass andere diese Lebensbedingungen erfüllen, muss jeder sich schon selbst fragen, *was kann ich tun?*
An der Stelle kommen Sie weiter, wenn Sie dem Patienten helfen, die folgende Frage zu beantworten: „Was haben Sie dazu beigetragen, dass die damalige Situation so war wie sie war? In unserem Fall waren die

Antworten: „Ich hörte zu. Ich schaute ihn interessiert an und habe nach-gefragt. Ich habe geholfen beim Abräumen und ich habe Spaß gemacht und gelacht."

Wie kann er diese, schon als Kind erprobte Handlungsweisen in der Beziehung zu seiner Frau einsetzen?

Lebensbedingungen – Krisenbedingungen heißt das Thema. Es ist leicht zu erkennen, dass die Umkehrung der Lebensbedingungen genau so zielsicher zu den Krisenbedingungen führt. Fühlt unser Klient sich klein, durchschnittlich und lächerlich gemacht, dann ist er in der Krise und dann treten seine Symptome auf. In diesem Bereich liegen dann auch seine negativen Erinnerungen, die er verdrängt hatte. Da kann nun, wenn nötig, die Arbeit weitergehen.

Ich fasse noch einmal zusammen:
1. „Woran denken Sie gerne zurück?"
   Zeitraum: Zwischen Geburt und heute. „Denken Sie so weit wie möglich zurück."
   Auch in diesem Fall liegen Sie mit Erinnerungen bis zum achten Lebensjahr sicherer. Lassen Sie sich sieben bis zehn Situationen geben.
2. „Warum war das so schön, dass sie heute noch gerne daran zurück-denken?"
   Bedenken Sie dass diese Antworten besagen: So wäre mein Leben in Ordnung. So will ich es haben. So kann ich mein Potential am bes-ten entfalten. So brauche ich keine Symptome.
3. „In welchen Lebensaufgaben sind diese Bedingungen im Moment nicht erfüllt?"
4. „Welches war Ihr Anteil daran, dass diese Situation damals so schön war/wurde?" Hier gibt es nicht bei jeder Erinnerung eine Antwort. Nehmen Sie eine andere Erinnerung.
5. „Wie könnten Sie diese Fähigkeiten (=die schon in der Kindheit erprobten Handlungsweisen) jetzt einsetzen?" Machen Sie mit dem Patienten einen klaren Plan mit kleinen Schritten. Bedenken Sie auch, dass die Krisenbedingungen, sowohl akut als auch auf längere Sicht zu psychosomatischen Störungen und im Einzelfall zu Suizid-versuchen führen, weil Patienten den Zustand als Sinnlosigkeit er-fahren können.

17

Selbsterfahrung – Berichte von Betroffenen

Erfahrungsbericht
Dieter Kötting [25]

Obwohl es nun gut siebzehn Jahre her ist, erinnere ich mich noch sehr gut an einen Samstagnachmittag im Sommer 1981. An diesem besagten Nachmittag fand in diesem Institut ein sogenannter Informationsnachmittag für in erster Linie – nun nennen wir sie mal – Stotterer statt. Was war das, ein Informationsnachmittag für Stotterer? Der Informationsnachmittag wurde im wesentlichen durch Mitglieder einer Therapiegruppe gestaltet, die gerade in dieser Zeit einer Therapie beiwohnten. Gestalten bedeutete, bewusst über sich selbst, d.h. über eigene Probleme, Erfahrungen mit der Gruppe oder Therapie vor einem breiten Forum (den Besuchern) zu sprechen.

Unabhängig davon, ob man nun stottern oder nicht, können Sie sich sicherlich vorstellen, welche Ängste und Nöte jemanden bei der Vorstellung befallen können, vor einer relativ großen Gruppe eigenverantwortlich sprechen zu dürfen oder zu müssen. Aber dieser Informationsnachmittag bot in dieser Hinsicht natürlich eine ausgesprochen elegante Plattform, die eigenen Möglichkeiten und Fähigkeiten auszuprobieren. Mit Stottern oder ohne Stottern, was spielte das für eine Rolle, denn ein Informationsnachmittag, der von Patienten, die stottern, gestaltet wird, was erwartet man da? Nun auf jeden Fall sicherlich nicht ausschließlich geschliffene und rhetorisch einwandfreie Vorträge zu hören. Also, den Druck nicht stottern zu dürfen, gab es eigentlich nicht.

Aber zurück zu diesem einen Samstagnachmittag. Damals standen die Stühle noch anders herum, d.h. mit Blickrichtung zum Fenster hinter Ihnen. Zudem waren sie schwarz und mit einem Plastik oder Gummibezug ausgestattet. Der Raum war wie immer bei dieser Art von Veranstaltung brechend voll. Die Luft wurde immer schlechter und geschwitzt, getrieben von der inneren Aufregung, hat man sowieso. Sie kennen das,

192

wenn die Achselhöhlen oder der Rücken nur so triefen. Dies war mein erster Kontakt mit diesem Institut bzw. mit den Stotterern. In der Tat, dies war das erste Mal, dass ich bewusst auf Menschen traf, die mit dem Phänomen Stottern ebenso zu kämpfen hatten, wie ich selbst. Aber eigentlich war mir mein Aufenthalt hier zunächst einmal ziemlich peinlich, denn ich fühlte mich mehr als deplaziert, denn ich selbst habe in dem Sinne nie gestottert, sondern ich habe mich entschieden, in bestimmten Momenten einfach nicht zu sprechen, oder besser, ich war überzeugt, jetzt nicht sprechen zu können. Das ist ein kleiner aber feiner Unterschied zwischen nicht zu wollen bzw. nicht zu können. Aber nun ja, da ich schon mal da war..., habe ich dann eine gute Miene aufgesetzt und die einzelnen Vorträge mehr oder weniger lustlos verfolgt. Lustlos und ohne Interesse bis zu dem Moment als ein junger Mann mit einer auffällig kräftigen Statur zum Rednerpult schritt. Ich habe dieses Bild auch heute noch sehr deutlich vor Augen. Dieser Therapieteilnehmer begann dann mit seinem Vortrag, oder besser, er versuchte der Gruppe mühsamst mitzuteilen, wie er heißt und von wo er kommt. Das ganze dauerte – ich weiß es nicht mehr ganz genau – aber sagen wir mal zehn Minuten. Zehn Minuten, die mir wie eine Ewigkeit vorkamen, zehn Minuten, in denen dieser junge Mann versuchte einige wenige Worte zu artikulieren.

Es war mir damals völlig unbegreiflich, wie jemand sich diese Schmach, diese Blamage vor solch einer großen Gruppe antun konnte – und dazu noch freiwillig. Völlig undenkbar war auch, dass ich eines Tages einmal vor so einer großen Zahl von Zuhörern sprechen könnte. Aber wie konnte dieser junge Mann das? Der müsste doch normalerweise vor Scham unter den Teppich kriechen. Aber das war überhaupt nicht der Fall. Er war sogar noch froh und dankbar, dass er sich zu diesem Schritt getraut hatte. Das habe ich überhaupt nicht verstanden. Und die Anwesenden haben dann auch noch wie verrückt applaudiert und ihm ob seines Mutes Respekt und Zuspruch gezollt. Das versteht doch kein Mensch, oder?

Warum erzähle ich Ihnen das, und was hat das eigentlich mit mir zu tun bzw. mit meiner Art des Stotterns oder besser Nicht-sprechen-wollens? Konnte es sein, dass in meiner persönlichen Werteskala der Wert eines Menschen ausschließlich durch sein Habitus, sein Auftreten, seine Art und Weise sich zu artikulieren etc. bestimmt wurde. Wo hatte da der Stotterer einen Platz, wo hatte ich selbst einen Platz?

Sie ahnen es bereits, ich hatte kein Recht auf Anerkennung, kein Recht darauf, mich zugehörig zu fühlen. Ich war ein Niemand, zumindest so lange ich stotterte. Also, was durfte ich, alles nur nicht stottern. Demnach habe ich also geschwiegen. – Stottern für Insider.

Zurück zu dem jungen Mann. Nach meiner ersten Empörung, Sie erinnern sich, wie kann man nur..., kam irgendwann (das war ein längerer Prozess) der ‚Donnerwettereffekt'. Donnerwetter, wenn die das können und sich trauen, müsste ich das doch auch mal probieren. Verlieren konnte ich nichts, denn die anderen stottern ja auch. Also, ab nach Züntersbach.

Das war im Januar 1982, der Beginn einer wunderbaren langen und immer noch andauernden Karriere. Die ersten Therapien waren schwierig und anstrengend. Warum wollte mir der gute Theo nicht glauben, dass Stotterer besondere und vor allen Dingen schonenswerte Mitglieder unserer Gesellschaft sind. Warum konnte er nicht einsehen, dass Stottern einen Sinn hat und uns hilft, Lebenssituationen in unserem uns eigenen Stil zu meistern? Das Dumme war nur, dass dieser Lebensstil einen verdammt hohen Preis hatte, das Stottern nämlich. Und Stotterer sind eben nicht wie alle anderen, die können sich eben nicht vernünftig ausdrücken, aber das hat halt keiner verstanden. Man konnte es drehen und wenden wie man wollte, aber letztlich blieb nur eine Lösung, das Stottern muss weg. Wenn es denn so einfach wäre. Die ersten zehn Jahre, pflegte Theo mit einem Lächeln zu sagen, sind die schwersten. Und verdammt, er hatte recht. Stottern oder auch nicht stottern hat im wesentlichen mit dem eigenen Bewusstsein zu tun, wie der Stotterer seine unmittelbare (jetzige) Lebenssituation einschätzt. Ist sie gefährlich, was muss ich tun, um anerkannt zu werden, was ist wichtig für mich, was darf der andere nicht tun, fühle ich mich selbst autonom oder bin ich abhängig von anderen.

Jeder Stotterer, und ich meine wirklich jeden, leidet unter seinen Symptomen. Die Momente, in denen er stottert lähmen seine Kreativität, verhindern seine Beiträge, zerstören sein Selbstvertrauen, vermindern sein Selbstwertgefühl, kurzum er quält seine Seele. Können Sie sich vorstellen, was es bedeuten muss, dass er trotzdem bereit ist, diesen Preis (das Stottern) zu zahlen? Es muss also etwas geben, was ihn dazu verleitet, trotzdem zu stottern. Was ist das? Das herauszufinden, zu verstehen und als Konsequenz vielleicht sogar Verhaltensänderungen zu riskieren, ist ein Ziel der Therapie.

Diese Therapie war für mich – und nicht nur für mich, ich denke für alle, zumindest die, die wirklich eine Veränderung wollten – eine harte Schule. Denn nicht mehr stottern zu wollen, hieß umdenken, hieß Flexibilität (warum musste man in einer bestimmten Situation stottern, warum musste das Stottern als Schutzmechanismus herhalten), hieß verstehen (warum habe ich es gerade in dieser Situation nötig zu stottern?). Was kann ich dazu beitragen, diese Momente zu verhindern. Sie sehen, ein ganz anderer Denkansatz. Die Idee, dass ich einen Sprachfehler (ein fürchterliches Wort) habe und ich demzufolge dafür nichts kann, gilt nicht mehr. Ich bin selbst verantwortlich für mein Stottern. Ob Sie es glauben oder nicht, diese Erkenntnis hat mein Lebensbild völlig aus dem Ruder brechen lassen. Und Umdenken, wie soll das gehen? Den Schalter umdrehen, wegziehen von der vertrauten Umgebung, neue Freunde, neuer Arbeitsplatz? Im Vertrauen, hat alles nichts geholfen. Meine Erfahrung lautet verstehen, akzeptieren, neue Wege versuchen, testen, Mut haben, Löcher, in die man fällt akzeptieren, Optimismus, Glaube an sich selbst, an seine Fähigkeiten (so wie ich bin, bin gut genug).

Vielleicht ist jemand unter Ihnen, der jetzt denkt, meine Güte, der hat gut reden. Glaubt der eigentlich, was er erzählt? Das klingt alles so einfach, die Dinge sind doch gar nicht so leicht veränderbar. Was kann ich als Betroffener tun?

Nun, Sie haben auch recht. Das eigene Verhalten zu ändern, ist wirklich verdammt schwierig. Aber selbst die weiteste Reise beginnt mit dem ersten Schritt. Beginnen Sie mit dem Glauben an sich selbst, glauben Sie an die eigenen Möglichkeiten, lernen Sie Lebenssituationen richtig einzuschätzen, schauen Sie danach was Sie wirklich wollen. Viele Menschen wissen nämlich gar nicht, was sie wollen. Wenn sie wissen wollen, was sie wirklich wollen, müssen sie auf das schauen, was sie tun (in unserem Fall stottern).

Meine wesentliche Botschaft, die ich Ihnen übermitteln möchte heißt: Haben Sie Mut für Ihre eigene Veränderung! Mut tut gut!

Erinnern Sie sich noch an meine einleitenden Worte? An den jungen Mann, an meine Gefühle, meine Ängste, mein nicht vorhandenes Selbstvertrauen, an das Grauen, das in mir wuchs in Verbindung mit der Idee, dass ich selbst eines Tages vor ein Publikum treten möge, um ein bisschen zu plaudern über Lebensweisheiten, über mich selbst, na und so weiter.

Was immer Sie von meinem kurzen Vortrag verstanden haben, Sie können mich auf jeden Fall hier vorne stehen sehen und Sie können mich hören. Nehmen Sie es bitte als Beleg dafür, dass es Chancen und Wege gibt, dem Übel die Stirn zu zeigen. Wer immer von Ihnen hier als Betroffener sitzt, dem möchte ich zurufen: welche Mühen Sie auch auf sich nehmen, es ist niemals umsonst. Viele Wege führen bekanntlich nach Rom. Der Weg über das Rudolf-Dreikurs-Institut ist einer davon und mit Sicherheit nicht der Schlechteste.

Am Ende dieses Vortrags möchte ich noch kurz darüber berichten, was meine Teilnahme an dieser Therapie mir in Bezug auf meine soziale Entwicklung insbesondere im Hinblick meines beruflichen Werdegangs gebracht hat. Begonnen habe ich diese Therapie als Student, der Wirtschaftswissenschaften. Nach erfolgreicher Beendigung dieses Studiums habe ich mir eine Stelle als Revisionsassistent in einer großen deutschen Reisebürokette erkämpft (man bekommt wahrlich nichts geschenkt und erst recht nicht mit Handicap). Nach relativ kurzer Zeit (dreieinhalb Jahren) habe ich mich dann um eine Stelle eines Prüfungsleiters in einem international operierenden Chemiekonzern beworben. Diese Position hat man mir letztendlich auch tatsächlich angeboten. Nach nunmehr zwölf Jahren, verbunden mit den unterschiedlichsten Funktionen in diesem Konzern, genieße ich heute den Status eines Business Controllers mit hoher operativer und bedeutungsvoller Personalverantwortung.

Glauben Sie mir bitte, von einer derartigen Karriere habe ich vor vielen Jahren nicht einmal gewagt zu träumen, geschweige denn, diese ernsthaft in Erwägung gezogen.

In diesem Institut habe ich den Schlüssel zum Erfolg gefunden, den Weg zu meinem Ziel. Haben Sie Mut, beginnen Sie jetzt, es gibt reichlich zu tun.

Ich danke Ihnen für Ihre Aufmerksamkeit.

"Vom Kriechen der Raupe zum Schmetterlingsflug"
Anke Markmann

1. Meine Situation vor der Therapie/der erste Kontakt und Eindruck

Ich bin sechundzwanzig Jahre und lebe in einer Zeit der Neuorientierung. Das Studium der Sozialpädagogik und Anerkennungsjahr liegt seit einem Jahr hinter mir. Nach einer Hüftoperation mit Komplikationen brauche ich viel Zeit und Mühe, um allmählich wieder auf beiden Beinen laufen zu können. Ich muss mich auf eine Arbeitsstelle bewerben und wahrscheinlich mit Ehemann und Kind den Wohnort wechseln; tief in mir glaube ich, dass das zu viel für mich ist und ich fühle Druck und Anspannung. Das ist der Zeitpunkt in meinem Leben, an dem ich mir eingestehe: Ich brauche Hilfe! So bewerbe ich mich um einen Therapieplatz im Adler-Dreikurs-Institut. Ein halbes Jahr nach Antritt meiner neuen Arbeitsstelle – im Januar 1988 – beginne ich die Therapie.

Einige Zeit vorher bin ich zum Vorgespräch dort. Deutlich in Erinnerung ist mir ein Bild: Ich gehe nach dem Gruppengespräch draußen am Therapiesaal vorbei. Ich sehe durch das große Fenster viele fröhliche Menschen; sie tanzen bunt durcheinander zu einer beschwingten Musik. In mir spüre ich eine große Sehnsucht dabeizusein und diese Unbeschwertheit auch zu erleben.

2. Wichtiges verstehen und Neues wagen

Morgens sitzen wir in einer Gruppe mit zweiundzwanzig TeilnehmerInnen und Theo in kleinem Kreis zusammen. Er spricht unseren Kopf und unser Herz /Sehnsucht an. Ich lerne mich mit meinem Stottern besser verstehen. Die Nachmittage verbringen wir mit Antonia. Sie bringt Lebendigkeit in die Gruppe. Auf kreative und oft nonverbale Art entdecken wir unsere positiven Möglichkeiten und bauen sie aus. Dies erlebe ich oft als Vertiefung des Gesagten. Manchmal denke ich: Hier ist eine Spielwiese, um neue Verhaltensweisen auszuprobieren. Auch die Zeit außerhalb der Therapieeinheiten erlebe ich als therapeutisch. Wir sind in den Pausen zusammen und erleben viel gemeinsame Zeit in den Pensionen und an den Abenden.

2.1. Mich annehmen

Am Anfang der Therapie bemühe ich mich, möglichst gut zu sprechen und überhaupt einen guten Eindruck zu machen. Ich glaube, dass ich mit mir zufrieden bin, wenn ich nicht stottern würde. Mit dem Stottern erlebe ich mich als Opfer. Inzwischen habe ich schon erste Erfahrungen bei der neuen Arbeitsstelle gemacht und durch die Bewältigung des Alltags mehr Selbstbewusstsein gewonnen. In Züntersbach verstehe ich immer mehr, was es heißt, liebevoll mit mir selbst umzugehen und mir eine gute Freundin zu sein. Es braucht viel Zeit, bis ich sagen kann: Ich bin Anke und ich liebe mich so wie ich bin. Ich stottere. Das ist ein Teil von mir. Es ist so wie es ist und das ist gut so.

Immer wieder gibt es Entspannungsübungen, bei denen ich mich mit meinem Körper spüre und von Theo höre: „Du bist du und so wie du bist, bist du gut genug. Du bist als Mensch einmalig, liebenswert und wertvoll." Ich spüre im Institut und bei den Menschen, die dort leben und arbeiten eine ermutigende Atmosphäre mit Freundlichkeit und Respekt vor jedem Einzelnen. Ich lerne zu glauben, dass ich gut genug bin unabhängig von meiner Leistung, meiner Bedeutung und der Meinung anderer. Mir wird bewusst, wie ich mich durch negative Selbstgespräche immer wieder entmutige. Ich übe, besser von mir zu denken, zum Beispiel indem ich mir täglich die Fragen stelle: „Was habe ich heute gut gemacht?", „was habe ich heute besser gemacht?" und „wofür bin ich dankbar?" Die Antworten trage ich in mein Wachstumsbuch ein.

Ich verstehe, dass ich in meiner persönlichen Entwicklung nur wirklich weiterkomme, wenn ich die Aufgaben ernstnehme und dranbleibe. Theo nennt das ‚Fliegen', d.h. in Bewegung bleiben. Ich lerne, mich zu ermutigen und spüre so mehr Frieden in mir. Über die Jahre hinweg sehe ich, dass ich von innen heraus schöner geworden bin. Ich denke: Ich bin eine attraktive Frau, fühle mich wohl in meiner Haut und achte auf mein Äußeres. Gegenseitig helfen wir uns durch Ermutigungen. Die Ermutigungszettel erlebe ich im Alltag als wahre Kraftquelle.

Dieser gute Umgang mit mir bringt mich dazu, im Zusammensein mit anderen Menschen weniger gedanklich um mich zu kreisen, sondern mehr wirkliches Interesse am anderen zu entwickeln und eher zu fragen: „Was kann ich im Sinne des Gemeinschaftsgefühls beitragen?"

Ich erfahre, wenn ich mit mir liebevoll umgehen will und mehr Frieden in mir spüren will, dass es wichtig ist, dass ich in mir Frieden mit meinen Eltern schließe. Die Abschiedsübung ‚auf der Brücke', bei der es um Verzeihen geht, ist mir deutlich und bedeutsam in Erinnerung.

Ich erlebe, besonders bei praktischen Übungen: Das bin ich auch! Gegenseitig sprechen wir aus, was wir für Fähigkeiten an den anderen wahrnehmen, zum Beispiel beim Bewegen und beim Tönen im Kreis zur Klaviermusik oder bei der ‚Armübung' mit einem Partner. Ich staune, wie viel die anderen an positiven Möglichkeiten an mir wahrnehmen.

Dies hat in der Vielfalt und in der Wiederholung dazu beigetragen, dass ich mich immer mehr so annehmen kann, wie ich bin.

2.2. Verstehen, wozu ich stottere

Ich höre von dem Grundgedanken der Individualpsychologie: „Der Mensch ist ein Entscheidungen treffendes Wesen." Ich verstehe nach und nach: Ich bin nicht bemitleidenswertes Opfer, wenn ich stottere, sondern ich habe mich als Kind unbewusst dazu entschieden und tue es immer noch. Ich habe mich erinnert, wie andere Menschen auf mein Stottern reagiert haben. Sie haben sich Sorgen um mich gemacht und mich mit mitleidigen Augen angeschaut. Sie haben mich mehr wahrgenommen als die Menschen, die fließend sprechen und haben meine Leistungen in der Schule und anderswo höher bewertet, weil ich mich dabei mehr anstrengen ‚musste'. Der Satz „Wenn ich wissen will, was ich wirklich will, muss ich schauen, was ich tue" hat mich lange begleitet. Durch die einfühlsame und liebevolle Art der Vermittlung habe ich nach und nach aufgehört, mir etwas vorzumachen und mein Verhalten zu entschuldigen, sondern mich sachlicher betrachtet. Auf eine tiefgründige Art sorgt der Teil in mir, der stottert, dafür, dass ich auffalle und dass das, was ich tue, höher bewertet wird.

Aber, kann ich mich mit diesem Wissen denn bewusst entscheiden nicht zu stottern? Ich habe in der Therapie erfahren: Wenn ich wieder einmal ein paar Tage in einem ermutigenden Klima mit viel Unbeschwertheit und Humor lebe und aktiv Entspannung und bewusstes Sprechen übe, dann kann ich mich immer öfter frei entscheiden, flüssiger zu stottern oder manchmal fließend zu sprechen. Das waren für mich beglückende Highlights, die mich darin bestärkt haben, auf dem Weg weiterzugehen.

Bei meinen Eintragungen ins Wachstumsbuch lese ich zu der Frage: Was wäre, wenn ich nicht stottern würde?:

➢ Ich wäre eine gleichwertige Kollegin.
➢ Ich könnte meinen Eltern freier und fröhlicher begegnen.
➢ Ich wäre eine unter vielen.
➢ Ich hätte weniger Angst und mehr Mut.
➢ Mein Leben wäre leichter.

Diese Antworten sind vor vielen Jahren spontan entstanden.
Heute denke ich: Vieles davon habe ich erreicht – mit einem Reststottern.

2.3. Verstehen, was mein Leben bestimmt

Ich habe gehört, dass Kinder auf Grund dessen, wie sie ihre unmittelbare Umwelt erleben, ihre Meinung darüber entwickeln, wer sie sind, wie die anderen sind und wie das Leben überhaupt ist. Durch das Arbeiten mit

Kindheitserinnerungen und das Verstehen der Familienkonstellation meiner Ursprungsfamilie ist mir klar geworden, was für ein Denkstil mein Leben geprägt hat. Wie ein roter Faden zieht sich durch mein Leben: Ich bin gut genug, wenn ich etwas leiste. Die anderen haben es besser und leichter. Das Leben ist anstrengende Arbeit.

Als Highlight erlebe ich die Arbeit mit einer Kindheitserinnerung. Wir malen die Erinnerung als Bild. In der anschließenden Entspannungsübung verändere ich aktiv das Bild, in meiner Vorstellung, indem ich mehr Helligkeit und Leichtigkeit hineinbringe. Zu dem Zeitpunkt habe ich mich bewusst entschieden: Ich nehme das Leben leicht. Immer wieder habe ich in meinen Gedanken mit der neuen Idee gespielt und immer öfter nehmen mich andere Menschen als fröhlich und unbeschwert wahr.

2.4. Zielstrebig anders denken und mutig Neues wagen

Ich lerne die Idee der Zielsätze kennen. Wichtige Zielideen im Laufe der Therapie sind:

Ich bin Anke, die kleine Anna.

Ich bin so unbeschwert wie ein kleines Kind.

Ich bin eine Blume im Garten Gottes und strecke mich der Sonne entgegen.

Ich bin ich und ich liebe mich, so wie ich bin.

Ich nehme das Leben leicht.

Mit fröhlich neugierigen Augen beginne ich den Tag und lasse ihn auch abends wieder los.

Ich mag meine warme und freundliche Stimme.

Mit Ruhe und Gelassenheit lasse ich mein Sprechen fließen.

So trage ich da, wo ich bin zu einer aufrichtigen und warmen Atmosphäre bei.

Mit Freude und Pep bin ich eine gute Pädagogin.

Immer deutlicher verstehe ich, dass diese neuen Gedanken nur wirken, wenn ich dazu stehen kann, wenn ich glauben kann, dass ich mich dahin entwickle und den Zielsätzen in meinem Leben Raum gebe. Phasenweise spreche ich täglich den Zielsatz und rufe mir wichtige Gedanken immer wieder im Laufe des Tages in Erinnerung.

In der Therapie stellen wir uns immer wieder vor die Gruppe und tragen unseren Zielsatz mit Überzeugung vor bis die anderen spüren: Es ist stimmig.

Bei einigen Zielsatzgedanken entstehen in mir innere Bilder, wie ich mich in der Therapiegruppe erlebt habe. Für mich bietet das Arbeiten in der Gruppe die Möglichkeit, Neues zu wagen, zum Beispiel mehr aus mir heraus zu gehen oder mutig das auszusprechen, was mich beschäftigt.

3. So lebe ich heute

Inzwischen bin ich achtunddreißig Jahre und die Zeit der Therapie habe ich vor sechs Jahren abgeschlossen. Ich bin ‚weitergeflogen‘, d.h. ich lebe mit den ermutigenden Ideen der Individualpsychologie. Ich bin Encouraging-Pädagogin und in Ausbildung zur individualpsychologischen Beraterin.

Ich stehe mitten im Leben. Ich habe zwei selbstständige und fröhliche Kinder, die immer mehr ihre eigenen Wege gehen. Ich bin gerne Pädagogin und erlebe die IP als wertvolle Orientierung. Ich gönne mir mehr Pausen und Muße. Mein Leben ist leichter geworden. Es ist lange her, dass ich krank war.

Im Sommer war ich zehn Tage alleine zelten. Im Nachhinein stelle ich fest: Ich bin kontaktfreudig, unbeschwert und habe fast nicht an Stottern gedacht.

... und irgendwann ist Stottern nur noch eine blasse Erinnerung aus einer dunklen Zeit!

Erfahrungsbericht
Roland Herterich

1. Wo stand ich am Anfang der Therapie?

Der erste Schritt
Ich weiß noch wie heute, als ich zum ersten Mal in Züntersbach war. Es war zu einem Informationsnachmittag. Ich hörte die einführenden Worte von Theo und die Therapieerfahrungen der Teilnehmer. Mir war damals sofort klar, dass dies die Therapie ist, auf die ich gewartet habe. Ich war ja nicht gerade das, was man therapieerfahren nennt. Ich hatte lediglich ein paar Wochen logopädische Übungen bei einer Schauspielerin absolviert – mit mäßigem Erfolg. Dennoch war mir klar, mit dieser Sichtweise, die ich in Züntersbach gehört hatte, komme ich weiter. In der einjährigen Zeit zwischen dem ersten Informationsnachmittag und dem Beginn der Therapie begann ich auf Empfehlung Theos mit autogenem Training.

Wenn ich mich beschreibe, wie ich mich damals vor nunmehr neunzehn Jahren gesehen habe, dann fallen mir Eigenschaften ein wie verschüchtert, zurückhaltend, kontaktscheu, auf Sicherheit bedacht, ängstlich, zaghaft. Ich denke, man kann sich vorstellen, wie ich in etwa war. Ich lebte mit der Vorstellung, „wenn ich das Stottern nicht hätte, dann …", „dann würde ich mutiger sein, dann könnte ich in der Öffentlichkeit auftreten und Reden halten, dann könnte ich Sprachen studieren oder Sportreporter werden". Damals war das Stottern der Mittelpunkt meiner Gedanken. Ich schob alles auf das ‚verdammte' Stottern. Meine Weltsicht war aufs Stottern zentriert. An manchen Tagen ging ich so richtig in Selbstmitleid auf („ich armer Stotterer", „keiner mag mich, ich stottere ja"). Mit Stottern hatte ich ein perfektes Alibi gefunden, mich in meine Welt zurückzuziehen und darin einzurichten.

Was die Lebensaufgaben anging, war ich mit meinen neunzehn Jahren frisch verliebt (Lebensaufgabe Liebe/Ehe), begann ein Studium der Betriebswirtschaftslehre (Lebensaufgabe Arbeit), war eingebunden in meinem heimatlichen Fußballverein, der auch meine Beziehungen zu anderen darstellte (Lebensaufgabe Gemeinschaft), hatte ein sehr autokratisches und frommes Gottesverständnis (Lebensaufgabe Umgang mit Gott/Geistigkeit) und konnte so, mir nichts dir nichts mit mir umgehen (Lebensaufgabe Umgang mit mir selbst). Äußerlich eine eher normale

Bewältigung der Lebensaufgaben. Innerlich war ich ziemlich im Umbruch, weg von zu Hause, weg von der Schule zum Studium.

Der Beginn der Therapie
Zu Beginn der Therapie, 1982, begann ich zu verstehen, dass Stottern ein Symptom wie viele andere ist. Es ist ein neurotisches Symptom wie rot werden, Nägel kauen, hypernervös sein, usw. Es ist ein intelligentes, komplexes Symptom, das mit meiner Persönlichkeit zu tun hat. Deswegen war mir das duale Angehen wichtig. Sprachtherapeutische Übungen, um zu erfahren, dass ich symptomfrei sprechen kann, und individualpsychologische Therapie, um mehr über die Hintergründe und die Finalität meines Verhaltens zu erfahren. In dieser Zeit bekam ich ein Handwerkzeug an die Hand gegeben, was mir ermöglichte, fließend zu sprechen. Da dieses fließende Sprechen auch etwas Künstliches darstellte und nicht einherging mit meiner Persönlichkeit, hatte ich auch Schwierigkeiten, dies konsequent anzuwenden. Zusätzlich wuchs in mir die Überzeugung, dass das fließende Sprechen nicht das Hauptproblem ist. Es ist lediglich ein Symptom. Wenn es nämlich das Hauptproblem gewesen wäre, hätte ich lediglich die Sprechtechniken angewandt und wäre aller Probleme erledigt gewesen. Da musste also noch etwas anderes sein, was mich davon abhielt, fließend zu sprechen.

2. Therapiefortschritte

Zielgerichtetheit meines Stotterns
Die individualpsychologische Sichtweise eröffnete mir eine neue Sichtweise. Ich begann mit den Prinzipien
- der Mensch ist ein Entscheidungen treffendes Wesen
- der Mensch ist ein soziales Wesen
zu arbeiten. Ich verstand, dass mein Stottern immer etwas mit mir und meinen Zielen zu tun hat. Es ist immer im Kontext mit meiner Umgebung zu sehen. Wieso gelingt es mir, in manchen Situationen fließend zu sprechen, und an manchen Tagen möchte ich mich am liebsten verstecken, da ich keinen Satz fließend zu Ende bringe. Ich lernte, dass ich immer dann Schwierigkeiten habe, wenn ich mit Autoritätspersonen zu tun habe. Mit mir fremden Personen hatte ich anfangs keine Schwierigkeiten. Ich wollte ja einen Kontakt herstellen und der anderen Person sympathisch sein und gefallen. Er soll mich ja mögen und lieb haben. Nach einer Weile begann ich dann stärker zu stottern. Komisch. Auch

hier musste ich lernen, dass mir zuviel Nähe nicht liegt. Ich will lieber die Distanz und die Beziehung kontrollieren. So ist es verständlich, dass ich sehr gut telefonieren kann, aber im direkten, persönlichen Gespräch mehr Schwierigkeiten habe. Hier kann ich der anderen Person nicht mehr ausweichen. Ich empfinde so ein Gespräch gefährlich und bedrohlich. Ich habe dabei Angst, dass die Menschen mich ablehnen und abstoßen und negativ über mich reden. Ich empfinde mich dabei ausgeliefert und wehrlos. Das Stottern hilft mir dabei einen Grund zu liefern, dass ich diesen Situationen ausweiche und dass mich die anderen auch schonen. Mir war das lange nicht bewusst, weil ich es wohl nicht wahrhaben wollte, dass die Menschen um mich herum, mich weniger belasten wollten und mir ‚öffentliche‘ Auftritte abnehmen wollten. Dadurch wurde mir auch klar, was ich wohl mit dem Stottern erreichen wollte:

- Abstand halten,
- eine besondere Behandlung,
- Anerkennung erhalten, dass ich es trotzdem schaffe.

Die Zielgerichtetheit des Stotterns wird mir dabei immer bewusster. Ich begann, über die Zeit mehr und mehr über meine Mechanismen zu lächeln (es hat übrigens lange gedauert, bis ich mir es eingestehen wollte – und manchmal will ich es heute noch nicht wahrhaben, dass ich bestimmte Ziele mit dem Stottern verfolge).

Preis meines Stotterns

Es wurde schon ein wenig deutlich, was ich mit dem Stottern erreiche: Kontrolle und Überlegenheit. Es ist ja auch nicht so schlecht, meine Situation im Überblick zu haben, Dinge geregelt zu bekommen und die Aufmerksamkeit von anderen zu bekommen.

Wie überall gibt es auch die Kehrseite der Medaille. Der Preis, den ich mit meinem Verhalten zu bezahlen habe, ist, dass ich ohne Kontrolle fast wie gelähmt bin. Ich bin nicht so kreativ, dynamisch und proaktiv. Ich kann es auch nicht hundertprozentig ertragen, wenn gute Ideen von anderen komme. Wenn Nähe droht, ziehe ich mich lieber zurück. Dadurch hemme ich auch meine Weiterentwicklung.

Ein weiterer Preis, den ich wohl bereit bin/war hinzunehmen, war, dass ich beispielsweise Vorstellungsgespräche hatte, die nur zehn Minuten dauerten. Grund des vorzeitigen Beendens: „Mangelnde Kommunikationsfähigkeit". Diese Bewertungen saßen tief, bestätigten mir dennoch meine Meinung, wenn ich nicht stottern würde, dann würde ich ja ...

Lebensstilanalyse

Basierend auf meine Kindheitserinnerungen entwickelte ich meine Lebensstilanalyse, meine Sichtweise von mir, meinen Mitmenschen und der Welt im allgemeinen. Das Trickige an den Kindheitserinnerungen ist, dass sie etwas Absolutes an sich haben. Mir geht es nur dann gut, wenn es wieder genauso ist. Negative Kindheitserinnerungen weisen mich darauf hin, was ich unbedingt vermeiden will. So habe ich gelernt, dass ich Ablehnung vermeiden will. Wenn ich abgelehnt werde, fühle ich mich wie gelähmt und komme nicht von selbst aus dieser Situation heraus. Ich weiß auch, wann es mir gut geht. Ein Beispiel mag dies verdeutlichen: *Ich bin auf dem Feld mit den Großeltern, meiner Mutter und meinem Onkel. Ich war erst sechs Jahre alt und durfte allein den großen Traktor steuern (für die ängstlichen: der erste Gang war eingelegt und Gas brauchte ich nicht zu geben). Die anderen haben parallel dazu, Stroh aufgeladen.* Wann es mir gut geht? Man lässt mich tun und hat Vertrauen zu mir. Dann bin ich zufrieden und glücklich. Wenn dem nicht so ist, geht es mir nicht gut.

Ich empfand oder soll ich sagen, empfinde noch – denn alles hat sich nicht geändert –, dass ich ein kleiner Junge bin, der gut sein will, der sich wünscht, dass alle wissen, was mir gut tut. Die Welt habe ich als ungerecht betrachtet. Das Leben hat mir gute Fähigkeiten gegeben, die ich nur entwickeln kann, wenn andere mich dazu ermutigen und ich es auch will.

Familienatmosphäre

Meine Familienatmosphäre betrachtete ich als eher nüchtern, kalt, kleinbürgerlich. Nähe und Umarmungen kannte ich nicht. Eigene Wünsche und Bedürfnisse habe ich nicht geäußert oder waren nicht erwünscht. Kinder hatten diese den Bedürfnissen des Vaters einzuordnen und zu gehorchen. Die Zeitplanung hatte sich nach der des Vaters zu richten.

Dieser eher negativen Sichtweise meiner häuslichen Erfahrungen konnte ich im Laufe der Therapie auch Neues hinzugewinnen. Ich habe die Umstände meiner Eltern, als sie selbst Kinder waren, untersucht, Verständnis gewonnen und konnte die Beziehung zu meinen Eltern auf bessere Basis stellen. Es ist jetzt so, dass ich damit umgehen kann. Es ist bestimmt nicht die herzliche Beziehung, die man aus der Reklamewelt kennt. Es ist eine normale Beziehung geworden, oder soll ich sagen, es ist meine Einstellung geworden, dass ich ich bin und mein Leben lebe und dass meine Eltern so wie sie sind gut sind und ihr Leben leben. Ich bin nicht dazu da, ihnen zu gefallen und sie sind nicht da, mir alles recht zu machen. Alles in allem, eine funktionierende, respektvolle Beziehung.

Was ich aus meiner Familie mitgenommen habe, quasi als eine Art Bestandteil des ‚Familienwappens', sind Werte wie Pünktlichkeit, Verlässlichkeit, Fleiß, Gehorsam und Familiensinn. Dies begleitet mich weiterhin in meinem Leben, und ich verspüre tiefe Dankbarkeit für diese Tugenden.

Neuerdings kommen mir Gedanken aus meiner Therapie wieder hoch. Ich erinnere mich an einen Satz von Theo: „Wir behandeln uns heute so, wie uns unsere Erzieher früher behandelt haben." Dieser Satz hat für mich aktuelle Bedeutung. Alle Selbstgespräche, die ja Teil einer Selbsterziehung sind, reflektieren meine erworbenen Erziehungsmuster. Wenn ich heute vorsichtig an eine Aufgabe herangehe und daran denke, was wohl die anderen sagen könnten, höre ich noch die Stimme von meinen Eltern: „Was denken wohl die anderen, die Nachbarn, wenn du das machst?" Mit diesem Wissen gelingt es mir doch hin und wieder, es dennoch zu tun, da ich die Wurzeln meiner Vorsicht erkenne.

Familienkonstellation

Als Mittlerer – vier Jahre nach der großen Schwester und drei Jahre älter als mein jüngerer Bruder – fühlte ich mich als echter Sandwich. So richtig mittendrin. Ich bildete mir ein, ich hatte weder die Vorteile der Älteren noch die des Jüngeren. Vaters Liebling war die Schwester, Mutters Liebling der Bruder. Und wo blieb ich? Meine damalige Schlussfolgerung: Ich gehöre nicht dazu. Also musste ich etwas tun, um Beachtung zu erhalten, um eine Sonderstellung einzunehmen: demonstrativer Rückzug und Beachtung und vielleicht auch eine kleine Portion Bestrafung. Aus heutiger Perspektive eine eher fiese Methode, half mir damals zum ‚Überleben'. Erst nach und nach gelang es mir, mich wieder aktiver in das Familienleben einzufinden.

Bedeutung der Prioritäten

Mir wurde schnell klar, welche Prioritäten ich offensichtlich verfolge. Ich wollte möglichst allen gefallen und wollte alles unter Kontrolle haben. Auf der einen Seite Nähe, auf der anderen Seite Distanz. Welchen Preis ich dafür gezahlt habe und zahle, habe ich weiter oben schon aufgeführt. Anfangs hatte ich noch starke Schwierigkeiten, meine Prioritäten und die Auswirkungen zu akzeptieren. Dies spürte ich besonders mit dem Gefallenwollen. Ich schätzte es, ausschließlich anderen zu helfen, zu unterstützen, hatte aber Schwierigkeiten damit zu akzeptieren, dass ich keine Bedürfnisse äußere und dadurch meine eigene Entwicklung hemme. Das ist heute noch eine Schwierigkeit, dass ich die Bedürfnisse der anderen sehr gut kenne und auch befriedige, meine eigenen aber ignoriere, falls ich sie mir überhaupt bewusst mache bzw. machen kann. Die Priorität Kontrolle hingegen konnte ich sehr gut akzeptieren. Ich verzichte schon mal auf Spontaneität und Ausgelassenheit, wenn ich dafür das Gefühl der Kontrolle habe. Zur Zeit bin ich jedoch an einem Punkt in meiner Entwicklung, wo ich stärker meine Spontaneität und Flexibilität entwickeln will.

Was tue ich, um das Niveau zu halten?
Zuerst einmal, was habe ich überhaupt gemacht, um an mir zu arbeiten. Insgesamt habe ich die Basistherapie absolviert, anschließend ein paar Aufbautherapien. Danach (ca. drei bis vier Jahre) habe ich die Therapie offiziell beendet. Nach etwa vier Jahren Pause, spürte ich die Notwendigkeit, weiter an mir zu arbeiten. Ich belegte weitere Sozialtherapien und engagierte mich in Encouraging-Trainings, absolvierte die Ausbildung und führe Encouraging-Kurse selbst durch. All dies macht mich zu einem kleinen Experten in Theorie und Praxis. Ich weiß, was und wie ich es zu tun habe, um mit mir und anderen besser zurecht zu kommen. D.h. allerdings auch, dass jede kleinere Abweichung vom Idealzustand bei mir auch ein ‚Loch‘ hinterlässt. Die Löcher oder Aussetzer sind nicht mehr ganz so lang, jedoch öfters tiefer, da ich mir Vorwürfe machte, ich müsste es ja wissen, wie es geht.

Letztendlich bin ich täglich beschäftigt, das Niveau zu halten. Täglich baue ich morgens eine kleine Entspannungsübung ein. Diese beinhaltet auch ein Zielsatz, der sich im Laufe der Jahre leicht geändert hat, aber im Grunde vergleichbar ist (*„Ich bin Roland, eine strahlende und lebendige Persönlichkeit. Ich fühle mich sicher in Gottes gütiger Liebe. Ich gehe frei und selbstbewusst auf andere zu, teile mich klar und deutlich mit und lasse raus, was in mir ist. Mit Ulrike führe ich eine gleichwertige und harmonische Partnerschaft, meinen Kindern bin ich ein liebevoller und fester Freund; als Bergwerk voller Edelsteine diene ich Gott auch durch meine Arbeit und überzeuge durch meine fachliche und soziale Kompetenz. Ich trage das geheime Wissen in mir, dass Gott mich liebt, schützt und führt. Ich bin wichtig, wertvoll und liebenswert“*).

Einige Entspannungsübungen und Methoden aus dem Encouraging-Training wende ich für mich weiterhin an. Da ich überzeugt bin, dass mein Stottern ein soziales Problem ist, kann ich täglich daran arbeiten, in jedem Kontakt, in jedem Gespräch, mit jeder Interaktion.

3. Wo stehe ich jetzt?

Um zu zeigen, wo ich jetzt stehe, kann ich die Lebensaufgaben hernehmen. Sie zeigen nach individualpsychologischer Anschauung, ob und wie ich mit meinem Leben und seinen Aufgaben zurecht komme.

Liebe/Ehe
Ein wichtiger Punkt in der Entwicklung ist die Partnerschaft. Meine Frau habe ich noch Anfang der Therapie kennen gelernt. Ein wichtiger Punkt für mich war, dass sie sich ebenfalls auf die Aspekte der Therapie eingelassen hat. Mit ihr habe ich auch verschiedene Sozialtherapien und Paar-Ermutigungs-Kurse absolviert und abgehalten. Ulrike ist meine Stütze und versteht den Hintergrund der Therapie, was mir sehr wichtig ist. Wir schaffen es, Teile der IP mit in unseren Alltag einzubeziehen. Wir führen regelmäßig mit den Kindern wöchentlich Familienratsitzungen durch. Unsere Erziehungsmaßstäbe für unsere beiden Kindern sind sehr stark an Rudolf Dreikurs, einem Schüler Adlers, ausgerichtet.
Die Qualität unser Ehe ist entscheidend geprägt von den Inhalten der Therapie, der IP. Uns gelingt es, unsere Löcher früher und manchmal auch rechtzeitig zu entdecken. Wir können auch längere Zeiten ohne intensiven Austausch durchstehen, wissen aber dann auch, was uns fehlt und was wir für uns wieder tun müssen. Elf Jahre verheiratet klingt nüchtern, elf Jahre gemeinsam gewachsen, hört sich besser an. Ich fühle, als ob wir elf Jahre (und ein bisschen mehr mit den Jahren davor) gewachsen sind.

Arbeit/Beruf
Die Entwicklung im Beruf und die Arbeit an mir lief synchron. Anfangs war ich sehr unsicher, vor allem im Kontakt mit anderen. Ich traute mir wenig zu und schöpfte nur geringfügig mein Potential aus. Die Angst zu versagen, lächerlich zu wirken, war vorherrschend.
Zur Zeit bin ich zuständig für die europäische Koordination einer Produkteinführung. In dieser Funktion leite ich eine Gruppe von Personen mit den unterschiedlichsten Funktionen, aus verschiedenen Ländern und

Kontinenten und verschiedenen Organisationen. Ich rätsele heute noch manchmal, warum ich wohl ausgewählt worden bin. Die Haupttätigkeit dieser Aufgabe ist, Kontakte herzustellen, Schwierigkeiten anzusprechen und zu lösen, Besprechungen abzuhalten, Präsentationen in englischer Sprache zu geben und die Landesgesellschaften auf dem Laufenden zu halten. Ohne das soziale und sprachliche Rüstzeug, das ich in all den Jahren mir aneignen konnte, hätte ich in diesem Job keine Chance. So gelingt es mir, verschiedene Meinungen, Kulturen und Arbeitsweisen zu integrieren.

Während ich diese Zeilen schreibe, hat man mir angeboten, für ein paar Jahre in das Mutterhaus in die USA zu gehen. Eine kleine Anerkennung für meine bisherige Entwicklung.

Die Tätigkeit, die ich jetzt ausübe, wäre vor ein paar Jahren undenkbar gewesen. Mein gewachsener Mut, an neue Aufgaben heranzugehen, und meine verbesserte Sprachfertigkeit haben mir dabei geholfen.

Freizeit/Gemeinschaft

Waren meine sozialen Kontakte vor allem durch meinen Heimatort und den dortigen Fußballverein geprägt, haben sich meine Freizeitaktivitäten und Kontakte deutlich erweitert (auch wenn sie momentan zu kurz kommen). Ich fühle mich eingebettet in ein soziales Netz, das durch Kontakte zu anderen Eltern, ehemaligen Züntersbachern und Angehörigen meiner Religionsgemeinschaft geprägt ist. Ich konnte in all den Jahren die Fähigkeit entwickeln, mir meine Kontakte selbst aufzubauen und auch Kontakte von anderen zuzulassen.

Da hier auch vom Sprechen die Rede ist, erwähne ich noch, dass ich hin und wieder auch Reden bei gesellschaftlichen Anlässe halte. Mir sind die erstaunten Gesichter nach wie vor sehr lebendig in Erinnerung.

Umgang mit mir selbst

Im Umgang mit mir selbst habe ich wohl die meisten Fortschritte gemacht, auch wenn es da noch Vieles zu verbessern gibt. So bin ich geduldiger geworden, kann besser zuhören, nehme nicht mehr alles persönlich und kann hin und wieder auch einmal „nein" sagen, ohne dabei stottern zu müssen. Der Umgang mit mir ist insgesamt freundlicher geworden, ich kann auch schon mal Fehler eingestehen und zulassen.

Ich nehme mir auch bewusst Zeit für meine „Psychohygiene": Tägliche Entspannungsübungen und mein Zielsatz helfen mir, Kraft und Energie aufzuladen.

Umgang mit Gott

Durch meine kontinuierliche Entwicklung hat sich auch mein geistiges Leben, mein Gottesverständnis geändert. War es anfangs noch sehr geprägt von Frömmigkeit und einem autokratischem Bild, erlebe ich Religion und Gott nicht mehr als Bedrohung. Ich habe gelernt, selbständig suchend mir meine Religion auszusuchen (vor acht Jahren bin ich Bahá'í geworden). Gebete und Meditation gehören zum Bestandteil meines Lebens und sichern mir meine geistige Grundlage.

Und wie sieht das heute mit dem Stottern aus?

Ach ja, stottern kann ich auch noch. Ich habe sehr wenig von meinen sprachlichen Fortschritten geschrieben. Manchmal kommt es mir vor, als ob ich keine Zeit mehr zum Stottern habe. Ich denke, ich brauche mein Stottern nicht mehr (so häufig). In den Situationen, bei denen ich damals zu Therapiebeginn gestottert habe, stottere ich nicht mehr. Im gewöhnlichen Umgang habe ich keine Schwierigkeiten mehr. Ich spreche fließend und gehe direkt meine Aufgaben an. Das Ausmaß meiner sprachlichen Entwicklung lässt sich direkt von meiner persönlichen Entwicklung ablesen.

Ja, zugegeben, ich habe nach wie vor meine Schwierigkeiten, wenn ich das Gefühl habe, ich könnte abgelehnt werden. Diese Angst ist deutlich geringer geworden, ist aber noch da. Stottern hindert mich nicht mehr daran, etwas abzulehnen. Ich spreche mittlerweile fließend vor einem größeren Publikum. Natürlich muss ich mich sehr intensiv darauf vorbereiten. Mir fehlt es zwar noch an Ausdruckstärke und Modulation, doch ich denke, die kommt auch noch. Wichtig für mich ist, dass ich vor einem Publikum frei reden und Vorträge halten kann; und das nicht nur in der Muttersprache.

Den Kontakt mit anderen kann ich länger ohne Stottern halten. Die Nähe macht mir weniger aus.

Das Entscheidende, was sich geändert hat, ist, dass ich nicht mehr (fast nicht mehr) daran leide. Ich führe keine inneren Gespräche mehr, wie „wenn ich nicht stottern würde, dann …". Diese Art von Selbstmitleid ist weg. Ich weiß, dass ich selbst der Schöpfer meiner Situation bin und mich für meine Gedanken und Selbstgespräche entscheide. Wie schon erwähnt, habe ich manchmal das Gefühl, ich habe das Stottern ‚vergessen' bzw. keine Zeit dazu. Ich denke, es kommt daher, weil ich nicht mehr auf meine Außenwirkung achte. Ich tue das, was ich für wichtig und notwendig erachte.

Dadurch, dass ich Neues ausprobiere und dabei auch schon einmal stottere, habe ich manchmal das Gefühl, es hat sich nicht viel verbessert. So kann es vorkommen, dass ich schon einmal bei einem freien englischen Vortrag hängen bleibe. Eine solche Situation habe ich mir allerdings vor ein paar Jahren nicht vorstellen können. Für mich stellt sich daher die Frage, einen Schritt mit eventuellem Stottern tun oder beim Alten ohne Stottern verharren. Da hat jeder seine eigene Antwort darauf.

Sonst noch etwas oder was tun, wenn der eigene Sohn auch stottert?
Meine größte Herausforderung war, als mein ältester Sohn selbst anfing zu stottern. Ich weiß nicht, ob es jemand nachempfinden kann, was das heißt. Ich war wochen-, monatelang völlig mit den Nerven fertig. Die Situation ist so klassisch. Philipp fing etwa zwei Monate nach der Geburt unseres zweiten Kindes an zu stottern. Wir versuchten, dem keine Bedeutung beizumessen. Nach Rücksprache mit Fachleuten haben wir uns eine Zeit von sechs Monaten gegeben. Danach haben wir fachliche Hilfe gesucht. Wir haben uns für eine Spiel- und Familientherapie entschieden. Philipp, damals fünf Jahre alt, hat auch Fortschritte gemacht, sowohl im Sprechen als auch im sozialen Bereich. Er galt als sehr zurückhaltend und hat kaum eigene Kontakte gesucht. Erst durch die Therapie habe ich sein Ziel verstanden. Er hat genau gewusst, wie er mich an sich binden kann. Stotterte er heftig, ging es mir schlecht, stotterte er wenig, ging es mir besser. Diese Art von Symbiose musste ich aufbrechen und mir erlauben, dass es mir trotz seines Stotterns gut geht und nicht versagt zu haben, wenn er zu stottern anfängt. Ich gebe zu, mir fiel und fällt es noch schwer. Nach Abschluss dieser Therapie war Philipp lebendiger, stotterte weniger (aber nach wie vor) und ich war um eine Illusion ärmer. Ich dachte immer, in meiner Familie kann so etwas nicht vorkommen. Während ich das schreibe, ist Philipp acht Jahre alt, hat sich einen eigenen Freundeskreis aufgebaut und spricht nach meinem Maßstab weitgehend fließend – auch wenn er hin und wieder Denkpausen einbaut.

Und jetzt?
Ja, und wie weiter. Manchmal habe ich den Eindruck, meine Entdeckungsreise ist noch nicht zu Ende. Ich weiß, dass ich im sozialen Bereich und im persönlichen Umgang mit Menschen noch dazulernen kann. Ich beabsichtige daher, Einzelberatungen zu nehmen, um noch

besser mit mir und anderen umzugehen. Das Stottern hilft mir dabei, meine Grenzen und Entwicklungsmöglichkeiten aufzuzeigen. Dass die Sprache ein wesentlicher Indikator für meine Entwicklung ist, mache ich mir dabei zunutze.

Insgesamt fühle ich eine große Dankbarkeit für den Weg, den ich seit nunmehr siebzehn Jahren eingeschlagen habe. Er führte mich zu einem fließenden Sprechen, zu einem qualitativ besseren Umgang mit mir und anderen. Meine Lebensqualität hat zugenommen.

"Peer, Du lügst!"– oder,
Stottern als Ausdruck der Angst vor der Selbstwerdung
Herbert Wulf

„Peer, Du lügst!" Mit diesem Ausruf der Mutter beginnt Henrik Ibsen nicht nur sein dramatisches Gedicht Peer Gynt, sondern umreißt gleichzeitig das Hauptthema seines Bühnenwerkes. Peer lügt, indem er sich – durchaus erfolgreich – mit Aufschneidereien, Träumen und Phantasien um die halbe Welt bewegt, letztlich aber der Grundforderung des menschlichen Zusammenlebens „sei Du selbst, um beziehungsfähig zu sein", verweigert. Ich nehme dieses Stück der Weltliteratur von Ibsen als Bild, an dem sich viele Phänomene des Problems Stottern und auch eigene Stationen im Umgang mit diesem Problem deutlich machen lassen.

Von der Sprachauffälligkeit zum manifesten Stottern
Als ich zwei Jahre alt war, erkrankte ich an Scharlach. In der Herkunftsfamilie meiner Mutter waren von elf Geschwistern sieben Kinder innerhalb kurzer Zeit an Scharlach gestorben, so dass diese Diagnose besonders bei meiner Mutter traumatische Erinnerungen ausgelöst haben musste. Als ich in das Krankenhaus gebracht wurde, soll meine Großmutter gesagt haben: „Der kommt nicht wieder." Ich wurde acht Wochen auf einer Isolierstation behandelt, selbst der Kontakt zu meinen Eltern war eingeschränkt und nur durch eine Sichtscheibe möglich. (Noch heute lösen Schalterbeamte hinter geschlossenen Scheiben ein gewisses Unbehagen bei mir aus.) Wie ich später von meinen Eltern erfuhr, habe ich bis zu diesem Krankenaufenthalt normal gesprochen, sei aber dann in der Zeit danach durch leichtes Anstoßen aufgefallen. Aus heutiger Sicht eine durchaus normale Reaktion für ein Kind, das sich in der Mitte der Sprachentwicklung befindet, durch diese Erfahrung erheblich verunsichert und somit in der Sprachentwicklung vorerst einmal zurückgeworfen wird. Bei einem ausreichenden, ermutigenden Vertrauen, dass sich „mit der Zeit die Dinge wieder ins Lot bringen" würden, hätte man davon ausgehen können, dass ich zur normalen Sprechfähigkeit und Sprachentwicklung zurückgekehrt wäre.

Meine Eltern müssen wohl selbst sehr verunsichert gewesen sein, so dass sie aus gut gemeinter Absicht dieser Sprachauffälligkeit mehr und mehr Aufmerksamkeit schenkten. Für mich wurde dadurch Sprache etwas, was nicht von allein funktioniert und sich ganz beiläufig entwickelt, sondern was tagtäglich bewusst und mit Mühe vollzogen werden muss. Die anfängliche Verunsicherung wurde manifest und weitete sich zum Stotterproblem aus. Während der ganzen Schulzeit wurde diese Entwicklung immer wieder verstärkt durch regelmäßiges Nachfragen vornehmlich durch meine Mutter. „Hast Du heute in der Schule sprechen müssen und hat es geklappt?" Gleichzeitig erinnere ich mich aber auch in dieser Zeit an die Verharmlosung des Problems, wenn meine Mutter zu anderen Menschen in einer quasi Rechtfertigung sagte: „Leider stößt er ein bisschen an." Aus heutiger Sicht habe ich auch den Eindruck, dass meine Eltern sich damals schämten, dass ihr Sohn „nicht sein Wort machen konnte". Entsprechend dem Gefühl für die Behinderung waren dann auch, durchaus kompensatorisch zu verstehen, die Vorstellungen über die Traumberufe. Natürlich waren es in erster Linie Berufe wie Schauspieler, Fernsehsprecher, kurzum brillante Redner, die „ihr Wort machen" und in ebenso logischer Konsequenz war die Wahl eines Handwerksberufes eine Vermeidensreaktion auf permanente Sprech- und Kontaktsituationen, die ich in Berufen mit häufigem Publikumskontakt wie Bankangestellter, Verkäufer usw. erwartete. Bei der Fixierung auf die Unterscheidungskriterien „sprechen müssen" bzw. "nicht sprechen müssen" blieben andere Berufswahlfindungskriterien wie zum Beispiel persönliche Interessen, Neigungen, Begabungen usw. unberücksichtigt.

Hier wird deutlich, wie sehr sich ein Stotterer in seinen alltäglichen Verhaltensweisen auf einige wenige Wahrnehmungs- und Handlungsmuster einengt und sich sehr stark in Entweder-Oder-Fixierungen aufhält. Wäre es nach dem Wunsch meiner Mutter gegangen, so hätte sie auch schon den Typus der passenden späteren Ehefrau für mich ausgesucht. „Sie braucht nicht schön sein und Geld braucht sie auch nicht zu haben, Hauptsache, sie ist lieb und versteht ihn in seinem Leiden." Freundlichsein, Nettsein, oder, wie meine Mutter sagte: „brav und artig sein", entwickelten sich zu festen und damals durchaus erfolgreichen Strategien, mit denen ich allen möglichen Konflikten, die eine authentische Äußerung meiner Person gefordert hätten, aus dem Weg gehen konnte. Ich ging nun davon aus, dass das in Zukunft so bleiben würde und erwartete keine großen Veränderungen mehr in meinem Leben und richtete mich in einer überwiegend passiven, reaktiven Lebenshaltung ein. Anstatt aktiv und situationsangemessen die Beziehung zu meinen Mitmenschen zu gestalten, verlagerte ich meine Aufmerksamkeit ebenso wie die meines Gegenübers auf den ‚Nebenkriegsschauplatz' des Leidens am ‚Nicht-sprechen-können'.

Offensichtlich gab es jedoch auch bis dahin noch eher unbewusste Persönlichkeitsanteile in mir, die gelebt werden wollten und keine Rücksicht auf ‚Sprechen können‘ oder ‚nicht Sprechen können‘ nahmen. Heute weiß ich, dass ich so alt, wie ich mich damals mit siebzehn bis achtzehn Jahren fühlte, in meinem ganzen Leben nicht mehr werden kann.

Die ersten Aufbrüche

An wiederholten Versuchen, dem Stottern durch geeignete Maßnahmen zu begegnen, hat es nie gefehlt. Aus heutiger Sicht muss ich jedoch sagen, dass es allesamt Versuche waren, das Symptom abzustellen. In den ersten Schuljahren nahm ich an regelmäßigen logopädischen Übungen teil, die jedoch nicht den erwarteten Erfolg mit sich brachten. Verschiedene Klassenlehrer in der Schule versuchten, mir auf ihre Weise „zu helfen". So ließ mich zum Beispiel ein Lehrer in der ersten Reihe sitzen, damit sich die anderen Schüler nicht nach mir umdrehen konnten und ein anderer Lehrer ließ mich in der hinteren Bank sitzen, weil er der Meinung war, dass ich dann die anderen Schüler besser unter Kontrolle hätte und sich die Sprechangst dadurch mindern würde. Sämtliche von den Lehrern gut gemeinte Maßnahmen führten jedoch letztlich dazu, dass das Symptom immer mehr in den Vordergrund gerückt wurde, der meinen „Behindertenstatus" zunehmend manifestierte, und mir zusätzlich auch eine besondere Bedeutung in der Klassengemeinschaft gab. Ein paar Jahre später bekam ich dann noch einmal logopädische Übungsstunden an der HNO-Klinik der Universität Münster, bei denen mir die verschiedenen Sprechtechniken wie Legato-Technik, Stop-Technik, Anblas-Technik usw. vermittelt wurden mit dem Ergebnis, dass diese in der Laborsituation hervorragend gelangen, jedoch empfand ich die Umsetzung der Sprechtechniken im normalen Sprechalltag peinlicher als mein vertrautes Stottern.

Im Alter von neunzehn Jahren nahm ich dann erstmals an einer halbjährigen stationären Sprachheiltherapie in einem Sprachheilsanatorium in Braunschweig teil. Hier gab es überwiegend die gleichen vertrauten logopädischen Übungen. Für mich jedoch nachhaltig waren einige wenige Sitzungen bei einem Psychologen, die mich ermunterten, das Augenmerk nicht mehr so sehr auf das Stotterproblem zu richten, sondern die verbleibende Zeit und den Abstand von der heimischen Umgebung für Emanzipationsversuche jeglicher Art zu nutzen. So kam ich dann nach einem halben Jahr aus der Therapie in Braunschweig nach Hause, wenn auch zum Leidwesen meiner Eltern immer noch stotternd, so doch mit einem gewaltigen Motivationsschub versehen, das Leben in die eigene Hand zu nehmen. In der Folge zog ich dann aus meinem Heimatort weg in eine andere Stadt, und machte dort das Abitur nach. Nach wie vor war Stottern zwar immer noch als Problem vorhanden, bestimmte aber nicht mehr so wie zuvor meine gesamten Lebensbezüge. Ich fühlte mich zwar immer noch behindert, ließ mich aber immer weniger dadurch behindern. In dieser Situation lernte ich in einer studentischen Selbsthilfegruppe für Stotterer eine Kommilitonin kennen, die von der Sprachheiltherapie des Rudolf-Dreikurs-Institutes in Züntersbach erzählte. Ich war interessiert und bekam nach einem Vorgespräch mit dem Leiter des Institutes Theo Schoenaker den Eindruck, dass hier ein ganzheitlicher Zugang zum Problem möglich war, der nicht nur das Symptom Sprachstörung in den Mittelpunkt stellte.

Das Abenteuer Züntersbach

1975 begann ich mit einer Basistherapie für erwachsene Stotterer, die fünf Behandlungseinheiten zu je fünf Tagen verteilt über das gesamte Jahr umfasste. Die Kernsituation, die mir nachhaltig in Erinnerung blieb, trat gleich in der ersten Stunde zum Therapiebeginn auf. Wir waren eine Gruppe von ca. 15 erwachsenen männlichen und weiblichen Stotterern und wie jeder Neuanfang beinhaltete auch die Therapie in Züntersbach als erstes das sich gegenseitige Kennenlernen und Vorstellen. Für mich waren Vorstellungsrunden von jeher immer "in Kreuz". Große Manöver des Ausweichens wie umständliche Umschreibungen waren nicht möglich, es ging „einfach nur" darum, seinen Namen zu sagen. Spätestens hier wurde mir deutlich, dass es vor dem eigenen Namen und damit vor dem „Ich bin ..." kein Ausweichen gab. Eine „Notlüge", sich zum Beispiel einfach mit einem anderen Namen vorzustellen, was ich früher in solchen Situationen durchaus öfters mal gemacht hatte, wäre hier in der Therapiesituation mehr als lächerlich gewesen. Jedenfalls wurde mir klar, dass nicht nur ich allein schweißgebadet in dieser Runde saß und angstvoll darauf wartete, bis die Reihe an mir war. Ich bekam dann doch mehr schlecht als recht meinen eigenen Namen halbwegs verständlich „über die Bühne" und bekam dann, etwas entspannter, da „der Kelch an mir vorübergegangen war", mit, wie ein anderes Gruppenmitglied sich mit allen möglichen Verrenkungen und Spannungen und Blockaden an seinem Namen abmühte. Ich dachte innerlich nur, wer befreit ihn von dieser Qual, kann ihm denn kein anderer zur Seite springen und für ihn den Namen sagen. Aber wie gesagt, es gab keinen Ausweg, die Reihe war an ihm. Es gab kein Ausweichen vor der Frage „Wer bist Du?" Ich weiß nicht, wie lange dieses Mühen, Pressen und Würgen des anderen Gruppenmitgliedes gedauert haben mag – für mich war es eine Ewigkeit – jedenfalls brach er nach einiger Zeit irgendwelche Laute heraus, bei denen wahrscheinlich keiner verstanden hatte, wie er denn nun hieß. Ich glaubte nun, und damit war ich mir wahrscheinlich mit der gesamten Gruppe einig, es sei nun gut gewesen und man würde nun ganz bestimmt weitergehen und die Sache bei sich bewenden lassen, um ihn nicht noch mehr zu quälen. Weit gefehlt! In ruhiger, sachlicher und freundlicher Zuwendung hörte ich Theo Schoenaker sagen: „Ich habe den Namen nicht verstanden, sagst Du es noch einmal?"

Mir wurde schlagartig klar, worum es geht. Wenn zwei Menschen oder eine Gruppe zusammenkommen, findet Begegnung statt. Wie soll ich dem anderen begegnen, wenn er nicht weiß, wer ich bin, woher ich komme und was ich tue. Nirgendwo wird so sehr wie beim Stottern offensichtlich, dass man gleichzeitig in einen Beziehungskontakt treten und sich gleichzeitig daraus wieder zurückziehen kann. Mir wurde klar, dass ich nicht nur mit der Sprache stottere, sondern mit meinem gesamten Leben. Wie ich mit meinen Mitmenschen in Kontakt trete, symbolisiert sich in der Art und Weise des Sprechens. Mir wurde hier der individualpsychologische Ansatz deutlich, und zwar individual hier verstanden als unteilbares Ganzes im Sinne meiner gesamten Lebensbewegungen.

Im spezifischen Ambiente von Züntersbach, das ein Gefühl des Angenommenseins und somit im wahrsten Sinne des Wortes eine eigene Wertschätzung nach sich zog, war es möglich, nach und nach sich aus den Wahrnehmungs- und Verhaltensfixierungen, die sich über die Jahre durch das Stottern ergeben hatten, herauszulösen. So wurden mir nach und nach die primären Meinungen oder besser Leitlinien, die ich mir von mir selbst über die anderen und über die Welt sowie über die Art und Weise, wie ich in dieser Welt zurecht kommen konnte, im Sinne der individualpsychologischen Lebensstilanalyse deutlich. Ich erkannte zunehmend mein Stottern als eine Methode der Sicherung meines eigenen Selbstwertgefühles. Und damit auch die Schein- und Lügengebäude (ähnlich wie bei Peer Gynt), hinter denen ich mein schwaches Selbstwertgefühl zu verstecken bzw. zu schützen suchte. Ich erinnere mich an die Erfahrungen in der Stimm- und Körperarbeit mit Antonia Schoenaker, die mir erstmals ein Gefühl von Raum gaben, den ich mit meiner Stimme füllen konnte. Ich fand Gefallen an meiner Stimme und nahm mir in der Folgezeit mehr und mehr den Raum zur eigenen Entfaltung und Begegnung mit anderen Menschen. Es erwies sich für mich als sehr gut, dass die gesamte Therapie in einzelne Behandlungsblöcke aufgeteilt war, so dass ich regelmäßig die neuen Erfahrungen im realen Lebensalltag zu Hause umsetzen bzw. überprüfen und korrigieren konnte.

Wo stehe ich heute?

Nach Abschluss der Therapie in Züntersbach merkte ich sehr schnell, dass der eigentliche Therapieprozess damit erst begonnen hatte. Ich war in Züntersbach im Sinne einer Wahrnehmungsschule und alternativen Sichtweise meiner Probleme sensibilisiert worden, die mir deutlich machten, dass ich in bezug auf das Stottern gleichzeitig Opfer und Täter in einer Person bin. Ich ertappte mich immer häufiger dabei, dass ich durch meine Wahrnehmungs- und Handlungsmuster genau die Situationen herstellte, die ich eigentlich fürchtete und ich erkannte, dass ich mein Stottern immer dann als Strategie einsetzte, wenn ich mich nicht traute, in authentischer Weise über mich selbst oder über die Dinge zu sprechen, sondern „um den heißen Brei" herumzureden. Ich musste zum Beispiel lernen, in einer Gaststätte abends um 22.00 Uhr zu sagen: „Ich habe noch Hunger und möchte gerne etwas essen", und nicht in ausschweifenden, sämtliche mögliche Einwände meines Gegenübers oder des Oberkellners vorwegnehmend mit umständlicher Wortwahl mich zu vergewissern: „Entschuldigen Sie bitte, wir sind heute sehr spät angekommen, der Zug hatte leider Verspätung, ich weiß, dass Ihre Küche schon geschlossen hat, aber haben Sie vielleicht auf der Speisekarte Gerichte, die sie auch so vorhalten und wenn es Ihnen nichts ausmacht, würden wir jetzt gerne noch etwas essen ..." (natürlich mit Stottern).

Der Prozess war nicht nur angenehm, es war auch durchaus unangenehm zu erfahren, dass ich nicht nur so brav und freundlich bin wie meine Mutter mich gerne gehabt hätte, sondern dass ich Kanten und Profil habe, was durchaus im Kontakt mit anderen zu Reibungen und Aggressionen führt. Aber insgesamt gesehen wurde ich lebendiger, „nahm mir das Leben" und bemerkte wohltuend, wie in diesem Prozess das Stottern mehr und mehr in den Hintergrund trat und seine allmächtige Präsenz verlor. Es bleibt sozusagen ein hintergründiger „Freund", auf den man in „Notsituationen" durchaus einmal zurückgreifen kann.

Parallel dazu traute ich mich dann auch mehr und mehr, meinen Neigungen und Interessen nachzugehen, studierte Pädagogik und Psychologie, absolvierte verschiedene Therapieausbildungen und arbeite nun seit ca.

achtzehn Jahren als Leiter in einer Suchtberatungsstelle. So habe ich letztlich einen sprechenden Beruf ergriffen, lebe gut damit und es macht mir viel Freude.

Bei allem Leiden und schmerzhaften Erinnerungen, die für mich mit dem Stottern verbunden sind, verspüre ich trotz alledem eine tiefe Dankbarkeit für die Lebenserfahrungen, die ich in der Auseinandersetzung mit und den Reifungsmöglichkeiten an diesem Problem machen durfte. Letztlich hat die Störung meiner Sprach- und Äußerungsfähigkeit eine ungebrochene Faszination für alles, was mit Sprache und Theater zu tun hat, hinterlassen. Vor allen Dingen empfinde ich das Stottern heute als einen hochempfindlichen Seismographen, der mir regelmäßig deutlich macht, wie es zur Zeit um meine psychosoziale Mitte bestellt ist.

Im Verlauf des letzten Jahres stelle ich durchaus Entwicklungen fest, die man vorsichtig als Rückfallverhalten deuten könnte. Ich merke, dass ich in bestimmten Situationen wieder häufiger stottere als früher und auch in einigen Situationen Sprechängste entwickle. Ich selbst führe das zurück auf biographische Einschnitte in meinem Leben: der Tod der Eltern in den letzten Jahren, mein 50. Geburtstag sowie bevorstehende berufliche Umwälzungen, die geeignet sind oder waren, die bisherigen, weitgehend stabilen Rahmenbedingungen, in denen ich lebe, zu verunsichern. Ich sehe dem jedoch mit der gebotenen Gelassenheit entgegen und nehme dies als Aufforderung für weitere Veränderungsprozesse an, wie es sehr treffend von Abraham Maslow formuliert wurde. „Beklemmung, Zweifel, Hoffnungslosigkeit sind Anzeichen dafür, dass ein Mensch innerlich unsicher genug geworden ist, um wachsen zu können. Es kommt darauf an, das Wachstum zu wählen und nicht die Angst."

Ich fasse zusammen: Immer dann, wenn ich meine Mitte habe, wenn ich „kongruent" bin, zu mir stehe , habe ich keine Sprachprobleme, weil ich mich nicht verstecken muss. Ertappe ich mich mal wieder beim Stottern, ärgere ich mich natürlich zunächst. Immer häufiger gelingt es mir aber, mir innerlich freundschaftlich selbst „auf die Schulter zu klopfen" und im Sinne des oben genannten Satzes zu mir selbst zu sagen: „Achtung! Peer, du lügst!" Denn ich habe mich wohl mal wieder dabei erwischt, dass ich entsprechend der „Altlasten" meines Lebensstils in eine Rolle gerutscht war, die heute so nicht mehr stimmt. Ich muss meinem Gegenüber nicht mehr vermitteln, dass ich jemand bin, den man zum Beispiel schonen muss. Mehr denn je kann ich „mein Wort machen" und dazu stehen, auch wenn es mal nicht auf allgemeine Begeisterung stößt. Wenn ich „der Peer bin, der ich bin", genügt das vollkommen. Es bedarf nicht einer permanenten Selbsterhöhung oder Selbsterniedrigung zur Sicherung meines Selbstwertgefühles mit dem Preis, das Leben „abzustottern". In diesem Sinne schließe ich mit einem Satz, der mir aus der Züntersbacher Therapie nachhaltig in Erinnerung geblieben ist: „So wie du bist, so bist du gut genug."

18

Hilfreiche Vorschläge für die Praxis
Theo Schoenaker

Behalten Sie folgende Linie und die damit verbundene Haltung im Auge. Dann ist der Weg richtig. Ihre Erfahrung bestimmt die Qualität. Es gelten vier Schritte für eine individualpsychologische Therapie und Beratung nach Rudolf Dreikurs (1976). Den fünften habe ich hinzugefügt.
1. Beziehung
2. Psychologische Analyse
3. Deutung
4. Neuorientierung
   - Kleine Schritte
5. Ermutigung

Diese Schritte gelten als Orientierung. In der Praxis laufen sie nicht immer in dieser Reihenfolge ab und sie sind auch nicht klar abgegrenzt. Der erste Schritt „Beziehung" wird zwar am Anfang hergestellt, aber die Beziehung muss im gesamten Therapieprozess gehalten bzw. immer wieder neu hergestellt werden, falls sie verloren gegangen ist. Das gilt auch für die Ermutigung. Sie soll den ganzen Prozess tragen.

Beziehung

- Machen Sie sich die **erstrebenswerten Qualitäten** (Schoenaker, Th. 1999) zu eigen.
- Stellen Sie mehrere Stühle hin und lassen Sie den Patienten seinen Platz selbst wählen (Siehe S. 64/65).
- Schaffen Sie ein Verhältnis der **Gleichwertigkeit**, das ist Respekt für das Anderssein des Patienten und sehen Sie das **Problem** des Patienten **als** das **Ergebnis seiner eigenen falschen Ziele.** Sehen Sie es so, dass der **Patient selbst** die **Ursache** für seine eigene leidvolle Situation ist und **dafür auch** die **Verantwortung** trägt. Er ist nie das passive Opfer, obwohl er das selbst so sieht. Glauben Sie fest

daran, dass der Patient und nur er, seine Situation ändern kann. Haben Sie dabei Geduld, in der Sicherheit, dass Entwicklung Arbeit und Zeit erfordert.

- Bleiben Sie trotz aller Freundlichkeit **sachlich** und beschäftigen Sie sich mit dem Patienten im Rahmen seines Problems. Der Urlaub, das Fernsehprogramm, das Wetter sind (meistens) nicht das Thema.

- **Stellen Sie Ihre Sache auf nichts** (Adler); d.h. tun Sie in jeder Sitzung das Beste, was Sie können und lassen Sie es dann los. Sie sind nicht verantwortlich dafür, ob der Klient Fortschritte macht. Sie **sind verantwortlich dafür, dass Sie Ihr Bestes tun**.

- Das Ziel der Therapie ist, das Denken, Fühlen und Handeln des Patienten zu seinem Wohle zu fördern. Dieses Wohl ist immer eine **vollständigere Teilnahme an der Gesellschaft** durch die bessere Entwicklung des **Gemeinschaftsgefühls** (siehe das Encouraging-Training). Es ist eine der Aufgaben des Therapeuten, Modell zu sein für Gleichwertigkeit und Mitmenschlichkeit, was immer eine mutige Haltung und Mut zur Unvollkommenheit impliziert.

- **Es scheint, dass die Person des Therapeuten wichtiger ist, als die Methode.** Sicher ist Folgendes: Je mehr Sie von dem individualpsychologischen Menschenbild verstehen, desto klarer ist Ihr Kopf. (Nehmen Sie nicht zu viele Patienten hintereinander). Je besser Sie eine warme, freundliche Haltung herstellen können und sie mit Humor und der Fähigkeit zu führen verbinden, desto besser werden Sie als Therapeut sein. Der Trost und die Hoffnung bei alledem ist, dass man zwar nicht mit **diesen Qualitäten** geboren wird, aber dass man sie **lernen kann**.

- Betrachten Sie in der Begegnung mit dem Patienten, **die nonverbalen Signale** – wie seine Haltung, seine Mimik, seinen Handschlag, seine Symptome – aus dem Blickwinkel dessen, was Sie im Kapitel über die vier Prioritäten gelernt haben. Machen Sie darüber kurz Ihre Notizen; zum Beispiel: „Der Patient hält Abstand, begrüßt mich mit einem steifen ausgestreckten Arm, zeigt eine unbewegliche Mimik, streckt beim Sprechen seine Zunge heraus. Ich fühle mich herausgefordert." Vielleicht haben Sie damit schon ganz wesentliche Elemente für die Therapie gefunden. Bei einer günstigen Gelegenheit können Sie dem Patienten diese Eindrücke mitteilen.

- Lassen Sie sich einen klaren **Auftrag** geben. „Was hätten Sie gerne, dass ich mit Ihnen bearbeite?" „Was möchten Sie lernen oder besser verstehen?" „Womit kann ich Ihnen helfen?" Nehmen Sie es nicht als selbstverständlich an, dass der Patient am Symptom arbeiten will. Fragen Sie bei weiteren Sitzungen, ob die Richtung noch stimmt oder ob er Ihnen einen anderen Auftrag gibt. Manche Patienten geben unklare Aufträge, zum Beispiel: „Ich möchte ruhiger werden!" oder „Ich möchte verstehen, warum ich so viel stottere!" Daran können Sie sich die Zähne ausbeißen. **Fragen Sie weiter bis Sie einen klar umschriebenen Auftrag haben, den Sie mit Ihren Mitteln auch angehen können.** Zum Beispiel: „Wann/mit wem möchten Sie ruhiger sein können?" „Ich möchte ruhiger sein, wenn mein Chef mich ruft." „In welcher Situation möchten Sie verstehen warum Sie so viel stottern?" „Ich möchte verstehen, warum ich meiner Mutter gegenüber so viel stottere."

Das sind Aufträge, womit Sie etwas anfangen können.

Psychologische Analyse

Gehen Sie mit dem Klienten seine

- **Lebensaufgaben** durch (siehe S. 32 ff) und stellen Sie fest, wie sehr eine befriedigende Erfüllung der Lebensaufgaben beeinträchtigt ist. Als Faustregel: Mit zwei der ersten drei Lebensaufgaben kann man einigermaßen gut leben. Mit nur einer der ersten drei Lebensaufgaben hat man keinen guten Grund glücklich zu sein. Wenn keine dieser Lebensaufgaben zufriedenstellend gelebt wird, ist der Patient gefährdet, weil ihm der Sinn des Lebens verloren geht.

  Die beiden von Mosak und Dreikurs hinzugefügten Lebensaufgaben können, wenn zufriedenstellend gelöst, den betreffenden auf den Beinen halten. Dies ist aber ohne die ersten drei äußerst selten der Fall. Lassen Sie also den Patienten über seine Lebensaufgaben erzählen und checken Sie eine nach der anderen ab. Das persönliche Gespräch ist immer besser, aber Sie können ihm auch folgendes Formblatt vorlegen:

Lebensaufgaben

Die Individualpsychologie geht davon aus, dass wir Menschen fünf Lebensaufgaben zu erfüllen haben. Es handelt sich um Liebe, Arbeit, Gemeinschaft, der Umgang mit sich selbst und das geistige Leben. Verwenden Sie eine Skala von 1 bis 10 und schreiben Sie die Zahl in den Kreis, nachdem Sie sich gefragt haben: „Wie zufrieden bin ich mit der Erfüllung dieser Lebensaufgabe?"

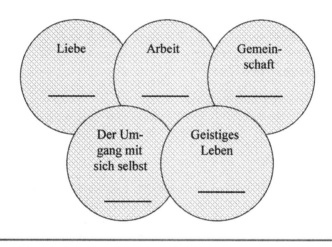

Danach können Sie mit ihm darüber sprechen und die Lebensaufgaben so erweitern:

Lebensaufgabe: Liebe
Wie zufrieden sind Sie mit der Beziehung zu
➢ Ihrem Partner?
➢ Ihren Eltern (lebend oder verstorben)?
➢ Ihren Kindern?

Lebensaufgabe: Arbeit
Wie zufrieden sind Sie mit der Beziehung zu
➢ Ihrem/n Vorgesetzten?
➢ Ihren Mitarbeitern?
➢ Ihrer Aufgabe (Tätigkeit)?
➢ Wie gut können Sie nach der Arbeit Ihre Arbeit loslassen?

Lebensaufgabe: Gemeinschaft

Wie zufrieden sind Sie mit Ihrer Beziehung zu

➢ Freunden?

➢ Kameraden?

➢ Nachbarn?

➢ anderen Menschen generell?

Lebensaufgabe: Der Umgang mit sich selbst

Wie gut können Sie sich selbst annehmen, so wie Sie sind?

Wie zufrieden sind Sie mit

➢ dem Umgang mit Ihrem Körper?

➢ Ihrer Bereitschaft, an Ihrer Entwicklung zu arbeiten?

➢ Ihrem Umgang mit Ihrer Freizeit?

➢ Ihrer Fähigkeit sich selbst aus einem „Durchhänger" zu befreien?

Lebensaufgabe: Geistiges Leben

Wie zufrieden Sind Sie

➢ mit Ihrer Beziehung zu Gott?

➢ mit den Antworten auf die Frage nach dem Sinn des Lebens?

So lernen sie Ihren Patienten besser kennen, als durch Anamnese-Fragebögen, womit Sie viel Informationen sammeln, die Sie nie brauchen.

• Stellen Sie mit Hilfe des Fragebogens oder in einer anderen Weise **die ersten beiden Prioritäten** fest und erklären Sie dem Patienten die Situationsabhängigkeit bzw. die Ziele seines Stotterns auf diesem Hintergrund. Vermitteln Sie ihm in diesem Rahmen auch die Stärken seiner Prioritäten. Ich gebe manchmal „Visitenkärtchen" der Prioritäten ab. Wenn er zum Beispiel die Priorität Kontrolle hat, bekommt er eine Visitenkarte, wo auf der Vorderseite steht: „Meine Priorität ist Kontrolle." Und auf der Rückseite: „Dies beinhaltet: *Ich kann*: führen ~ organisieren ~ gut wahrnehmen. *Ich bin*: zuverlässig ~ pünktlich ~ gründlich ~ voraussagbar ~ ehrgeizig ~ fleißig ~ mutig ~ selbstbewusst ~ ruhig ~ sparsam ~ standhaft ~ umsichtig ~ leistungsfähig ~ bereit beizutragen ~ bereit Verantwortung zu tragen. *Ich habe*: Respekt für Gesetz und Ordnung ~ Ausdauer ~ ein gutes Auge für Zeit und Einteilung." Diese Geste kann sehr ermutigend wirken. Weitere Inhalte für „Visitenkärtchen", die Sie vielleicht selbst herstellen wollen, entnehmen Sie der Tabelle auf Seite 55.

Um die Priorität festzustellen, können Sie zum Beispiel auch fragen: „Was ist Ihnen wichtiger? Die Bequemlichkeit, d.h. Ihre Ruhe oder dass andere Leute Sie mögen?" Lautet die Antwort, dass andere Leute mich mögen, dann fragen Sie: „Was ist Ihnen wichtiger, dass andere Leute Sie mögen oder dass Sie sich ihrer Sache sicher sind?" Kommt die Antwort, „Dass andere Leute mich mögen", dann fragen Sie „Was ist ihnen wichtiger? Dass andere Leute Sie mögen oder dass Sie überlegen sein können?" Sie können auch die Sackgassen abfragen: „Wovor haben Sie am meisten Angst: „Vor Stress und Verantwortung oder davor, dass man Sie ablehnt? Wovor haben Sie am meisten Angst, dass man Sie ablehnt, oder vor Ereignissen, die Sie nicht kontrollieren können?" usw. Der **Fragebogen zur Feststellung der Priorität** (siehe S. 86 f) gibt Ihnen am Anfang aber mehr Sicherheit.

- Sprechen Sie mit dem Patienten über seine **Kindheit**; d.h. lassen Sie ihn aus seiner Kindheit erzählen.

- Studieren Sie noch das Thema **Familienkonstellation** in „Grundbegriffe der Individualpsychologie", (Dreikurs 1976) oder „Psychologie in der Medizin", (Dreikurs 1980). In beiden Büchern bietet er einen hilfreichen Fragebogen an. Vielleicht können Sie daraus erkennen, welche **Meinungen** der Klient sich als Kind über sich, die anderen und das Leben gebildet hat und welche Strategien er sich schon früh zu eigen gemacht hat, um mit dem Leben zurecht zu kommen, bzw. den Anforderungen des Lebens auszuweichen.

- Einen sinnvollen Einblick gibt auch die folgende Möglichkeit. Sie lassen den Patienten ein „**Familienfoto**" aus seiner Kindheit zeichnen (Strichmännchen genügen). Aus der Anordnung der Personen erkennen Sie schon einiges über seinen Platz in der Ursprungsfamilie und den der anderen. Lassen Sie zu jeder Person drei Eigenarten aufschreiben, wie der Klient diese bei den jeweiligen Familienmitgliedern bis zu seinem siebten bis achten Lebensjahr erlebt hat. Auch zu sich selbst schreibt er drei Eigenarten auf. Versetzen Sie sich selbst in den Klienten und in seine **Rolle des Kindes von damals** und versuchen Sie nachzuvollziehen was es bedeutet, diesen Einflüssen ausgesetzt zu sein und welche Meinungen das Kind durch diese Konstellation sich möglicherweise gebildet hat; Meinungen, die jetzt noch als Aspekte seines Lebensstils in ihm wirken. Dann können Sie gezielt Fragen stellen.

- Lassen Sie sich eine **Kindheitserinnerung** (s. Kap. 14, 15, 16) erzählen und finden Sie darin die Beziehung zum heutigen Problemverhalten. Wenn Sie sich lieber einige Kindheitserinnerungen und einen ausgefüllten Prioritätenfragebogen vor dem Erstinterview schicken lassen, dann können wichtige Eindrücke entstehen, wie sie in folgenden Protokollen ersichtlich werden. Ich gebe Ihnen zwei Beispiele aus meiner Praxis:

Erst-Interview: Patientin Marlies, 22 Jahre

Ihre Mutter hat sie angemeldet und auch die weitere Korrespondenz für sie geführt.

Sie spricht in ihren frühen Kindheitserinnerungen über Gefahren in ihrer Umwelt, zum Beispiel ein Haus, das abbrennt. Sie spricht von Selbstmitleid, nachdem sie sich selbst schlechter darstellt, als sie eigentlich ist, und dann natürlich auch schlechter beurteilt wird. Sie rächt sich an Männern und wird dafür bestraft. Angst, Selbstmitleid und Strafe stehen im Mittelpunkt ihres Denkens. Es gibt somit möglicherweise zwei Leitsätze:

1. Ich muss aufpassen, denn die Welt, die Menschen sind bedrohlich.
2. Wenn ich mit Menschen zusammen bin, muss ich mich so verhalten, dass diese an mir nichts auszusetzen haben.

Mit diesen beiden Leitsätzen sind wir im Spannungsfeld zwischen dem Wunsch nach Unabhängigkeit und Abstand einerseits, und dem Bedürfnis nach Frieden in der menschlichen Nähe andererseits. Da sie in allen Kindheitserinnerungen, in denen Strafe, Selbstmitleid und Angst auftritt, mit anderen Menschen zusammen ist, wird die Neigung, sich von anderen zurückzuziehen und von anderen unabhängig zu sein, größer sein als das Bedürfnis anderen zu gefallen. Die Tendenz, gefallen zu wollen, ist wohl eine Arbeitsmethode, um damit Strafe zu vermeiden. Das Ziel wird jedoch die Kontrolle, d.h. Unabhängigkeit, Selbständigkeit, Abstand sein.

In den Kindheitserinnerungen sehen wir ihre Aktivitäten in der Entfernung von Menschen.

Wir sehen diese Annahme in der Auswertung des Fragebogens *nicht* bestätigt. Das Ergebnis sieht so aus:

Überlegenheit: 2,5 - Probleme: 1
Kontrolle: 4,5 - Probleme: 2
Gefallen-wollen: 7,5 - Probleme: 6
Bequemlichkeit: 4   - Probleme: 2

Marlies sieht sich also selbst als einen Mensch mit den Prioritäten Gefallen-wollen und Kontrolle, wobei sie am meisten Probleme mit der
Priorität Gefallenwollen hat. Wir schließen daraus, dass sie sich am
meisten über ihre Verhaltensweisen im Sinne der Priorität Gefallenwollen im Bilde ist und dass sie an diesem Bedürfnis, anderen zu gefallen
und an ihrem Unvermögen im richtigen Moment „nein" zu sagen, am
meisten leidet. Wir würden dieses Leiden aufgrund ihres Bedürfnisses
nach Sicherheit, Selbstständigkeit, Unabhängigkeit, Abstand deuten,
denn diese Bedürfnisse gefährdet sie dadurch, dass sie den Kontakt mit
anderen Menschen von sich aus nicht abzubrechen wagt.

**Soweit die Deutungen aus den schriftlich vorliegenden Kindheits-
erinnerungen und dem Fragebogen zur Bestimmung der Priorität.**

Ich werde Marlies jetzt beobachten, wie sie zum Gespräch herein-
kommt, welche nonverbalen Signale ich in der ersten Begegnung verstehen kann. Ich erwarte eine junge Frau, die freundlich-kontaktfreudig
oder Mitleid erregend auf mich wirkt. Das würde dann ihr Selbstbild
(Priorität Gefallen-wollen) bestätigen. Ich werde aber darauf achten,
welche Informationen sie mir gibt, um festzustellen, welche ihre wirkliche erste Priorität oder ihre zweite Priorität ist.

Marlies wird von ihrer Mutter gebracht und zeigt sich sofort aktiv, als
ich sie bitte, mit mir mitzukommen. Sie sucht sich auch aktiv einen
Platz, etwas weiter von mir weg und hält ihre Tasche schützend vor sich
auf dem Schoß. Sie ist mit ihren Antworten sehr zurückhaltend. Sie
macht Ein- oder Zweiwortsätze, wobei sie sehr stark stottert. Sie streckt
eine dicke Zunge heraus und fasst zur gleichen Zeit mit der rechten
Hand ihre Nasen-Scheidewand an. In einem anderen Augenblick macht
sie den Mund weit auf und schließt die Augen. Ein anderes mal schnauft
sie durch die Nase ein und verzieht dabei das Gesicht nach rechts und
stülpt den Mund etwas vor. Es ist unmöglich sie zu ergänzen, weil man
nicht weiß, was sie sagen will.

Ihre Symptome mobilisieren in mir eher die Neigung, mich von ihr zu
entfernen, als zum Beispiel durch Mitleid auf sie zuzugehen. Ihre Symptomatik bestärkt mich in meiner Annahme, dass ihre erste Priorität
Kontrolle ist.

Sie bewegt den Kopf zwar nicht nach hinten, so wie wir das bei der Priorität Kontrolle öfters vorfinden, aber jemand, der die Zunge so stark
herausstreckt wie Marlies, wehrt den Zuhörer ja schon genug ab. Eine
zusätzliche Kopfbewegung wird eigentlich überflüssig.

Als ich allmählich ein Vertrauensverhältnis aufgebaut habe, spricht
sie mehr und auch ohne zu fragen über persönliche Dinge. Ihre ersten

nonverbalen Zeichen waren die von Kontrolle: Vorsicht, Abstand halten und sich schützen. Jetzt kommt etwas mehr ihre Priorität Gefallen-wollen durch. Sie ist zugänglich und bereit zu kooperieren. Ein Psychologe habe ihr gesagt, dass sie ihr Stottern verwende, weil sie keinen Kontakt mit anderen Menschen haben wolle. Sie könne dies nicht nachvollziehen. Auf meine Frage hin, was sie nun meistens wahrnehme, wenn sie mit Leuten in Kontakt käme; ob sie auf sie zugehen oder ob sie sich mehr von ihr entfernen, wenn sie stottert, sagt sie ganz entschieden: „Die Menschen haben mehr die Neigung sich von mir zu entfernen." Sie erzählt Beispiele aus der Schule, wo die Lehrer sich ablehnend verhalten haben. „Ich konnte gut lernen, aber die anderen wurden genommen, weil sie gut reden konnten."

„Erleben Sie öfters, dass die Leute Ihnen gegenüber ungerecht sind?"
„Ja, sehr oft, insbesondere meine Eltern. Ich bin durch mein Stottern ja an sie gebunden, weil ich allein ja nicht Fahrkarten kaufen, zur Post bzw. zum Arbeitsamt gehen kann. Meine Eltern müssen mich ja immer begleiten. Sie entscheiden dann Dinge für mich, die ich nicht richtig finde. Auch in der Grundschule wurde ich von der Lehrerin öfters geschlagen, deswegen konnte ich in der Schule auch kein Wort rausbekommen."

Über die Ungerechtigkeit der Menschen kann sie lange erzählen, und bei den meisten Fragen über andere Themen kommt sie bald auf eine ungerechte Behandlung zu sprechen. Das passt zur Priorität Kontrolle. Zum Beispiel: „Wenn meine Eltern schlechter Laune sind, muss ich das ausbaden und ich darf mich nicht wehren. Ich fühle mich festgehalten von den Eltern. Vielleicht fühlen sie dass sie überflüssig werden. Ich will den Kontakt nicht ganz abbrechen, aber selbstständiger werden." Hier kommt ein Stück Verständnis für ihre Eltern durch, das sie bei weiteren Aussagen vertieft.

Passend zu der Priorität „Gefallenwollen" finden wir folgende Aussagen:
„Ich sage zu oft ja, weil ich keinen Streit mag. Am wichtigsten ist das bei meinen Eltern und in der Schule bei den Lehrern. Ich passe mich an, ärgere mich dann über mich selbst und leide darunter; aber ich leide noch mehr unter Streitigkeiten."

Über ihre Beziehung zum männlichen Geschlecht sagt sie: „Ich mag überlegene Männer nicht. Ich will mich nicht unterbuttern lassen. Ich will zur Bundeswehr."

Auf die Frage: „Was würde sich ändern, wenn Ihr Stottern weg wäre?" sagt sie: „Ich würde mehr unter Leute gehen. Ich würde alles selbstständig machen. Ich würde auch fremde Leute ansprechen und ich wäre nicht mehr von meinen Eltern abhängig."

Wir sehen hier das Ziel des Stotterns bestätigt, nämlich: Sie hält sich mit ihrem Stottern fern von Kontakten und bleibt weiterhin von ihren Eltern abhängig mit dem „Vorteil", dass sie nicht in die große Welt hinaus muss.

Erst-Interview: Patient Manfred, 19 Jahre

Er spricht in seinen frühen Kindheitserinnerungen über schöne Ereignisse, wenn er mit Tieren zusammen war. Gefahren kommen auf ihn zu, wenn er dort, wo Menschen sind, nicht richtig aufpasst (er wurde beinah von einem Laster überfahren).
Es gibt möglicherweise zwei Leitsätze:
1. Zusammen mit Tieren ist es schön.
2. Beim Zusammensein mit Menschen muss ich aufpassen, sonst werde ich „überfahren".

Der Mensch, der lieber mit Tieren als mit Menschen zusammen ist, und das Zusammensein mit Menschen als gefährlich betrachtet, tendiert wohl zur Priorität Kontrolle. Die Kindheitserinnerungen sind sehr kurz gehalten und voll von Rechtschreibfehlern. Er versucht, indem er klein und undeutlich schreibt, die Fehler zu vertuschen. Er ist sich wohl seiner Schwäche bewusst und möchte nicht, dass andere seine Schwächen kennen. Ob er sich im Sprechen auch so verhalten wird, dass er sozusagen klein und undeutlich spricht, damit man nicht versteht was er sagt und somit nicht verantwortlich wird für seine Aussagen? Wahrscheinlich sind „richtig" und „falsch" die eigentlichen Kriterien in seinem Leben.

Den Prioritäten-Fragebogen hat er nur halb ausgefüllt, d.h. die letzten zwei Spalten, die eine persönliche Stellungnahme verlangen und mehr über sein Gefühlsleben aussagen, hat er nicht ausgefüllt. Diese Neigung, nicht über persönliche Probleme sprechen zu wollen, nicht sein Innenleben zu zeigen, spricht für die Priorität Kontrolle.

Bei der Auswertung der Antworten aus den ersten drei Spalten finden wir: Überlegenheit   1,5

Kontrolle   5

Gefallen-wollen   3

Bequemlichkeit   4,5

Manfred sieht sich also selbst als einen Menschen mit den Prioritäten Kontrolle und Bequemlichkeit. Diese Prioritäten haben zwar auch ihre positiven Seiten, aber jetzt wollen wir für unsere vorläufige Meinungsbildung über den Sinn seines Stotterns, hauptsächlich die Fluchtfunktion der Kombination K und B sehen. Kontrolle drückt aus, dass er unabhängig von anderen Menschen sein will. Bequemlichkeit, dass er seine Ruhe haben will. B als zweite Priorität neben K kann man meistens verstehen unter der Überschrift: „Wenn ich nichts tue, kann ich auch keine Fehler machen, da kann auch nichts schief gehen."

Soweit die Deutung aus den vorliegenden Kindheitserinnerungen und des Fragebogens zur Feststellung der Priorität.

Jetzt will ich sehen, wie er zum Gespräch reinkommt, welche nonverbalen Signale der ersten Begegnung ich verstehen kann. Insbesondere interessiert es mich, ob er mehr mit der Priorität Kontrolle oder mehr mit der Priorität Bequemlichkeit funktioniert.

Manfred wird von den Eltern gebracht und steht wie ein unbewegliches, ausdruckloses Etwas zwischen seinen Eltern. Ich sage den Eltern, dass ich nur mit Manfred sprechen will und dass sie ihn in etwa eininhalb Stunden wieder abholen können.

Manfred kommt mit mir mit, hat immer noch eine ausdruckslose Mimik, die ja in Übereinstimmung mit seiner Priorität Kontrolle wohl den Sinn hat, dass er nicht zeigen möchte, was in ihm vorgeht. Er geht neben mir durch den Flur und ich habe den Eindruck, dass er zwar vorwärts geht, aber eigentlich rückwärts möchte. So langsam und zögernd ist sein Gang. Er setzt sich mir gegenüber und es ist mir, als ob er sagen will: „So jetzt machen Sie mal was mit mir!"

Manfred beantwortet jede Frage mit einem nachdenklichen Gesicht und unterstützt dabei sein Kinn. Er macht einen ernsthaften Eindruck. Die Denkpause ist jedes Mal so lange, dass der Zuhörer das Interesse an der Antwort verlieren könnte und dadurch die Aufgabe zu antworten an Manfred vorbeigeht. Eine Antwort kommt erst, wenn er zum zweiten Mal gefragt wird, d.h. wenn es ihm klar wird, dass er sich vor einer Stellungnahme nicht drücken kann. Die Antworten sind meistens nicht länger als vier bis fünf Worte und kommen dann ohne viel Stottern. Es sind nämlich immer solche unverbindliche Reaktionen wie:

Kommt drauf an. ~ Je nachdem. ~ Das ist verschieden. ~ Wenn ich nur wüsste, was ich sagen soll. ~ Ja, in etwa. ~ Könnte sein. ~ Das weiß ich nicht. ~ Manchmal ja, manchmal nein. ~ Muss ich mir mal überlegen.

Solche nichtssagenden, unverbindlichen Antworten kann er ohne Schwierigkeiten fließend aussprechen. Wenn ich aber genauere Informationen haben will, probiert er erst noch einmal mit einer längeren Denkpause auszuweichen, gibt dann aber eine schnelle, halbverschluckte Antwort, wovon das Schlüsselwort unverständlich ist.

Ich frage nach, was er gemeint hat. Er reagiert mit einem tiefen Seufzer und einer erneuten Denkpause. Es ist klar: er will nicht aus sich herausgehen, er will sich nicht zeigen. Er möchte nicht, dass andere ihn kennen lernen.

Ich fühle mich, in meiner Bereitschaft zuzuhören und ihn verstehen zu wollen, sehr geprüft und habe Wut im Bauch.

Wenn er stottert, macht er viele schluchzende Bewegungen und bewegt im Höhepunkt der Blockade Kopf und Rumpf ruckartig rückwärts.

Der allgemeine Eindruck ist, dass wir einen jungen Mann vor uns haben, der sich mit Passivität und Ausweichen schützt vor Verantwortung und vor Fehler machen.

Auf die Frage: „Wer möchte, dass Sie Ihr Sprechen verbessern?" ist die spontane Antwort: „Mutter". Er selbst meint, dass er gut zurechtkommt. Er möchte keine Behandlung wegen seines Stotterns.

Bei der kurzen Nachbesprechung mit den Eltern und Manfred zusammen, wird klar, dass er zu Hause sehr unter Leistungsdruck der Eltern steht, die sehr kritisch sind und den Sohn erziehen mit dem Finger auf den Fehlern. Manfred weiß sich offensichtlich außer mit Passivität nicht zu schützen, auch wenn er deswegen geschimpft wird.

Mutter erzählt noch wie heftig Manfred stottert, wenn sie möchte, dass er einmal etwas über sich erzählt und wie er dann halbwegs in der Mitteilung sagt: „ Ach was, lass mal, ich krieg´s ja doch nicht raus." Wir sehen hier das Ziel des Stotterns, nämlich: Sich selbst nicht zu offenbaren und dadurch einen inneren Abstand zu den Mitmenschen zu finden.

Ich habe den Eltern empfohlen, nicht auf eine Therapie zu drängen, sondern zu warten, bis Manfred selbst eine Therapie machen möchte. Inzwischen sollten sie selbst individualpsychologische Beratungen aufsuchen, um über diesen Weg den Sohn besser verstehen und unterstützen zu können.

Manfred war froh und erleichtert, dass wir verstanden haben, dass er eigentlich keine Therapie möchte, und dass er nicht das machen muss, was die Eltern von ihm verlangen.

Ende dieses Protokolls.

Weitere, nützliche Hilfen:

- Stellen Sie **die** individualpsychologische Frage: „**Was wäre wenn**" (Siehe S. 114).
- Machen Sie sich die Gedanken zu eigen, die verbunden sind mit der **Selbstbestimmung** des Patienten: „Wenn ich wissen will, was der

Patient wirklich will, muss ich schauen, was er tut und was dadurch passiert!" (Siehe Beispiel „Guten Morgen" auf Seite 107).

Übrigens, es wird Ihnen gut tun, Ihr eigenes Denken, Fühlen, Handeln auch im Rahmen dieser Maxime zu beobachten.

Deutung

Erklären Sie dem Patienten sein Symptom bzw. sein Problem anhand dessen, was Ihnen bei der psychologischen Analyse darüber klar geworden ist. Seien Sie **freundlich** und vermeiden Sie jede sprachliche Form, die als Anschuldigung oder Überlegenheit verstanden werden könnte. Sagen Sie lieber: *„Ich habe den Eindruck, dass ..., aber ich kann mich ja irren. Sie sind schließlich der Leidtragende und Sie wissen es bestimmt besser. Was meinen Sie denn zu meiner Äußerung?"* Oder bilden Sie Sätze, die anfangen: *„Könnte es sein, dass ..."* Dann lassen Sie dem Patienten die Möglichkeit *ja* oder *nein* zu sagen. Manchmal ist es leichter dem Patienten etwas zu vermitteln, wenn Sie ihm einen theoretischen Rahmen geben, zum Beispiel wenn der Patient über seine Angst spricht und Sie darin die Alibi-Funktion erkennen. Dann sagen Sie: „Die Individualpsychologie sieht das so: ...". Und dann sprechen Sie über Zielorientiertheit und/oder über Denken – Fühlen – Handeln (Kap. 7). Es ist für den Patienten oft leichter, psychologische Gesetzmäßigkeiten mit dem Hinweis auf die Quelle (Individualpsychologie) anzunehmen, als wenn Sie sich selbst als die Quelle der Weisheit darstellen. **Denken Sie auch daran: Sie können nicht alles sagen, was Sie wissen. Und das, was Sie sagen könnten, können Sie vielleicht nicht in diesem Augenblick sagen. Weisheit ist wichtiger als Wahrheit!**

Neuorientierung

Es ist nicht Ihre Aufgabe, den Patienten zu ändern. Es ist Ihre Aufgabe, dem Patienten klar zu machen, was er tut (im Denken, Fühlen und Handeln) **und** welche Folgen dies im sozialen Feld hat. Danach kann der Patient entscheiden, wann und wie er sich ändern will.

Dazu braucht er Ihre generelle und spezifische **Ermutigung**.

Wer auf Veränderung **drängt**, kommt leicht in einen Machtkampf, den wir ja auch Widerstand nennen.

In dieser Phase steht der Patient im Grunde vor der Frage: „Was kann ich, nachdem ich das verstanden habe, anders machen?"

Kleine Schritte

Manch einer ist, nachdem er verstanden hat, wie er selbst seine Probleme mitbeeinflusst, so begeistert von der Idee, dass er etwas ändern kann, dass er seine ganze Energie für eine baldige Änderung einsetzen will. Begeisterung und Aktivität genügen jedoch nicht. Wer Fortschritte machen will, **braucht Geduld und intelligente Planung**. Es geht nicht um große Erfolge, es geht darum, neue Türen zu öffnen, es geht um den Durchbruch.

Wenn jemand nach einer Therapiesitzung sagt: „Ich werde daran arbeiten, nicht mehr so nervös zu sein", oder: „Ich werde ab jetzt jeden Morgen eine halbe Stunde früher aufstehen", oder: „Ich werde ab jetzt weniger essen", dann wissen wir, dass aus diesen Vorsätzen nichts wird. Weil sie zu vage sind, weil sie zeitlich unbegrenzt sind oder weil der Schritt zu groß ist.

Zu groß ist der Schritt: „Ich werde ab jetzt **nicht mehr stottern**."

Zeitlich unbegrenzt ist der Vorsatz: „Ich werde ab jetzt **jeden Tag** darauf achten, wie ich mich selbst aufrege, wenn ich ins Büro gehe."

Auf Versagen angelegt ist der Vorsatz: „Ich werde **versuchen**, mit meinem Freund ein Gespräch über unser Problem zu führen."

Zu vage ist das Ziel: „Ich will **daran arbeiten**, nicht mehr so überlegen zu sein.

Manchmal scheint es, als ob wir unsere **vagen**, zu **großen** und zeitlich **unbegrenzten** Vorsätze mit der geheimen Absicht machen, dass sie nicht funktionieren und wenn sie nicht funktionieren, können wir getrost sagen: „Es nützt sowieso alles nichts." Wir fühlen uns dann berechtigt, alles beim Alten zu lassen. Wir können sicher sein, dass unser Lebensstil sich gegen große Veränderungen wehrt. Dieses Wehren kann man am eigenen Leibe erfahren, wenn man sich zum Beispiel eine zu große Änderung, für den nächsten Tag vorgenommen hat und nachts einen furchtbaren Traum hat. Dadurch fühlen wir uns am nächsten Tag berechtigt, ja keine neuen Schritte zu unternehmen, weil wir nicht in der richtigen Stimmung sind oder weil sie uns in viel zu gefährliche Situationen bringen würden. Unser „kleines Kind von damals" ist uneinsichtig und möchte am liebsten alles beim Alten lassen. Dazu dienen auch die guten Vorsätze, die mit dem Wörtchen „versuchen" oder „probieren" verbunden werden. Wer etwas versucht, sagt am Ende: „Ich habe es ja versucht, aber ..."

Wir sollen uns bei diesen unbewussten Tricks, nämlich den unmöglich realisierbaren Vorsätzen und Warnungsträumen, alles beim Alten zu lassen, ertappen **und kleine, intelligente Schritte planen.** So können wir einen Durchbruch aus dem alten Gewohnheitsmuster erreichen.

Erfolg versprechend sind Vorsätze, die mit ganz kleinen Schritten das neue Verhalten klar umschreiben und dieses neue Verhalten auf einen kurzen Zeitraum beschränken.

Klar sind Vorsätze, bei welchen man die Situation mit geschlossenen Augen sehen kann, zum Beispiel:

➢ „Wenn ich heute Abend um 20.00 Uhr zur Vorstandssitzung komme, gebe ich auch dem Hans, mit dem ich ja immer Schwierigkeiten habe, die Hand und sage ihm freundlich ‚Guten Abend'."

➢ „Morgen früh mache ich mir als Frühstück drei anstatt vier Brote fertig und ich packe ein kleines Zettelchen mit ein, auf dem steht: Dies ist ein erster Schritt."

Zeitlich begrenzt sind Vorsätze wie:

➢ „Um die Schwierigkeiten, die ich mit meinem Chef habe, anzupacken, schreibe ich heute Abend und morgen Abend vor dem Schlafengehen drei Dinge auf, die ich an dem Tag gut an ihm fand. Übermorgen Abend entscheide ich dann, wie ich es weitermache."

Klein sind Schritte, die der Einzelne als klein empfindet. Aber ein Vorsatz, der als klein, klar und zeitlich begrenzt betrachtet werden kann, könnte im Falle ‚der Frau, die nicht rechtzeitig fertig werden kann', so aussehen:

➢ „Ich werde in den kommenden drei Tagen mich selbst dabei ertappen, wie ich meine Arbeit so einteile, dass ich genau fünf Minuten später fertig bin als mein Mann."

Mit solchen kleinen Schritten macht man sich **innerlich oder äußerlich wahrnehmbare Vorgänge bewusst**, wonach man sie leichter im Sinne einer Veränderung anpacken kann.

Zum Thema „Politik der kleinen Schritte" berichtet ein Therapieteilnehmer: „Die größten Fortschritte habe ich gemacht, nachdem ich endlich begriffen habe, dass man mit großen Vorsätzen nichts erreicht, mit kleinen Schritten aber sehr viel. Man muss sich nur einmal dazu bringen, anzufangen und den Schritt nicht zu groß zu machen, damit er einem nicht unüberwindbar erscheint. Ich rauchte fast seit zwanzig Jahren Zigaretten und habe immer versucht aufzuhören. Ich tat dies meistens, wenn ich krank war (Erkältung oder Grippe) und habe dann aber gleich wieder angefangen, wenn es mir besser ging. Ich wollte immer gleich ganz mit dem Rauchen aufhören und habe es nie geschafft. Im September habe ich einmal ganz klein angefangen. Ich wollte nur einmal in einer Besprechung im Büro, die für mich eine Stresssituation darstellte, nicht rauchen und auch, falls mir Zigaretten angeboten würden, diese ablehnen. Ich wollte nur einmal sehen, ob ich es diese zwei Stunden ohne Zigaretten aushalten kann. Es klappte ganz gut und ich konnte mich auch ganz gut konzentrieren. Dann habe ich mir einmal morgens keine Zigaretten mehr gekauft, zu mir jedoch gesagt: „Heute rauchst du einmal nicht, morgen kaufst du dir wieder welche." Anfang Oktober musste ich meine Mutter überraschend abends noch ins Krankenhaus fahren, weil der Hausarzt eine Lungenembolie festgestellt hatte. Normalerweise hätte ich auf der Fahrt ins Krankenhaus mehrere Zigaretten geraucht und auch in der Wartezeit dort, die fast drei Stunden betrug, ständig geraucht. Ich habe mir jedoch überlegt, ob es jemandem nützt jetzt zu rauchen und warum es mir eigentlich noch schlechter gehen soll, als ohnehin schon. Ich habe seither nicht mehr geraucht, weil ich es nicht mehr wollte, und ich auch keinen Sinn darin sehe."

- Vielleicht wollen Sie ihm **Hausaufgaben** mitgeben, die ihm helfen, sich mehr der Gemeinschaft zuzuwenden und von seiner egozentrischen Denkweise wegzukommen.

- Auch **Ermutigungsübungen** (Schoenaker 1991/1999) können helfen, sein Selbstvertrauen zu stärken.

- Teilnahme an einem **Encouraging-Training** (s. S. 37) ist besonders hilfreich.

- Hausaufgaben zur Veränderung seiner **Selbstgespräche** (Schoenaker 1991/1999), insbesondere des bewussten Aufgebens des Wortes „Stotterer" (s. S. 127) in bezug auf seine eigene Identität können sehr hilfreich sein.

- Das Üben **des mutigen Sprechens** oder des **mutigen Stotterns** in klar umschriebenen Situationen kann nützlich sein. Geben sie dem aber keinen großen Platz! Machen Sie das normale Sprechen nicht wichtig! Insbesondere nicht so, dass der Patient meinen könnte, dass **Sie** es wichtig finden, dass er gut spricht! Dadurch werden Sie verletzbar und es entstehen im Patienten falsche Motivationen. Abhängigkeit oder Machtkampf sind dann vorprogrammiert. Wenn das Sprechen, das flüssige Sprechen, wichtig wird, wird im selben Maße auch das Stottern wichtig. Wenn Erfolge zu wichtig werden, bekommt auch das Versagen einen immer größeren Platz. Ich habe in all den Jahren praktischer Arbeit nach einer gelungenen Therapie noch nie jemand sagen hören: „Ich spreche soviel besser, weil ich so konsequent meine Sprechhilfen benutze." Die Antwort auf die Frage: „Warum sprechen Sie so gut?" lautet durchweg: „Das weiß ich nicht so genau. Es geht mir einfach gut. Ich bin mutiger geworden und verstehe mich selbst besser."

- Vermitteln Sie dem Klienten generell: **"Nehmen Sie es ernst, aber machen Sie es nicht so wichtig."**
- Lassen sie sich in den jeweils nachfolgenden Sitzungen über **Erfolge** berichten. Fragen Sie: **Was war anders bzw. besser** seit unserer letzten Sitzung. Berichtet er über Misserfolge, dann fragen Sie: „Was hätten Sie anders machen können?" Führen Sie den Patienten dahin, dass er die **Verantwortung** übernimmt, dass er kleine **Fortschritte anerkennen** und auch **benennen** kann. Diese Ihre Haltung drückt nicht aus, dass Sie es wichtig finden, dass er Fortschritte macht, sondern sie drückt aus, dass Sie es als selbstverständlich voraussetzen, dass er an seiner Entwicklung arbeitet. Dafür geben Sie ihm Ihre Zeit und sonst nicht.

Vielleicht hat er sich in irgendeiner Situation bei einem seiner Ziele ertappt, wie dieser Patient: „Wenn ich meinem Chef etwas vortragen muss, was evtl. ungünstig für mich werden könnte, fange ich an zu stottern. Ich konnte diese Woche schneller in den Beobachtungsstatus kommen als früher und mich dabei ertappen, dass ich mit dem Stottern den Chef um Milde anbettle." Oder vielleicht so: „Ich habe gemerkt, dass ich in Situationen, die unsere häusliche Harmonie stören könnten, anfange zu stottern. Ich glaube, dass ich hierdurch eine evtl. Argumentationsnot meiner Frau gegenüber umgehen will." Die Fortschritte müssen sich nicht unbedingt auf das Stottern beziehen. Alles was der Patient tut, um von sich weg und auf andere Menschen zuzukommen, ist als Fortschritt zu deuten. Zum Beispiel: „Ich habe seit zehn Jahren das erste Mal das Grab meiner Mutter besucht." „Ich habe im Supermarkt den Namen der Frau an der Kasse gesagt. Das Namensschild war auf ihrer Jacke. Sie hat sich gefreut." „Ich habe mir gestern Abend im Bett überlegt, wem ich heute eine Freude machen könnte." Das sind Fortschritte, die zu würdigen sind.

Auch dieses Beispiel ist interessant:

Die Patientin, zweiundvierzig Jahre alt, ist das älteste von drei Kindern. Sie stottert seit ihrem vierten Lebensjahr mit Symptomen, die der Priorität „Gefallenwollen" ähnlich sind. Ihre Kindheitserinnerung:

Ich bin sechs Jahre alt. Vater, meine jüngere Schwester und ich steigen in den Wagen, um zu Oma zu fahren. Meine Schwester schiebt mich in eine ganz bestimmte Richtung. – Ich muss auf dem Rücksitz sitzen. Ich habe keine andere Wahl. Sie setzt sich wie selbstverständlich neben meinen Vater. Ich fühle mich abgeschoben und minderwertig.

So spielt sich ihr Leben in vielen Situationen, auch in der heutigen Wirklichkeit, ab. Sie findet sich immer wieder auf dem zweiten Platz. Sie fühlt sich dann wie früher minderwertig und wertlos. Wenn solche Situationen sich anbahnen – sie steht durch ihren Beruf ständig im Vergleich zu anderen – taucht immer dieses Gefühl auf und ihr Stottern wird stärker.

Nachdem sie nun diese Kindheitserinnerung noch mal durchlebt, besprochen und verstanden hat, taucht schon bald die erste Übungsmöglichkeit auf. Ihr Thema, das die innerliche Verhaltensänderung einleitet, heißt: Sich behaupten.

Am Tag nach der Therapie kommt der Heizungsmonteur. Ihr Mann hat bei ihm angerufen, ihm erklärt, was mit der Heizung los sei, und so fragt der Monteur die Frau: „Ich komme wegen der Heizung, ist ihr Mann nicht da?" Sie denkt: „Der denkt wohl ich bin blöd und weiß von der ganzen Sache gar nichts." Der erste Ansatz für das Minderwertigkeitsgefühl ist schon da. Dann denkt sie: „Ich behaupte mich!" Sie streckt ihren Nacken, schaut ihn an und sagt: „Nein, mein Mann ist im Moment nicht da, aber ich kann Ihnen zeigen, wo es ist und ich erkläre Ihnen dann, was zu tun ist." In dem neuen Selbstbewusstsein und dem festen Entschluss: „Ich gehe nicht auf den Rücksitz," kann sie selbstbewusst und normal sprechen. Sie führt den Monteur in den Heizungskeller, zeigt ihm, wo es leckt und fügt hinzu: „Ich hoffe, Sie kriegen das hin, ohne dass Sie das Wasser ablassen müssen." Der Monteur fängt an zu verstehen, dass die Frau auch nicht dumm ist und schaut sie als gleichwertigen Partner an.

Dies ist nur ein Beispiel, wie Selbsterkenntnis aus dem Bereich der Kindheitserinnerungen hilfreich sein kann für die Selbsttherapie, die dann auch den Bereich des Sprechens berührt.

Ermutigung

Ermutigung ist neben der Selbsterkenntnis der wichtigste Hebel für einen günstigen Therapieverlauf. Ohne Ermutigung werden Sie den Patienten weder zur Einsicht noch zur Neuorientierung bringen können.

Helfen Sie dem Patienten **sich anzunehmen**, so wie er ist (Schoenaker 1991/99), **ja** zu sich zu sagen, seine übersteigerten Ansprüche an sich aufzugeben, und tun Sie das selbst auch. Haben Sie selbst auch den **Mut, unvollkommen zu sein** und geben Sie auch einmal einen Fehler zu. Das ist sehr ermutigend für den Klienten und schadet Ihrem Image nicht. Helfen sie dem Patienten weniger daran zu denken, wie er spricht, als daran, mit wem er spricht. Helfen sie ihm Frieden zu schließen mit seinen **Eltern** (Schoenaker 1997).

Übungsvorschläge zur Ermutigung finden Sie in Schoenaker 1991/1999.

Durch die Beschäftigung mit diesen Themen werden Sie selbst immer fähiger werden, effektiv zu ermutigen. Fangen Sie mit der täglichen Ermutigung bei sich selbst und Ihrer eigenen Familie und bei Ihren Kollegen an. Geben Sie dem Thema Ermutigung höchste Priorität.

Wie Sie sehen, hat die individualpsychologische Schule viel zu bieten. Sie werden mit dem obigen Gedankengut bestimmt viel anfangen können. Wenn Sie nach Ihrer Meinung zu schnell an Grenzen stoßen, dann machen Sie eine Ausbildung zum individualpsychologischen Berater bzw. Beraterin bei uns oder anderswo. (Der RDI Verlag stellt Ihnen gerne Adressen zur Verfügung).

Und sonst?

Lassen Sie sich von erfahrenen Beratern/Psychotherapeuten an die Hand nehmen. Prof. Harold Mosak und Michael Maniacci (1999) – langjährige Mitarbeiter von Prof. Rudolf Dreikurs – schrieben für alle, die bemüht sind „im richtigen Moment das Richtige zu tun" dieses Buch *Beratung und Psychotherapie*. Ein Buch voller Hilfestellungen für den psychotherapeutischen Alltag.

Individualpsychologische Therapie des Stotterns bei Erwachsenen[26]

Theo Schoenaker/Peter Jehle/Dirk Randoll

Kurz- und Langzeitergebnisse

Zusammenfassung

Berichtet werden Evaluationsdaten einer individualpsychologischen, stationären Therapie erwachsener Stotternder. 118 ehemalige und 238 derzeitige Klienten wurden zur Einschätzung der Wirksamkeit der Therapie befragt. Nach den Selbstberichten bei den Klientengruppen hat die Therapie in den intendierten Verhaltensbereichen positive Veränderungen erbracht, vor allem hinsichtlich des Selbstvertrauens und der Fähigkeit, das Stottern und sich selbst zu akzeptieren, sowie der Einsicht in die Zielgerichtetheit des eigenen Stotterns. Ebenso wurden von beiden Gruppen positive Einschätzungen zum Beispiel zum derzeitigen Schweregrad des Stotterns und zum Störungsgefühl mitgeteilt. Bei Vergleichen zwischen den Gruppen ergaben sich insbesondere bei vielen Ehemaligen günstige, d.h. langfristig stabile Einschätzungen. Auf methodische Probleme der Studie wird hingewiesen.

Zweck und Fragestellung der Untersuchung

Diese Studie wurde im Jahre 1988 als Befragung der gesamten erreichbaren ehemaligen und derzeitigen Klientel des Institutes für Sprechbehinderte in Sinntal-Züntersbach, dessen Schwerpunkt seit 1972 in der Therapie jugendlicher und erwachsener Stotternder besteht, durchgeführt. Die Studie zielt darauf ab, anhand von Selbstberichten der Klienten eine Beurteilung der Wirksamkeit der Therapie zu erhalten. Die Klientel wurde in die Gruppe der *Ehemaligen* und in die der *Derzeitigen* eingeteilt. Die Population der Stotternden hat sich im Behandlungszeitraum in den Charakteristika wie Schweregrad und Morphologie des betroffenen Verhaltens wohl nicht verändert. Eventuell unterscheiden sich unsere Gruppen aber in mehreren, mit dem Stand der Therapie verbundenen Merkmalen. Dabei ist ungeklärt, ob die Ehemaligen günstigere Ergebnisse berichten als die Derzeitigen oder ob umgekehrt bei den Ehemaligen eine Tendenz zum Rückfall besteht.

Zur therapeutischen Einrichtung und zum therapeutischen Ansatz

Organisatorisches

Die Einrichtung ist ein logopädisches Institut und wird von dem Ehepaar Antonia und Theo Schoenaker, Logopäden und individualpsychologische Berater, geleitet. Es besteht eine enge Zusammenarbeit mit den phoniatrischen Abteilungen der umliegenden Hals-Nasen-Ohren Kliniken. Behandelt werden Erwachsene mit einer situativen Störung der Sprechflüssigkeit. Im Rahmen der Voruntersuchung werden die Erwachsenen (ab achtzehn Jahren) ausgewählt, die vermutlich durch eigenen Einsatz mit dieser Behandlung eine Besserung oder Heilung erzielen können. Für Patienten, die zu wenig soziale Fähigkeiten besitzen oder die ein Stottern entwickelt haben, das eine verbale Kommunikation kaum möglich macht, gilt diese Gruppentherapie als nicht geeignet. Auch Klienten mit Dysarthrie werden nicht in die Therapie aufgenommen. Verheiratete Patienten können nur dann an der Therapie teilnehmen, wenn der Ehepartner/die Ehepartnerin teilweise an der Therapie mit teilnimmt, da sonst die Ehe gefährdet sein kann.[27] Die Gruppengröße beträgt fünfzehn bis achtzehn Personen. Die stationäre Therapie dauert täglich acht Stunden.

Jeder Teilnehmer durchläuft zunächst sechs Behandlungsperioden zu je fünf Tagen, die sich über ca. acht Monate verteilen und eine Einheit bilden (*Basistherapie*). Danach wird die Therapie in größer werdenden Abständen in *Aufbautherapien* zu je fünf Tagen fortgesetzt. Im ersten Jahr nach den Basistherapien wird ein fester Plan mit Aufbautherapien empfohlen. Danach entscheidet der Klient selbst über Anzahl und zeitliche Folge der Aufbautherapien.

Theoretischer und therapeutischer Ansatz

Die Therapie baut auf der Individualpsychologie von Alfred Adler auf, ergänzt um Elemente der Verhaltenstherapie. Das Stottern wird als eine Psychoneurose betrachtet und ist Ausdruck frühkindlicher Entmutigung

(Schoenaker 1978). Das Sprechen ist situativ gestört in Verbindung mit mangelndem Vertrauen bzw. Selbstvertrauen. Unbewusste Überzeugungen, die das Kind in den ersten fünf bis sechs Lebensjahren in Bezug auf seine eigene Person, auf die Mitmenschen und das Leben gebildet hat, werden von Adler als Lebensstil bezeichnet (Schoenaker 1979). Dieser Lebensstil ist für das Verhalten des Menschen im Verlauf seines Lebens weitgehend bestimmend. Das Verstehen des eigenen Verhaltens und der zugrunde liegenden Motivation hängt deswegen eng mit der Erkenntnis des persönlichen Lebensstils zusammen. In Übereinstimmung mit dem Lebensstil verfolgt der Patient mit seinem neurotischen Verhalten persönliche Ziele (Schoenaker 1981). Diese Ziele werden unter anderem an Signalen an die Umwelt erkennbar. Die verschiedenen Symptome erhalten durch diese Sichtweise ihre individuelle Bedeutung. Nur bestimmte Symptome sind geeignet, Mitleid zu erregen; andere schaffen Abstand bzw. vermögen Hilfe zu erwirken. Der erfahrene Beobachter kann aus den Symptomen auf die unbewussten Ziele (Schoenaker 1981) und vorsichtig auf Ereignisse (= Erfahrungen) in der Kindheit schließen.

Die Therapieziele lassen sich aus dieser theoretischen Betrachtung ableiten. Es geht

1) um die Entwicklung der Erkenntnis über und des Verständnisses für den eigenen Lebensstil;
2) (im Sinne der Selbstannahme) um die Verringerung der Bedeutung, die der Patient seinen Symptomen beimisst;
3) um das Durcharbeiten bzw. „Heilen" frühkindlicher Entmutigungen, und damit um den Aufbau von Vertrauen, Mut und Selbstvertrauen;
4) um die Entwicklung sozialer Fähigkeiten;
5) um die Entwicklung der Fähigkeit, mit Sprechhilfen umzugehen.

In der Therapie steht der psychotherapeutische Anteil auf individualpsychologischer Basis im Vordergrund. Es geht um die Bearbeitung des Lebensstils, indem frühkindliche Erfahrungen und die Familienkonstellation analysiert werden. Dazu werden Gespräche, Psychodrama und auch Malen eingesetzt.

Ein wichtiger Teil der Therapie sind nonverbale Übungen, in denen die Patienten lernen, zu führen, sich führen zu lassen, zusammenzuarbeiten, Verantwortung zu tragen und abzugeben, sich anzuvertrauen, Vertrauen zu vermitteln, Kreativität, Flexibilität und Mut zu entwickeln (siehe Abschnitt 4.4). Auch Tanzen, Bewegen, Malen und Tönen spielen in diesem Rahmen eine Rolle. Die Therapie stellt an die Klienten hohe Anforderungen in Bezug auf Aktivität und Selbständigkeit; trotzdem erfährt der Klient ein Klima des Gemeinschaftserlebens, d.h. des Akzeptierens, der freundlichen Zuwendung; des Akzeptierens ohne Forderungen und Vorbedingungen.

Wie bei jeder Neurosenbehandlung gilt es auch hier, Alfred Adlers Anweisung zu befolgen: „Sie müssen danach streben, die große Bedeutung, welche der Neurotiker seinen Symptomen beimisst, zu verringern." Dies bedeutet in der Behandlung von Stotternden: „Sie müssen danach streben, die große Bedeutung, welche der Patient dem symptomfreien Sprechen beimisst, zu verringern." Folglich setzt die Therapie nicht beim Sprechen an, Atem-, Stimm- und Sprechübungen werden erst spät, ab der vierten Basistherapie, durchgeführt. Veränderungen der Sprechweise werden als das Ergebnis veränderter psychischer Prozesse und Verhaltensweisen angesehen. Insofern ist die Befragung außer auf Merkmale des Sprechens auf diese psychischen Prozesse und das Verhalten der Klienten gerichtet.

Zur Durchführung der Erhebung

Für die Studie standen die Adressen von 549 Personen zur Verfügung, von denen 356 (= 64,8 Prozent) an der Befragung teilgenommen haben. Bei Studien über Sprechstörungen ist es naheliegend, neben Persönlichkeits- und Verhaltensbereichen die *Sprechweise* der Klienten zu erfassen, was bei Ton- bzw. Videoaufzeichnungen sehr arbeits- und zeitaufwendig ist. Aus diesem Grunde, und da die Therapie in dieser Einrichtung stark an psychischen Prozessen orientiert ist, wurden Daten in Form von *Selbstberichten* der Klienten erhoben. Die Zeiträume, über die sich die Klienten erinnern mussten, waren teilweise sehr groß, so dass mit Erinnerungsfehlern zu rechnen ist. Zur Sicherung der Neutralität der Durchführung der Studie wurden die Klienten von Mitarbeitern des Deutschen Institutes für internationale Pädagogische Forschung, Frankfurt/Main, postalisch befragt. Beiden Gruppen wurde ein einheitlicher Fragebogen mit folgenden Schwerpunkten vorgelegt:

- Angaben zur Person
- Umfang der in Anspruch genommenen Therapie
- Selbsteinschätzung der früheren und der derzeitigen Sprechweise
- Angaben über Veränderungen (Sprechen, Verhalten, Persönlichkeitsaspekte)
- Angaben zum Maße der individuellen Zielerreichung
- weiterer Bedarf an Therapie

• Beurteilung der Therapie.

Es wurden geschlossene und offene Fragen verwendet. Zur Auswertung der offenen Fragen wurden Kategorien entwickelt und nach der Häufigkeit der Besetzung ausgezählt. (Die meisten Fragen sind im Kopf der jeweiligen Tabellen enthalten.)

Ergebnisse der Befragung [28]

Angaben zu den befragten Stichproben

Die Klientel bestand aus 288 derzeitigen und 261 ehemaligen Klienten. Die 261 Ehemaligen wurden zunächst mit der Bitte angeschrieben zu bekunden, ob sie an der Befragung teilnehmen wollten. Davon sagten 152 zu, jedoch konnten wegen nichtstimmender Adressen und verspäteter Zusagen nur 140 befragt werden. 118 dieser 140 Klienten (=4,5 Prozent der 261 ehemaligen Klienten) sandten ihren Fragebogen zurück. Dies ist bei einer postalischen Befragung akzeptabel, bedeutet aber bei *ehemaligen* Klienten ohne weiteren Klinikkontakt eine recht günstige Rücklaufquote. Von den 288 *Derzeitigen* sandten 238 ihren Fragebogen rechtzeitig zurück (= 82,6 Prozent), was für sich bereits ein Zeichen von Therapieverbundenheit und -motivation ist. Die beiden Gruppen sind also sehr unterschiedlich repräsentiert. Dies gibt zur Überlegung Anlass, dass bei der Prüfung auf Unterschiede die ungleiche Repräsentativität der Gruppen verzerrend wirken könnte. Ebenso können (wie bei jeder Katamnese) die zeitliche Distanz bei den Ehemaligen bzw. die zeitliche Nähe zur Therapie bei den Derzeitigen unprüfbare Auswirkungen auf die Ergebnisse haben.

Die beiden Gruppen unterscheiden sich im *Durchschnittsalter* von 36,6 Jahren (Ehemalige) und 31,6 Jahren (Derzeitige). Dieser Unterschied bedeutet vermutlich, dass die Ehemaligen im Verhältnis zum Erhebungszeitraum 1988 schon früher mit der Therapie begonnen haben und so naturgemäß älter sind.

In beiden Gruppen sind mehr *Männer* als *Frauen* vertreten, bei den Ehemaligen 81,4 Prozent und 18,6 Prozent, bei den Derzeitigen 76,5 Prozent bzw. 23,5 Prozent. Dieses zahlenmäßige Verhältnis entspricht dem in der Literatur (Bloodstein 1987) für die Population mit 5 : 1 bis 3 : 1 mitgeteilten Verhältnis. Bei unseren Ehemaligen beträgt das Verhältnis 4,4 : 1 bei den Derzeitigen 3,3 : 1. Der Anteil der Frauen ist allerdings von 18,6 Prozent auf 23,5 Prozent gestiegen. Vielleicht erscheint diese Art der Therapie für Frauen zunehmend attraktiver, möglicherweise aber wurde früher für Frauen eine Therapie nicht für so notwendig gehalten wie für Männer, und diese Einstellung ändert sich – nicht zuletzt durch die Frauen selbst.

Angaben zum Therapieumfang

Die Ermittlung der Dauer der Therapie, die auf längere Zeit angesetzt ist, ist nicht einfach, da im Verlauf der Nachsorge (Aufbautherapien) die Kontakte zur Einrichtung nicht mehr in der Strenge der vorgesehenen Therapieorganisation zustande kommen. Die Erfassung des Umfangs der Therapie (als Zahl der Basis- und Aufbautherapien) ist nicht gelungen. Eine Überprüfung der Antworten in den Fragebögen mit den Therapieunterlagen zeigte, dass sich die Klienten wahrscheinlich nicht mehr genau an die Zahl ihrer Basis- und Aufbautherapien erinnern konnten oder die Begriffe verwechselt haben.

Generell ist zu sagen, dass die Klienten (bis auf fünf oder sechs) *maximal* eine Basistherapie von sechsmal fünf Tagen und zehn Aufbautherapien von zehnmal fünf Tagen besucht haben können.

Die Frage nach *zusätzlicher* Therapie (außerhalb dieser Einrichtung) während oder nach dieser Behandlung (siehe Tabelle 1) ergab keine Hinweise auf einen Unterschied zwischen den beiden Gruppen. Dabei hätten die Ehemaligen im Laufe ihres Kontaktes zur Therapieeinrichtung und danach mehr Zeit zur Nachfrage weiterer Therapie gehabt als die Derzeitigen.

Tabelle 1:

„Ich habe zusätzlich zur oder parallel zu dieser Therapie noch folgendes für die Verbesserung meines Sprechens unternommen"*

		Ehemalige abs	%	Derzeitige abs	%
1	Keine Antwort	25	21,2	48	20,2
2	Nichts weiter unternommen	38	35,8	73	33,6
3	Gründung/Besuch einer Selbsthilfegruppe	12	11,3	18	8,3
4	Psychotherapie besucht/ wieder aufgenommen	16	15,1	28	12,9
5	Logopädische Sprechbehandlung	7	6,6	17	7,8
6	Persönliche Selbsthilfe	18	17,0	67	30,9
7	Nachbereitung der besuchten Therapie	5	4,7	4	1,8
8	Sonstiges	10	9,4	10	4,6
	Summe der Nennungen	106		217	

*Offene Frage; in acht Kategorien verschlüsselt; die erste Kategorie enthält die Anzahl der Personen, die diese Frage nicht beantwortet haben, diese Zahlen wurden auf die gesamte Stichprobe von 118 bzw. 238 Personen bezogen. Bei den übrigen Kategorien sind die Zahlen der *Nennungen* enthalten, manche Klienten haben mehr als eine Möglichkeit angegeben.

Die Ehemaligen hätten dazu in den ersten beiden Kategorien eine geringere prozentuale Besetzung als die Derzeitigen und somit in den übrigen Kategorien eine größere Häufigkeit haben müssen. Dies ist jedoch nicht der Fall.

Im Folgenden werden Klientenurteile bezüglich Verhaltensdimensionen wiedergegeben, die den inhaltlichen Ansätzen der Therapie entsprechen. Auf Seite 252 werden dann Daten über die Einschätzungen zu sechs Kriterien berichtet, die eng mit dem Sprechakt bzw. Störungsgrad verbunden sind.

Therapieeffekte in verschiedenen Verhaltensbereichen

Im Sinne eines individualpsychologischen Ansatzes interessierten in erster Linie Veränderungen von Verhaltensdimensionen, die als Indikatoren für bedeutsame psychische Prozesse gelten können. Dazu wurde eine Frage mit gleicher Beurteilungsaufgabe zu 19 Verhaltensklassen verwendet (siehe den Aufgabenstamm in Tabelle 3). Wegen der Bedeutung dieser Selbsteinschätzungen wurde zunächst die methodische Eignung dieser Frageform überprüft, indem die Reliabilität und eine Faktorenanalyse über die 19 Verhaltensklassen berechnet wurden.

Die Überprüfung der Reliabilität (Zuverlässigkeit) der Daten dieser Frage unter Einbeziehung beider Gruppen ergab einen Konsistenzwert nach *Hoyt* (siehe *Lienert* 1969) von .853. Diese Höhe der Reliabilität kann bei 19 Items und 356 Versuchspersonen nicht völlig befriedigen. Die Trennschärfen der 19 Items fielen folgendermaßen aus: Bei einem Item lag sie unter .30; bei vier Items unter .40; bei den übrigen 14 Items zwischen .40 und .60.

Eine statistische Analyse (Vergleich von Kovarianzmatrizen) zur Frage, ob die 19 Items in beiden Gruppen unterschiedliche Verhaltensdimensionen messen und folglich die Faktorenanalyse getrennt für die beiden Gruppen durchzuführen ist, ergab einen statistisch signifikanten Unterschied ($X^2 = 328,7$; df = 276; p = .016).

Vom Erstautor wurde dann unter therapeutischen Gesichtspunkten eine Gruppierung der Items vorgenommen, indem er die 19 Items fünf Faktoren zugewiesen und diese nach ihrer Bedeutung geordnet hat. Die Anzahl der fünf Faktoren entsprach der Zahl der extrahierten Faktoren, über deren Struktur der Autor nicht informiert war. Eine Unterscheidung der beiden Gruppen der Klienten wurde nicht in Betracht gezogen. Auch wurde bei dieser Zuweisung nicht angenommen, dass die Faktoren unabhängig voneinander seien.

Wie in Tabelle 2 (linke Seite) zu sehen ist, sind die Faktoren sehr unterschiedlich besetzt, die beiden therapeutisch wichtigsten Faktoren nur mit einem bzw. drei Items.

Die Faktorenanalysen erbrachten dagegen nach der Hauptkomponentenmethode eine unrotierte Faktorenstruktur mit *einem* Hauptfaktor. Dieser Hauptfaktor lädt über fast alle Items stark, außer der Nr. 18 bzw. 17 und 18. In Tabelle 2 (rechte Seite) sind diese Faktoren für die beiden Klientengruppen mit den relevanten Ladungen der Items (> .3396 bzw. .3327) enthalten. Mögliche andere Aspekte könnten durch wenige Items vertreten sein, aber sie werden durch die Faktorenanalyse nicht deutlich sichtbar und sind kaum interpretierbar. Da die Faktorenanalysen in beiden Gruppen anhand des „Scree-Tests" nur einen herausragenden Faktor erbrachten, entschieden wir uns, keine Rotation vorzunehmen.

Es erscheint aufgrund der Faktorenanalyse so, dass der einzelne Klient eher mit einer einheitlichen Tendenz auf die jeweiligen Items reagiert hat und nicht so sehr zwischen den Items unterschieden hat; d.h., wenn ein einzelner Klient auf ein Item positiv reagierte, dann reagierte er auch weitgehend positiv auf andere. Diese Beurteilungsaufgabe über die 19 Verhaltensklassen erfasst demnach – für den einzelnen Klienten betrachtet – eher ein einheitliches Merkmal, zum Beispiel „Erfahrung der Besserung" oder „veränderte, allgemeine Lebenssituation", als dass sie verschiedene Aspekte/Verhaltensklassen erfassen würde.

Vor dem Hintergrund dieser Angaben über die Eigenart dieser Frage sind folgende evaluatorischen Ergebnisse zu sehen.

Tabelle 2:
Therapeutisch begründete Gruppierung von Verhaltensklassen und Ergebnisse der Faktorenanalyse zur Einschätzung der verhaltensbezogenen Therapiefortschritte.

	Gruppierung der Verhaltensklassen durch den Erstautor					Ladungen des Hauptfaktors aufgrund der Hauptkomponentenmethode bei den Ehemaligen und den Derzeitigen	
Items 1-19:	Faktor 1	Faktor 2	Faktor 3	Faktor 4	Faktor 5	Faktor 1 Ehemalige	Faktor 1 Derzeitige
1	-	-	x	-	-	59	68
2	-	-	x	-	-	59	63
3	-	-	x	-	-	64	64
4	-	-	x	-	-	64	52
5	-	-	x	-	-	54	39
6	-	-	x	-	-	44	37
7	-	-	x	-	-	65	50
8	-	-	x	-	-	62	60
9	-	-	-	x	-	57	59
10	-	-	x	-	-	61	57
11	-	-	-	x	-	56	66
12	-	x	-	-	-	47	51
13	-	-	-	x	-	45	42
14	-	-	-	x	-	55	56
15	-	x	-	-	-	44	55
16	-	-	x	-	-	58	66
17	-	-	-	-	x	42	-
18	x	-	-	-	-	-	-
19	-	x	-	-	-	42	57

Die Daten in Tabelle 3 zeigen, dass beide Gruppen, auch bereits die Derzeitigen, in zahlreichen Bereichen beträchtliche Verbesserungen nennen (siehe die Prozentangaben in den Stufen „viel besser", „besser" gegenüber den Stufen 4 und 5). Die Ehemaligen geben in der Nachtherapiezeit kaum Verschlechterung oder Rückfall bezüglich dieser 19 Kategorien an, während das ebenfalls positive Ergebnis der Derzeitigen auf eine unmittelbare Wirkung der Therapie hinweist.

Fasst man die Prozentangaben zusammen, wird deutlich, inwiefern sich die geschätzten Fortschritte in den einzelnen Dimensionen unterscheiden. Im Einklang mit wichtigen Zielen der Therapie sehen beide Gruppen vor allem die Kategorien 15, 16 und 18, 19 als diejenigen an, in denen sie seit Therapiebeginn die größten Fortschritte gemacht haben. In einer anderen Kategorie, Nr. 13, die vonseiten der Therapie ebenfalls hoch gewertet wird, geben die Klienten an, fast am wenigsten vorangekommen zu sein. Gleichfalls können sie Sprechhilfen (Nr. 17) nicht gar so erfolgreich anwenden, wie sie zahlreiche andere Verhaltensweisen ausführen können. Ein Vergleich der Gruppen je Kategorie verweist eher auf Einheitlichkeit als auf Unterschiede zwischen den Gruppen.

Mit vier weiteren Dimensionen (Selbstvertrauen, Kritikfähigkeit, Kreativität, Spontaneität) wurden die Klienten nochmals nach ihren Bewertungen von Veränderungen befragt.[30]

Hier sind die Angaben vor allem bei der Kategorie „Selbstvertrauen" positiver als bei den vorigen Dimensionen, nicht dagegen bei den drei anderen Kategorien. Hinsichtlich des Selbstvertrauens und der Kreativität liegen die Derzeitigen günstiger als die Ehemaligen. Betrachtet man alle 23 Items zusammen, sehen die Klienten übereinstimmend die deutlichsten Fortschritte in der Dimension „Selbstvertrauen".

Während die Klienten oben einschätzen sollten, inwieweit sie bei jeder Verhaltenskategorie eine Veränderung festgestellt haben, sollte nun eine Auswahl aus diesen 19 Items danach getroffen werden, ob eine Kategorie zum allgemeinen Eindruck des erreichten Fortschritts einen Beitrag geleistet hat oder nicht. Die Klienten sollten demnach diejenigen Kategorien ankreuzen, mit denen sie ihren Fortschritt verbunden sehen. Die Daten (aus Raumgründen nicht wiedergegeben) zeigen, dass sich die beiden Gruppen in der Beurteilung der einzelnen Verhaltenskategorien eher gleichen, als dass sie sich unterscheiden (die Muster der häufiger bzw. seltener gewählten Kategorien gleichen sich in etwa). Das heißt auch, dass in beiden Gruppen der Fortschritt mit bestimmten Verhaltenskategorien mehr als mit anderen in Verbindung gebracht wird. Für das Therapiekonzept ist wiederum bedeutsam, dass dies besonders für die bedeutendsten Therapieziele zutrifft (Nr. 15, 16, und 18, 19). Erwartungsgemäß wird der Fortschritt kaum in Verbindung mit den Sprechtechniken gebracht.

Tabelle 3:

„Im Vergleich zur Zeit vor der Therapie kann ich heute...“ zum Beispiel „viel besser Verantwortung tragen“ usw.

Ehemalige						Derzeitige				
Viel besser	Besser	Unverändert Angaben i. %	Schlechter	Viel schlechter		Viel besser	Besser	Unverändert Angaben i. %	Schlechter	Viel schlechter
23,7	56,8	19,5	0	0	1. Verantwortung tragen	27,3	50,4	21,8	0,4	0
34,7	50,0	15,3	0	0	2. Initiative ergreifen	26,9	56,3	16,0	0,8	0
16,9	32,2	49,2	1,7	0	3. Arbeiten zu Ende führen	16,0	33,3	50,2	0,4	0
35,6	45,8	18,6	0	0	4. Meine Meinung sagen	29,0	57,6	13,4	0	0
24,6	43,2	28,0	3,4	0,8	5. Auf meiner Meinung beharren	16,0	45,4	34,0	4,6	0
24,6	57,6	15,3	2,5	0	6. Eine Ablehnung riskieren	13,5	61,6	23,6	1,3	0
13,6	49,2	35,6	1,7	0	7. Risiken eingehen	8,9	54,0	35,0	2,1	0
27,1	55,9	16,9	0	0	8. Meine Gefühle äußern	37,0	42,0	19,7	1,3	0
13,6	40,7	44,1	1,7	0	9. Beziehungen aufrecht erhalten	19,8	38,0	40,5	1,7	0
27,1	53,4	17,8	1,7	0	10. Über mich sprechen	41,4	42,6	15,2	0,8	0
24,6	50,0	22,0	3,4	0	11. Kontakte herstellen	18,1	54,2	25,2	2,5	0
22,0	46,6	29,7	1,7	0	12. Fehler eingestehen	16,8	51,7	30,3	1,3	0
10,2	38,1	40,7	11,0	0	13. Mit anderen zusammenarbeiten ohne zu führen	12,6	42,9	43,7	0,8	0
13,6	35,6	46,6	3,4	0,8	14. Mich für andere Leute interessieren	19,9	48,1	30,8	2,1	0
38,5	50,4	9,4	1,7	0	15. Mein Stottern akzeptieren	35,3	54,6	8,8	0,8	0,4
42,7	42,7	13,7	0,9	0	16. Trotz Angst und Stottern meine Aufgaben erledigen	36,6	46,6	16,8	0	0
8,6	37,1	40,1	3,4	1,7	17. Sprechhilfen (Sprechtechniken) erfolgreich anwenden	8,1	40,4	46,4	4,3	0,9
41,4	42,2	15,5	0,9	0	18. Erkennen, welche Ziele ich mit dem Stottern verfolge	41,2	55,0	3,4	0,4	0
41,5	47,5	10,2	0,8	0	19. Mich selbst annehmen, so wie ich bin	40,1	52,0	4,6	2,1	0

Einschätzung des Schweregrades der Störung bzw. der Veränderungen im Laufe der Therapie[31]

Die Bewertung des derzeitigen Schweregrades des Stotterns wird folgendermaßen angegeben.

Tabelle 4:

„Ich bewerte den Schweregrad meines Stotterns zur Zeit als…"

	Ehemalige		Derzeitige	
	abs	%	abs	%
1 sehr leicht	31	26,5	26	10,9
2	40	34,2	90	37,8
3	32	27,4	83	34,9
4	10	8,5	30	12,6
5	-	0,9	6	2,5
6 sehr schwer	3	2,6	3	1,3
Zusammen	116	100,0	238	100,0

Die Verteilungen zeigen, dass beide Gruppen heute ihr Stottern mit eher leichteren Schweregraden beurteilen. Bei den Ehemaligen fallen 88,1 Prozent in die drei leichteren Grade, bei den Derzeitigen 82,6 Prozent. Trotz dieser gemeinsamen Tendenz unterscheiden sie sich insofern, als bei den Ehemaligen die leichteren Schweregrade stärker besetzt sind als bei den Derzeitigen (F = 6,84; p = .009; sehr signifikant).

Das Urteil zur *Veränderung des Stotterns* seit Beginn der Therapie bestätigt das vorige Ergebnis. Beide Gruppen nannten beträchtliche Verbesserungen der Sprechflüssigkeit, insbesondere die Ehemaligen (Gruppenunterschied statistisch sehr signifikant: F = 8,71; p = .0034). Auffallend ist, dass Verschlechterungen kaum angegeben wurden.

Im Sinne der Therapieziele ist bedeutsam, wie sehr die Klienten von einem *Störungsgefühl* betroffen sind, und zwar *heute* im Vergleich zur Zeit *vor* der Therapie. Es ist erkennbar, dass beide Gruppen eindeutig niedrige Grade genannt haben (92,4 Prozent der Ehemaligen in den ersten drei Graden, 94,1 Prozent der Derzeitigen). Der Unterschied zwischen den beiden Verteilungen ist nicht signifikant (F = 3,35; p = .0682).

Tabelle 5:

„Im Vergleich zur Zeit vor der Therapie stört mich mein Stottern heute...“

		Ehemalige		Derzeitige	
		abs	%	abs	%
1	überhaupt nicht mehr	10	8,5	12	5,0
2	fast nicht mehr	76	64,4	125	52,5
3	etwas weniger als vor der Therapie	23	19,5	87	36,6
4	genauso wie vor der Therapie	5	4,2	8	3,4
5	etwas mehr als vor der Therapie	3	2,5	2	0,8
6	mehr als vor der Therapie	1	0,8	3	1,3
7	viel mehr als vor der Therapie	0	0,0	1	0,4
	Zusammen	118	100,0	238	100,0

Die Abnahme des Sich-gestört-Fühlens kann entsprechend einem ersten Therapieziel (siehe S. 242) so verstanden werden, dass das Stottern, auch wenn es weiter besteht, nicht mehr als so belastend empfunden wird.

Das Urteil kann zusätzlich dadurch zustande gekommen sein, dass die Häufigkeit und die Dauer der Stotter-Ereignisse abgenommen haben (siehe Tabelle 4), so dass sich der Klient auch dadurch weniger gestört fühlt.

Die Einschätzung des *Selbstbildes* als *flüssig Sprechender* wurde bei den beiden Gruppen, im Gegensatz zu den übrigen Fragen, auf verschiedene Zeitpunkte bezogen. Bei den ehemaligen Klienten wurde gefragt: „Ich fühle mich heute – im Vergleich zur Zeit *nach Ende der Therapie* – wie ein flüssig sprechender Mensch“, bei den derzeitigen Klienten wurde der Vergleich auf die Zeit *vor der Therapie* bezogen. Dies bot nicht mehr einen Vergleich zwischen den beiden Klientengruppen. Statt dessen wurde es möglich, das Urteil der *Ehemaligen* über die *Nachsorgezeit* einzuholen. Immerhin sehen sich 72,9 Prozent der Ehemaligen im Vergleich zum Ende der Therapie eher oder völlig als flüssig Sprechende. Bei den Derzeitigen sind es während der Therapie (im Vergleich zur Zeit vor der Therapie) bereits 70,1 Prozent. Das Ergebnis der Derzeitigen sieht daher relativ günstig aus. Noch bemerkenswerter ist das günstige Ergebnis bei den Ehemaligen, das die Nachtherapiezeit umfasst, die auch durch Rückfall gekennzeichnet sein könnte. Statt dessen scheint

Stabilisierung eingetreten zu sein. (Inwieweit in diese Urteile die Reduzierung des Störungsgefühles und/oder der Sprechunflüssigkeit einge-
flossen sind, kann mit den Fragebogendaten kaum geklärt werden).

Die Ergebnisse zur Frage, ob die Klienten sich in der Lage sehen, *willkürlich flüssig* zu sprechen, zeigen keinen Unterschied zwischen den
Gruppen (F = .28; p = .596). Beide berichten, dass sie dies in hohem
Maße können (die Kumulierung der ersten drei von sechs Graden ergibt
82,1 Prozent bei den Ehemaligen bzw. 83,7 Prozent bei den Derzeitigen).

In Tabelle 6 sind die statistisch sehr signifikanten Verteilungen zu den
elf Graden der subjektiven *Zielerreichung* wiedergegeben (F = 20.08; p
= .0001). Die Verteilung bei den Ehemaligen zeigt eine stärkere Besetzung der fünf höchsten Grade und damit eine stärkere Erreichung der
Zielvorstellung (Summe = 78,0 Prozent) als bei den Derzeitigen (Summe
= 56,1 Prozent). Mit einer Korrelationsberechnung zwischen diesen
sechs Kriterien konnte ermittelt werden, dass die Klienten in überein-
stimmender Richtung geurteilt haben und daher den Ergebnissen eine
gewisse Zuverlässigkeit zukommt. Der Zusammenhang der Variablen
„Fähigkeit, willkürlich flüssig zu sprechen" mit den übrigen fünf Variablen ist allerdings uneinheitlich und nicht eng. Unter den übrigen fünf
Variablen sind alle 25 Koeffizienten für beide Gruppen statistisch signifikant bzw. sehr signifikant und sie sind alle größer r = .40; 16 sind grö-
ßer/gleich R = .50. Fast durchgehend waren die Zusammenhänge bei den
Ehemaligen enger als bei den Derzeitigen.

Betrachtet man die Ergebnisse aus den 19 Verhaltensdimensionen (S.
248 ff) und den sechs Kriterien (S. 251) zusammenfassend, ist Folgendes auffallend: Von den sechs Kriterien sind die Urteile zu fünf bei den
Ehemaligen günstiger als bei den Derzeitigen (drei der Unterschiede
waren statistisch sehr signifikant).

Tabelle 6:
„Wenn ich auf folgender Skala das Stottern vor der Therapie auf 10 setze und mein erhofftes Therapieziel bei 0 ansetze, dann befinde ich mich jetzt dort, wo ich ein Kreuz gemacht habe"

	Ehemalige abs	%	Derzeitige abs	%
10 keinerlei Zielannäherung	1	0,8	1	0,4
9	1	0,8	3	1,3
8	5	4,2	15	6,3
7	2	1,7	25	10,5
6	8	6,8	24	10,1
5	9	7,6	36	15,2
4	21	17,8	42	17,7
3	29	24,6	50	21,1
2	24	20,3	30	12,7
1	16	13,6	10	4,2
0 absolute Zielerreichung	2	1,7	1	0,4

Die Urteile, die die Verhaltensdimensionen betreffen, zeigen ein eher ausgeglichenes Bild. Entsprechend diesen Selbstberichten der *Ehemaligen* scheint die Zeit nach der Therapie eher durch Stabilität des Erreichten als durch Verschlechterung oder Rückfall gekennzeichnet zu sein.

Zuweisung von Therapievariablen zum Therapieerfolg

Von Interesse ist, ob für die Klienten der berichtete Therapieerfolg – außer mit der formalen Therapie – auch mit anderen Faktoren in Verbindung steht.

Das Alter und auch das Geschlecht der Klienten beider Gruppen korreliert nur gering mit den sechs Kriterien für Schweregrad bzw. Veränderungen (S. 251 f), d.h. Therapieerfolge traten unabhängig von Alter und Geschlecht auf.

Ob die Mitarbeit in einer Selbsthilfegruppe den Therapieerfolg beeinflusste, konnte nur teilweise geprüft werden, da bei den Ehemaligen nur ein Klient, bei den Derzeitigen nur zwölf die Mitarbeit angaben. Wird die Mitarbeit in einer Selbsthilfegruppe als günstig erwartet, müssten die Mittelwerte der Klienten „mit Selbsthilfegruppe" bei den sechs Kriterien (S. 251 f) niedriger sein als die der Klienten „ohne". Dies trifft jedoch nur für die „Fertigkeit zum willkürlich flüssigen Sprechen" zu. Bei den übrigen fünf Kriterien sind die Mittelwerte der Klienten mit Selbsthilfegruppe ungünstiger als bei den anderen Klienten (bei drei Kriterien signifikant). Insgesamt sind die Ergebnisse nicht völlig einheitlich ausgefallen, aber sie zeigen bei *diesen* Kriterien und *diesen* Klienten den „Nutzen" der Mitarbeit in einer Selbsthilfegruppe nicht auf. Jedoch sollte man dies nicht vorschnell als Beweis gegen die Selbsthilfegruppen interpretieren. Deren Wirksamkeit dürfte von der thematischen Verbindung zur Therapie der Mitglieder, von den Zielsetzungen und Arbeitsweisen der Gruppen abhängen (siehe Schoenaker 1984).

In zwei Fragen wurde ermittelt, wie der Therapieeffekt den Komponenten „Psychotherapie" und „Sprechhilfen" zugeschrieben wird und ob weiterer Bedarf danach besteht.

Tabelle 7:
Attribuierung des Behandlungserfolgs in Prozenten der jeweiligen Klientengruppen

	Ehemalige (N = 118)	Derzeitige (N = 235)
Psychotherapie	64,4	70,9
Sprechhilfen	4,2	0,4
Psychotherapie + Sprechhilfen	31,4	28,3
Sonstiges	0,0	0,4

64,4 Prozent der Ehemaligen und 70,9 Prozent der Derzeitigen führen ihren Behandlungserfolg allein auf Psychotherapie zurück. 31,4 Prozent der Ehemaligen und 28,3 Prozent der Derzeitigen attribuierten ihn auf Psychotherapie und auf Sprechhilfen. Mit beiden Äußerungen heben die Klienten die Wirksamkeit dieser psychotherapeutischen, logopädischen Behandlungsform hervor. Die Sprechhilfen für sich scheinen kaum eine Rolle zu spielen; die beiden Gruppen unterscheiden sich hier jedoch (4,2 Prozent zu 0,4 Prozent). Der Psychotherapie wird folglich die ausschlaggebende Rolle für den erreichten Therapieerfolg zugeschrieben.
Die Frage, was ein Klient zur weiteren Verbesserung des Sprechens brauche, ergab (auch im Vergleich zur vorigen Frage) überraschende und nicht eindeutig zu interpretierende Ergebnisse. 74,9 Prozent der Derzeitigen im Gegensatz zu 53,9 Prozent der Ehemaligen sprachen sich

weiter für Psychotherapie aus. Sie scheinen erkannt zu haben, dass für sie dies die richtige Therapie ist bzw. war, und sie halten wohl eine Erweiterung bzw. Vertiefung ihrer Erkenntnisse und Erfahrungen dadurch für notwendig. 14 Prozent der Derzeitigen und 31,3 Prozent der Ehemaligen sind der Meinung, dass für sie mehr Sprechhilfen erforderlich sind.

Tabelle 8:
Heutiger Wunsch nach weiterer Behandlung in Prozenten der jeweiligen Klientengruppen

	Ehemalige (N = 115)	Derzeitige (N = 237)
Mehr Psychotherapie	53,9	74,9
Mehr Sprechhilfen	31,3	14,0
Mehr von beiden	7,0	10,2
Keines von beiden	4,3	0,9
Sonstiges	3,5	-

Die Relation zwischen den Behandlungskomponenten bei beiden Gruppen bleibt zwischen der attribuierenden Beurteilung (Tabelle 7) und der bedarfsorientierten Frage (Tabelle 8) ähnlich, d.h. mit einem deutlichen Übergewicht bei Psychotherapie. Jedoch werden bei den Ehemaligen bei der letzten Frage einige abweichende Tendenzen sichtbar. Hier gibt es (neben den 53,9 Prozent für Psychotherapie) eine größere Gruppe von 31,3 Prozent, die mehr Sprechhilfen wünschen, und eine kleinere Gruppe von zusammen 7,8 Prozent, die sich gegen diese Alternativen aussprechen. (Bei den Derzeitigen sind dies zusammen 0,9 Prozent). Es könnte sein, dass Klienten, die diese Therapie zur Zeit mitmachen, davon überzeugter sind als eine Reihe ehemalige Klienten, die – eventuell unflüssiger sprechend als unmittelbar nach der Therapie – jetzt auf sich allein gestellt hoffen, mit Sprechhilfen *selbst* etwas für flüssiges Sprechen *tun* zu können als durch die Befolgung weniger klar fassbarer psychotherapeutischer Prinzipien.
Alle diese Vergleichsmöglichkeiten belegen übereinstimmend, dass die Derzeitigen für sich noch mehr Bedarf an Verbesserung ihrer Probleme sehen als die Ehemaligen. Die Zeit nach Ende der Therapie dürfte für zahlreiche Klienten nicht so sehr durch Rückfall gekennzeichnet sein, sondern bei vielen Klienten durch Stabilität bzw. durch Wertschätzung

des Erreichten. Ein Beleg auch durch Sprechdaten wäre dazu dringend erforderlich.

Mit einer weiteren Frage zum Therapiebedarf wurde in Anlehnung an die Items der Frage in Tabelle 3 nach Verhaltensbereichen gesucht, falls noch weitere Verbesserungen benötigt würden. Die Kategorien sind unterschiedlich, aber nicht sehr stark besetzt, es wird also nicht in bedeutendem Maße um Verbesserungen nachgesucht. Dabei ist in beiden Gruppen der Wunsch, Sprechhilfen erfolgreich anwenden zu können, etwas stärker als bei den zahlreichen anderen Kategorien. Der Fortschritt im flüssigen Sprechen, dem nach außen auffälligsten Merkmal des Stotternden, scheint für eine gewisse Zahl von Klienten noch nicht zufriedenstellend zu sein.

In einer offenen Frage wurden diese Klienten gebeten, Vorschläge zur Verbesserung der Therapie zu nennen. Die Antworten wurden für beide Gruppen nach demselben Muster von Kategorien zugeordnet und ausgewertet. Über ein Viertel der Klienten gaben keine Antwort, „hatten keine Idee" oder waren ausdrücklich zufrieden mit dem therapeutischen Vorgehen. Über beide Gruppen betrachtet fällt der Wunsch einiger Klienten nach mehr Individualisierung bzw. nach kleineren Behandlungsgruppen und nach Intensivierung von bisherigen Maßnahmen auf. Andererseits ist hervorzuheben, dass sich beide Gruppen kaum gegen irgendwelche Maßnahmen der Therapieeinrichtung ausgesprochen haben. Insgesamt ist bei dieser Frage der Eindruck von Zufriedenheit mit der Therapie entstanden.

Zusammenfassung

Mit dieser Studie war beabsichtigt, die Wirksamkeit der therapeutischen Arbeit mit erwachsenen Stotternden auf individualpsychologischer Grundlage am Institut für Stimm- und Sprechbehinderte in Sinntal-Züntersbach zu untersuchen. Anhand der Selbstberichte der ehemaligen und derzeitigen Klienten wurde vor allem nach Veränderungen in therapiezielrelevanten Verhaltensbereichen und in einigen Erfolgskriterien gefragt.

Die Daten belegen anhand dieser Klienteneinschätzungen, dass die Therapie für die meisten Klienten (auch langfristig!) bedeutende Verbesserungen gebracht hat. Bei mehreren Vergleichen zwischen den Ehemaligen und Derzeitigen zeigte sich, dass viele Ehemalige zu stabilen Therapieerfolgen gekommen sind und dass in der Nachtherapiezeit nicht sehr viele Klienten von Verschlechterung oder Rückfall berichteten. Über das angebotene Therapiekonzept hinaus haben die Klienten nur begrenzt zusätzliche Therapie in Anspruch genommen, auch ihre Äußerungen zur Verbesserung der Therapie drücken viel eher Zufriedenheit mit der erhaltenen Therapie aus, als dass ausdrücklich Maßnahmen abgelehnt oder völlig andere Vorgehensweisen gewünscht worden wären. Eine deutliche Mehrheit der Klienten hat sich für die durchgeführte individual- und auch verhaltenstheoretisch ausgerichtete Psychotherapie ausgesprochen, einige Klienten, vor allem ehemalige, wünschen jedoch auch Sprechhilfen.

Die Evaluation der langfristig angelegten Therapie des Stotterns ist arbeitsaufwendig und teuer und setzt, wie an diesem Institut, ein kontinuierliches therapeutisches Vorgehen voraus. In der Regel sind nicht alle Voraussetzungen für eine methodisch befriedigende Evaluation erfüllbar. Auf einige Einschränkungen in dieser Studie wurde hingewiesen.

20

Stottern – und was haben wir daraus gelernt?[32]

Eberhard Kruse

Was haben wir zum Stottern gelernt?

Stottern – und dies ist das Konzentrat von dem, was ich durch die Begegnung mit dem individualpsychologischen Therapieansatz hier in Züntersbach gelernt habe – Stottern ist eine *psychosomatische Kommunikationsstörung*. In individualpsychologischer Sicht lässt sich diese Definition als psychosomatische Kommunikationsstörung wie folgt präzisieren und konkretisieren.

Stottern im deutlichen Gegensatz zu allen anderen Konzepten, die spekulieren, der Stotterer wolle sein Stottern vermeiden und würde deshalb stottern.

Sinn macht dieses Störungsbild allerdings ausschließlich in *kommunikativen* Situationen, und diese Sinnhaftigkeit ist eben nicht in *allen* Situationen und gegenüber *allen* Kommunikationspartnern in gleicher Weise gegeben. Aus dieser *wechselnden* Sinnhaftigkeit in verschiedenen kommunikativen Situationen resultiert eine entsprechend unterschiedlich stark ausgeprägte Symptomatik, zu Beginn der Stotterentwicklung mit Wechseln sogar bis hin zur normalen Sprechflüssigkeit.

Die Sinnhaftigkeit ihrerseits resultiert aus intuitivem, unbewusstem Erleben am Beginn dieser Erkrankung, dass eine auffällige Sprechweise in einer *konkreten Auslösesituation* durchaus subjektive, individuelle *Vorteile* im eigenen psychosozialen Umfeld bringen kann, und zwar Vorteile im Sinne der Aufmerksamkeit und Beachtung als Person.

Diese konkrete Auslösesituation scheint beim Stottern weit, weit überwiegend in der Kindheit zu liegen, etwa im dritten Lebensjahr innerhalb der Phase des „primären Spracherwerbs", wo Sprache in Satzform darstellerische Bedeutung zu erlangen beginnt.

Die Auslösung des Stotterns gerade in dieser Altersstufe um das dritte Lebensjahr dürfte damit in Zusammenhang zu bringen sein, dass hier eine *physiologische* Sprechunflüssigkeit auftritt, auf die *nicht vorinformierte* Eltern und sonstige Kommunikationspartner dieses Kindes mit Korrektur reagieren in wohlgemeint guter Absicht ein aus deren Sicht drohendes Stottern sich erst gar nicht richtig entwickeln zu lassen. Genau an diesem Punkt startet nun allerdings die Psychosomatik: mit der *Reaktion der Zuhörer* und der dadurch situativen Sinnhaftigkeit dieses Symptoms für das sprechauffällige Kind. Ab diesem Zeitpunkt handelt es sich um ein Stottern, also eine *pathologische* Sprechablaufstörung als Paradebeispiel einer psychosomatischen Kommunikationsstörung.

Stottern macht Sinn, *individuellen* Sinn in einer *konkreten* psychosozialen Situation. Dies war das absolut Neue, was ich in Züntersbach gelernt habe, und daraus resultiert bekanntlich die entscheidende, diagnostische wie therapeutische Frage: *wozu* braucht der Stotterer sein Stottern, eine auf den ersten Blick geradezu paradoxe Frage, insbesondere für die Stotterer selbst.

Sie wissen hier nun alle, wie man sogar sehr konkret Antwort geben kann auf diese Frage, insbesondere durch
➢ die Kenntnis der Auslösesituation
➢ eine Lebensstil-Analyse, sowie
➢ die Beobachtung des verbalen wie aber auch nonverbalen Verhaltens in einer *kommunikativen* Situation

Sie wissen ebenso, *dass* man zur Antwort kommt und es dann an dem Stotterer selbst liegt, ob er *Alternativen* in seinem Kommunikationsverhalten entwickeln kann oder eben auch nicht. Hiervon abhängig reduziert sich oder verschwindet sogar das Symptom – oder eben auch nicht. Auch dies brauche ich Ihnen nicht weiter auszuführen.

Was haben wir nun vom Stottern gelernt?

Beim Stottern handelt es sich um eine psychosomatische und nicht um eine „psychogene" Störung, gemeinhin reichlich oberflächlich bezeichnet als „Konversionsneurose". Es handelt sich um eine psychosomatische Störung, und damit zunächst einmal um eine *somatische*, körperliche Erkrankung mit Symptomen, wie sie bei allen anderen organischen Erkrankungen messbar und vielfach auch objektivierbar sind. Dies bedeutet: es besteht initial überhaupt kein Unterschied zu allen anderen organischen Erkrankungen, und hierin scheint mir eine der wesentlichsten Erklärungen zu liegen für vielfache Fehlinterpretationen und dann notwendigerweise inadäquate Therapien, die dann ihrerseits wahrlich nicht zufällig die hier angesiedelten Selbsthilfegruppen induzieren.

Spätestens diese ja unglaublich vielen und vielfältig *frustranen* Therapieversuche müssten aus meiner Sicht allerdings bereits unmittelbar zu der Überlegung führen, dass es sich offensichtlich doch nicht um eine „organische" Störung handeln und somit die eigentliche Ursache noch nicht entdeckt sein könnte. Dass andererseits sämtliche bisherigen, wie auch immer gearteten Therapieversuche einen gewissen positiven Effekt hatten, darf hierbei nicht irritieren, im Gegenteil, dies erscheint mir geradezu *prototypisch* zu sein für die Psychosomatik: man kümmert sich nämlich in jedem Fall um den Patienten.

Wie auch immer, diese Therapieversuche führen jedoch allenfalls ausgesprochen selten zur *stabilen Normalität*, und dies muss per se stutzig machen. „Flüssiges Stottern" zum Beispiel ist weiterhin Stottern und keine langzeitstabilisierte Normalität.

Grundsätzlich stutzig machen muss zudem die *wechselnde* Ausprägung der Symptomatik, oder genauer: die *situativ* unterschiedliche Ausprägung der Symptomatik. Hierfür ist Stottern geradezu ein Paradebeispiel, das zudem jeder kennt. Kurzum: es handelt sich eben doch nicht um eine somatische, sondern um eine *psycho*-somatische Störung.

Anders ausgedrückt: die Ursache liegt nicht im symptomproduzierenden Organ, sondern in der *Funktionssteuerung* des Zielorgans. Auf dieser Ebene kennen wir bislang nur zwei Pathomechanismen:

a) eine *zentral-organische* Genese, zum Beispiel nach Hirntraumen, bei Neurodegeneration, im Rahmen von Encephalopathien oder auch bei Tumoren, was anamnestisch bereits klar zu differenzieren ist;

b) eine *psycho-somatische* Genese, welche die *Subjektivität* des Erlebens und des Verarbeitens einer aktuellen körperlichen Erkrankung widerspiegelt.

Entscheidendes Stichwort ist die *Subjektivität* als steuerndes, genauer *funktionssteuerndes* Element. Diese Subjektivität ist absolut nichts Negatives, wie dies oftmals insbesondere aus Sicht der Wissenschaft erscheinen mag. Subjektivität ist vielmehr etwas sehr Reales, Krankheitssteuerndes, *Krankheitserklärendes*. Ohne Kenntnis und Verständnis der Subjektivität sind psychosomatische Störungsbilder nicht verstehbar, geschweige denn objektivierbar. Und diese psychosomatische Genese betrifft allein in unserer Fachmedizin für Kommunikationsstörungen, der *„Phoniatrie und Pädaudiologie"* nach vorsichtiger Schätzung etwa fünfzehn Prozent aller unserer Patienten, mit vermutlich ähnlich hohem

Anteil auch in anderen medizinischen Fachgebieten, beispielsweise der Orthopädie, Neurologie, Dermatologie, Ophthalmologie oder Inneren.

Handelt es sich nun, wie beim Stottern, um eine psychosomatische *Kommunikationsstörung*, so bedarf es zur Diagnostik und Therapie zwangsläufig des Einbezugs des oder der Kommunikationspartner. Die Störung wird nicht individuell, sondern erst *interaktional*, im Kontext mit anderen bedeutsam und verstehbar.

In unserer üblichen „Sprech-Stunde" sehen wir jedoch in aller Regel nur den Patienten selbst, bestenfalls noch eine nahe Bezugsperson, meist Mutter bzw. Lebenspartner. Letztlich sind somit mit der üblichen *individualisierten* Diagnostik psychosomatische Kommunikationsstörungen nicht hinreichend diagnostizierbar, sehr wohl jedoch als solche zu vermuten und zu diskutieren.

Diese Störungsbilder erkennen zu können und *verstehen* zu lernen, bedarf neben der Symptomdiagnostik und fundierten Differentialdiagnostik notwendigerweise altersunabhängig der zusätzlichen Kenntnis der „Familien-Konstellation", besser: der „Sozial-Konstellation" oder noch genauer: der *„Psychosozial-Konstellation"*, somit einer Fachkompetenz, die aus meiner Sicht gleichzusetzen wäre ausschließlich mit der *individualpsychologischen* Kompetenz zur *individualpsychologischen* Interpretation erhobener Befund und kausalitätsbezogener Hypothesenbildung.

Ohne Aufdeckung, Diagnostik oder besser noch:„ *Verstehbarmachen"* der störungsimmanenten Sinnhaftigkeit, der absolut *individuellen* Sinnhaftigkeit und somit *Zielgerichtetheit* des führenden Symptoms kann es nicht gelingen, die Erkrankung des Patienten zu diagnostizieren und *richtig* zu behandeln. Hier ist individualpsychologische Kompetenz gefragt, die leider nur reichlich spärlich anzutreffen ist. Die unverändert und nach Inkrafttreten des Psychotherapeuten-Gesetzes wohl mehr denn je dominanten klassischen Konzepte der Psychoanalyse und der Verhaltenstherapie führen m.E. demgegenüber mehr oder weniger in die Sackgasse mit offenbar ausgesprochen trauriger Bilanz bei professionellkritischer Evaluation.

Wird allerdings die individuelle Sinnhaftigkeit einer psychosomatischen Störung, und darin eingeschlossen auch der psychosomatischen Kommunikationsstörung *individualpsychologisch* verstanden, beginnt der Patient nicht nur sich selbst zu verstehen, besser zu verstehen; für ihn wird vielmehr zugleich eine konkrete *Handlungsebene* erkennbar.

Ob und inwieweit diese Handlungsebene *nutzbar* ist und in der Tat genutzt wird, bleibt letztlich jedoch abhängig davon, ob der Patient diese

Interpretation akzeptiert und dann genügend Kraft und Mut aufbringen kann zur eigenen sozialen *Verhaltensänderung*.

Wir „Fachleute" können diesen Prozess sehr wohl fördern und beeinflussen, aber keinesfalls dem Patienten abnehmen oder gar für ihn übernehmen. Wirklich helfen, bestenfalls heilen muss sich letztlich der Patient selbst. Dies zu akzeptieren, fällt ganz offensichtlich vielen Therapeuten ausgesprochen schwer, aber auch dies gehört zu den individualpsychologischen Prinzipien der *Gleichwertigkeit* und *Eigenverantwortlichkeit*.

Der Patient *bleibt* eigenverantwortlich, auch für seine Störung und den daraus resultierenden sozialen Konsequenzen, hieran können auch noch so viele Therapien nichts ändern. Ist das „Verstehenkönnen" der Erkrankung allerdings geleistet, bedarf es auch keiner weiteren Therapien. Um dieses Verstehenkönnen zu leisten, braucht es auch keinesfalls zwangsläufig hoher Therapiezahlen oder gar eines streng strukturierten Therapieschemas. Ich bin vielmehr überaus beeindruckt, wie schnell manche Patienten wieder *handlungsfähig* werden und zur Symptomfreiheit *ohne Symptomverlagerung* kommen können, wenn sie nur angemessen, und das heißt in dieser Thematik eben individualpsychologisch beraten werden. Es ist ebenso beeindruckend, wie unmittelbar viele Patienten diese psychosomatische Interpretation ihrer Erkrankung akzeptieren, bereits spontan eigene Handlungsmöglichkeiten oder auch Handlungsnotwendigkeiten erkennen oder zumindest ihre Eigenverantwortlichkeit verstehen lernen.

In diesem diagnostisch-therapeutischen Prozess des Verstehenlernens spielt natürlich die symptombezogene *Organ- bzw. Funktionswahl* keine zufällige Rolle. Vielmehr ist die Überlegung, *wozu* innerhalb einer individuell konkreten und aktuellen psychosozialen Interaktion die gewählte Organfunktion dienen kann, ausgesprochen hilfreich und erleichtert nicht selten das unmittelbare Verstehen. Nicht von ungefähr existieren ja oftmals auch treffende volkstümliche Sprichwörter.

So trete ich beispielsweise mit dem *Sprechen* in eine verbale Kommunikation mit anderen, äußere *hörbar* meine Meinung, vertrete meinen Standpunkt, gebe mich als „Ich" zu erkennen, schalte mich *sozial verantwortlich* ein.

Die *Stimme* transferiert den verbalisierten Inhalt über die kommunikative Distanz, macht meine Aussage wiederum für andere hörbar und gibt gleichzeitig Auskunft über meine aktuelle Emotionalität im Sinne beispielsweise von traurig/fröhlich, ängstlich/sicher, aufgeregt/ruhig usw. usf.

Der *Kehlkopf* dient neben der Stimmgebung der Atmungsregulation sowie dem Schutz der unteren Luftwege beim Schlucken der Nahrung, was sich in Sprichwörtern ausdrückt: „es verschlägt mir den Atem", „es schnürt mir die Kehle zu", „es schlägt mir auf die Stimme" oder „etwas in die falsche Kehle bekommen".

Schließlich die Ohren bzw. das *Hören*: die Hörfunktion ist primär eine Warnfunktion, ist als solche normalerweise auf *Ruhe* ausgelegt und reagiert auf Veränderungen dieser Ruhe, also auf Schallereignisse. Wir können und dürfen unser Ohr deshalb auch nicht abschalten. Hat man jedoch „viel um die Ohren", kann manches „nicht mehr hören" oder „will seine Ruhe haben", wird schnell einsichtig, welchen Stellenwert eine Pathologie hier haben kann im Sinne von Hörsturz oder Ohrgeräusch, dem „Tinitus".

Allein diese Andeutungen lassen erkennen, wie häufig und wie vielfältig psychosomatische Kommunikationsstörungen allein in unserem Fachgebiet offensichtlich sind.

Stottern als Modell für Psychosomatik

Diese nun erfolgte Ausweitung vom Stottern auf den Komplex der psychosomatischen Kommunikationsstörungen erlaubt abschließend einige generalisierende Schlussfolgerungen zur *Psychosomatik* insgesamt (Bettnässen, Neurodermitis, Asthma und vieles andere mehr).

So stellt sich zunächst die Frage, *wann* überhaupt an die psychosomatische Genese einer Erkrankung zu denken wäre, welches also *Indikatoren* sein könnten für eine kausale Psychosomatik?

An Psychosomatik ist m.E. immer dann zu denken,
➢ wenn eine angemessene „organische" Therapie trotz sorgfältiger Differentialdiagnostik frustran oder gar *ineffektiv* bleibt,
➢ wenn eine *situativ wechselhaft* ausgeprägte Symptomatik vorliegt,
➢ wenn der Organbefund keine Erklärung liefert für die objektiv vorliegende Funktionsstörung, also eine *Diskrepanz* auftaucht zwischen Befund und Resultat, zum Beispiel eine auffällig schlechte Stimme bei normalem Kehlkopfbefund, oder noch allgemeiner
➢ wenn sich für eine bestimmte Erkrankung *keine pathophysiologische Plausibilität* finden lässt.

Für diese letztere Konstellation noch ein kurzes Beispiel aus der Praxis: Mir wurde ein Patient vorgestellt, der wegen einer Stimmlippenlähmung nach Strumektomie insofern erfolgreich logopädisch therapiert worden war, als die gelähmte Stimmlippe sich wieder normal bewegte. Deshalb fehlte angesichts auch normaler Blut-Laborwerte den sechs oder sieben vorbehandelnden fachärztlichen Kollegen jegliche Erklärung für die Persistenz von *Luftnotanfällen*, die ursprünglich in Zusammenhang gesehen wurden mit der Stimmlippen-Lähmung. Natürlich konnte eben wegen dieser *unvorhersehbaren* Luftnotanfälle verständlicherweise auch keiner dieser Kollegen den Patienten wieder in seinen Beruf schicken, als Maler nämlich in einer Großbaufirma mit überwiegender Tätigkeit auf hohen Baugerüsten.

Auch für mich ergab sich aus allen Befunden keine plausible Erklärung, und eben deshalb habe ich ihm das Prinzip der Psychosomatik auf individualpsychologischer Basis erläutert und dann diskutiert, ob ihm seine Luftnotanfälle nicht doch sehr zupass gekommen wären, und siehe da, dies war der Weg in die Problemlösung. Die Luftnotanfälle waren für ihn hochwillkommen, um nicht wieder an seinen Arbeitsplatz zurückkehren zu müssen, dem er sich mit seinem Alter von fünfundfünfzig Jahren und angesichts der bekannten schlechten Baukonjunktur mit hohen Konkurrenzdruck auch durch jüngere Arbeitskollegen schon längst nicht mehr gewachsen fühlte, längst bereits auch vor der die Luftnotanfälle auslösenden Operation.

Die Lösung bestand in der vorzeitigen Berentung, deren Notwendigkeit ich ihm ohne Probleme bescheinigen konnte, weil es sich nämlich wohlgemerkt nicht um eine erfundene Erkrankung handelte, sondern um eine Psycho-Somatik. Gleichzeitig wird deutlich, dass der Patient sich diese Erkrankung keinesfalls bewusst ausgesucht hat oder überhaupt hätte wählen können; nein: er ist konkret organisch erkrankt, und *erst dann* hat sich unterbewusst die Sinnhaftigkeit und damit die Persistenz der Symptomatik für ihn ergeben.

Trifft somit eine dieser zuvor genannten Konstellationen oder Indikatoren zu, muss die Frage folgen, ob das Symptom oder die Erkrankung für den Patienten *Sinn* machen könnte, *individuellen* Sinn in seiner aktuellen, *konkreten* psychosozialen Situation.

Lautet die Antwort nach fachkompetenter Diagnostik „ja", liegt eine Psychosomatik vor, völlig unabhängig wohlgemerkt von der konkreten Anfangserkrankung. Offenbar kann *jede*, auch noch so „verrückte" Erkrankung psychosozial sinnvoll sein und somit das riesige Spektrum psychosomatischer Störungsbilder erklären helfen bis hin zu abstrusen lokalen, regionalen oder auch gesamtkörperlichen Verrenkungen (Dystonien), wie sie heute oftmals reichlich oberflächlich und unverstanden, rein symptomatologisch orientiert, mit Botulinum-Toxin-Injektionen und damit durch chemische Destruktion behandelt werden.

Spätestens hier drängt sich doch die Frage geradezu auf, warum denn dann diese Patienten nicht *psychotherapiert* werden? Meine, zugegebenermaßen bewusst provokativ formulierte Antwort lautet: zum Glück nicht, weil sich die klassischen Therapieverfahren der Psychoanalyse und Verhaltenstherapie in der Behandlung von „Konversionsneurosen", wie dann verdächtig stereotyp die Diagnose lautet, als letztlich ineffektiv, weil *nicht problemlösend* erwiesen haben und deshalb wieder verlassen und wissenschaftlich sogar verworfen wurden.

Von Stottern und anderen psychosomatischen Kommunikationsstörungen habe ich die feste Überzeugung gewonnen, dass hier die Individualpsychologie ihre ungeahnte Chance hätte, wenn sie denn endlich gesucht und wahrgenommen würde. Sind Individualpsychologen schon ausgesprochen selten zu finden, so ist es noch weitaus schwieriger, Individualpsychologen zu finden, die ohne Anleihe bei den klassischen Verfahren und ohne psychotheoretischen Methodenmix, aber auch ohne jegliche Vermischung mit Weltanschauungsfragen, fachkompetent die individuelle Sinnhaftigkeit psychosomatischer Störungsbilder aufdecken und für die Betroffenen verstehbar und nachvollziehbar machen würden.

Wie effektiv und individuell hilfreich eine solche, von manchen fast schon als zu „schlicht" empfundene individualpsychologische Zugangsweise sein kann, ist in dieser Institution hier in Züntersbach nun wahrlich seit Jahrzehnten vieltausendfach erleb- und belegbar.

Und doch bleibt zum Schluss nochmals festzuhalten:

Alle „Fachleute", auch die Individualpsychologen, können helfen, können *verstehen lernen* helfen, können sogar sehr gut helfen, können aber *nicht heilen*. Das kann nur der Patient selbst, und dies offenbar auch noch zu jedem Zeitpunkt seines Lebens. Es gibt hier wohl keinen Zeitdruck, und dies ist für die Fachleute ebenso entlastend wie der Entfall des „Helfer-Komplexes", nämlich etwas tun zu sollen und zu müssen, ohne zu wissen, wie.

Individualpsychologische Beratung und – sofern wirklich notwendig – individualpsychologische Psychotherapie könnten – und dies ist das Entscheidende, was ich vom Stottern gelernt habe – nicht nur ungeheuer viele Umwege und damit auch Kosten ersparen, sondern vor allem viel individuelles und soziales Leid, könnten viele unglaublich aufwendige, letztlich wohl aber nur bedingt effektive und hilfreiche klassische Psychotherapien mit negativer Stigmatisierung von Patienten wie der Psychosomatik insgesamt vermeiden, könnten die *soziale Handlungskom-*

petenz von Patienten wirksam und nachhaltig verbessern, und die Patienten in ihrer Eigenverantwortlichkeit und als handlungsfähige Personen *ernstnehmen*, statt sie noch länger in einer passiven, unwürdigen Abhängigkeit zu halten.

Letztlich taucht hier dann die hochinteressante, schöne Perspektive einer demokratischen Gesellschaft mündiger, vor allem gleichwertiger Bürger auf, und dies gilt auch für Patienten.

Verzeichnis der Mitarbeiter

Prof. Dr. P. Helbert Damsté
Emerit. Prof. Foniatrie und Logopedie
Universität Utrecht (NL) und Leuven (B)
NL-3581 HM Utrecht

Roland Herterich
Dipl. Betriebswirt (FH) MBA
Encouraging-Mastertrainer
Leitende Funktion in Marketing
D-90571 Schwaig

Dr. Peter Jehle
Leitung: Referat Planung und Controlling
Deutsches Institut für Internationale Pädagogische Forschung
D-60486 Frankfurt/M.

Dieter Kötting
Dipl. Ökonom
Business Unit Controller
D-46446 Emmerich

Prof. Dr. Eberhard Kruse
Direktor der Klinik für Phoniatrie und Pädaudiologie,
Georg-August-Universität
D-37075 Göttingen

Anke Markmann
Dipl. Sozialpädagogin.
Individualpsychologische Beraterin (ADI)
Gemeindepädagogin im Bereich Kinder- und Jugendarbeit
D-63073 Offenbach

Dr. Dirk Randoll
Projektleiter Software A.G. Stiftung
D-64297 Darmstadt

Dr. med. Albrecht Schottky
Ärztlicher Direktor
Nervenarzt/Psychotherapie/Psychoanalyse
Lehranalytiker (DGIP)
Facharzt für Psychotherapeutische Medizin
Krankenhaus für Psychiatrie und Psychotherapie
D-97440 Markt Werneck

Theo Schoenaker
Logopäde. Individualpsychologischer Berater (DGIP, SGIPA, EAC)
Leiter des Adler-Dreikurs-Instituts und des Instituts für Stimm- und
Sprechbehinderte
D-36391 Sinntal-Züntersbach

Herbert Wulf
Dipl. Psychologe, Klinischer Psychologe, Psychotherapeut (BDP)
Leiter einer Suchtberatungsstelle
D-26131 Oldenburg

Literatur

Adler, Alexandra (1976): Individualpsychologie. In: Handbuch der Neurosenlehre und Psychotherapie. Urban und Schwarzenberg, München.

Adler, Alfred (1932): Technique of Treatment. In: Ansbacher, H. und Ansbacher R. (1970). Superiority and social interest. Evanston Illinois. S. 193

Adler, Alfred (1931/1958): What life should mean to you. N.Y. S. 279

Adler, A. (1907/1965): Studie über Minderwertigkeit von Organen. Wissenschaftliche Buchgesellschaft, Darmstadt.

Adler, A. (1972): In: Ansbachers Alfred Adler Indiv. Psych. München. S. 194; 326; 327

Adler, A. (1912/1973): Über den nervösen Charakter. Fischer Taschenbuch, Frankfurt.

Adler A. (1920/1974): Praxis und Theorie der Individualpsychologie. Fischer Taschenbuch, Frankfurt. S. 184-185

Adler, A. (1933 /1994): Der Sinn des Lebens. Fischer Taschenbuch, Frankfurt. S. 22; 38; 129/130; 152; 156

Adler, A. (1929/1994): Neurosen. Fischer Taschenbuch, Frankfurt. S. 80

Adler, A. (1927/1995): Menschenkenntnis. Fischer Taschenbuch, Frankfurt. S. 21

Adler, A.: Sinn des Lebens. In: Brunner/Titze (Hrsg.) (1995): Wörterbuch der Individualpsychologie. Ernst Reinhardt Verlag, München Basel. S. 257

Adler, A. und Crookshank, F. (1934): Individualpsychology and sexual Difficulties. London. S. 13

Andriessens, E./Thymister, H.J. (1995): Frühe Kindheitserinnerungen. In: Brunner/Titze (Hrsg.):Wörterbuch der Individualpsychologie. Ernst Reinhardt Verlag, München Basel; S. 257

Ansbacher H.L./Ansbacher R.R. (1972): Alfred Adlers Individualpsychologie, Ernst-Reinhardt Verlag, München Basel. S. 314

Antoch, R.F. (1981): Von der Kommunikation zur Kooperation. Ernst Reinhardt Verlag, München Basel.

Bloodstein, O. (1987): A handbook on stuttering. Chicago. S. 101 ff

Dreikurs, Eva (1984): Individualpsychologische Theorie – Eine Einführung. Rudolf-Dreikurs-Institut, Sinntal.

Dreikurs, R./Mosak, H.H. (1966): The fourth [Life] task. Individual Psychologist. S. 4; 51-55

Dreikurs, R.(1976): Grundbegriffe der Individualpsychologie. Klett-Cotta, Stuttgart. Kapitel: Beratung und Psychotherapie.

Dreikurs, R. (1976): Psychodynamics, Psychotherapy and Counseling. Alfred Adler Institute Chicago 1967

Dreikurs, R. (1980): Psychotherapie in der Medizin, München.

Fernau-Horn, H. (1969): Die Sprechneurosen. Hippokrates, Stuttgart

Fuchs-Brüninghoff, E./Gröner, H. (1999): Zusammenarbeit erfolgreich gestalten. dtv München.

Heisterkamp, G. (1995): Frühentwicklung. In: Brunner/Titze (Hrsg.): Wörterbuch der Individualpsychologie. Ernst Reinhardt Verlag, München Basel.

Kfir, N. (1983): Impasse Priority Therapy. In: Handbuch der Psychotherapie. Band I, Beltz Verlag Weinheim. S. 368

Lang, H. J. (1994): Die Baby-Watcher 1. u. 2. In: Z. f. Individualpsychologie 19. Jg. 2; S. 83-103 u. S. 214-227

Lehmkuhl, G./Lehmkuhl, U. (1990): Die Bedeutung neuer entwicklungspsychologischer Ergebnisse für die Individualpsychlogie. In: Entwicklung und Individuation, Beiträge zur Individualpsychologie 14; S. 103-114, Ernst Reinhardt Verlag, München Basel.

Lienert, G.A. (1969): Testaufbau und Testanalyse.

Mosak, H. (1967): The Life Style. Vortrag in Minneapolis, Minnesota Nov. 16th.

Mosak, H.H./Dreikurs, R. (1967): The fifth Life task. Individual Psychologist. S. 5; 16-22

Mosak, H.H. (1972): Early Recollections as a projective Technique. Alfred Adler Institut Chicago 9

Mosak, H.H./Maniacci, M. (1999): Beratung und Psychotherapie. RDI Verlag, Sinntal.

Mosak, H.H./Maniacci, M. (1999): A Primer of Adlerian Psychology. Brunner/Mazel. Philadelphia.

Olson, Harry A. (1979): Early Recollections. Springfield. Illinois.

Pew, W. L. (1976): Die Priorität Nummer eins. In: Beiträge zur Individualpsychologie. 13. Intern. Kongreß, München. Ernst Reinhardt Verlag München Basel.

Rogner, J. (1/1983): Eine Untersuchung zur Prioritätenskala. In: Zeitschrift für Individualpsychologie. Ernst Reinhardt Verlag München Basel.

Rudolf, G. (1993): Psychotherapeutische Medizin. Enke, Stuttgart.

271

Schoenaker, Th./Carow B. (1976): Gemeinschaftsgefühl. In: Zeitschrift für Individualpsychologie 2; Ernst-Reinhardt Verlag, München Basel. S. 133-140

Schoenaker, Th. (1976): In: Beiträge zur Individualpsychologie. S. 188-198; 13. Internationaler Kongreß München 1976. Ernst Reinhardt Verlag München, Basel.

Schoenaker, Th. (1978): Individualpsychologische Gruppentherapie bei erwachsenen Stotternden. Sprache-Stimme-Gehör 2; Georg Thieme Verlag, Stuttgart New York. S. 4; 136-144

Schoenaker, Th. (1978): Stottern: Theorie und Praxis. In: Zeitschrift für Individualpsychologie 3. Jg. Ernst Reinhardt Verlag München Basel. S. 70-79

Schoenaker, Th. (1978): Stottern: Theorie und Praxis. In: Z. f. Individualpsychologie 3. Jg. Fortsetzung von Heft 1. Ernst Reinhardt Verlag München, Basel. S. 137-156

Schoenaker, Th. (1979): Der Lebensstil in der Behandlung des Stotterns bei Erwachsenen. Eine individualpsychologische Betrachtung. Sprache-Stimme-Gehör 3; Georg Thieme Verlag Stuttgart New-York. S. 4, 151-157

Schoenaker, Th. (1981): Stottern – ein zielgerichtetes Verhalten. In: Sprache-Stimme-Gehör 5; Georg Thieme Verlag, Stuttgart New-York. S. 82-85

Schoenaker, Th. (1982): Die frühen Kindheitserinnerungen als Zugangstor zum Lebensstil – Stottertherapie mit Erwachsenen. In: Sprache-Stimme-Gehör. Georg Thieme Verlag, Stuttgart New York. S. 128-130

Schoenaker, Th. (1984): Die Wertskala zur Messung der Priorität und ihre Probleme. In: Sprache-Stimme-Gehör 8; Georg Thieme Verlag, Stuttgart New York. S. 11-15

Schoenaker, Th. (1984): Die Stotterneurose und die Stotterer-Selbsthilfegruppen. – Eine Individualpsychologische Betrachtung. Sprache-Stimme-Gehör 8; Georg Thieme Verlag, Stuttgart New York. S. 110-112

Schoenaker, Th. (1984): Neuere Entwicklungen in der Behandlung von Sprechneurosen bei Erwachsenen. In: Beiträge zur Individualpsychologie 5; Ernst Reinhardt Verlag, München Basel. S. 73-82

Schoenaker, Th. (1997): Stottern, ein Problem für alle. RDI Verlag, Sinntal-Züntersbach

Schoenaker Th. (1997): Sich als Eltern gut fühlen. RDI, Sinntal.

Schoenaker Th. (1997): Prävention für die seelische Gesundheit – gibt's die? In: Prävention von Kommunikationsstörungen. Gustav Fischer, Stuttgart. S. 8-16

Schoenaker Th. u. J./Platt, J. M. (1997/1999): Mit Kindern in Frieden leben. RDI, Sinntal.

Schoenaker, Th. (1998): Leben beginnt mit Loslassen. RDI, Sinntal

Schoenaker, Th. (1990/1999): Mut tut gut. RDI, Sinntal.

Schoenaker Th. u. J./Platt, J. M. (2000): Die Kunst als Familie zu leben. Herder, Freiburg.

Schoenaker Th. (2000): Mut tut gut in der Partnerschaft. RDI, Sinntal.

Schoor, U. (1985): Die Sprachheilarbeit Nr. 30. Deutsche Gesellschaft für Sprachheilpädagogik e.V.; Hamburg

Schottky, A./Schoenaker, Th. (1976/1995): Was bestimmt mein Leben? Goldmann, München.

Schottky, A. (1997): Die Bedeutung der Kindheit für das erwachsene Leben. RDI, Sinntal.

Schulze/Johannsen (1986): Stottern bei Kindern im Vorschulalter. Universität Ulm Abt. Phoniatrie.

Titze, M. (1979): Lebensziel und Lebensstil. Pfeiffer, München.

Titze, M./Gröner, H. (1989): Was bin ich für ein Mensch? Herder, Freiburg.

Waas, M. (1999): Das Stottern – ein zielgerichtetes Handeln. In: Forum Logopädie, Heft 1; Schulz-Kirchner Verlag. S. 21-24

Wexberg, E. (1969): Individualpsychologie. Wissenschaftliche Buchgesellschaft Darmstadt.

Sach- und Namensverzeichnis

B

C

D

281

Anmerkungen

[1] Vortragstext zum 30-jährigen Jubiläum der Gruppentherapie für Erwachsene, die stottern 1998 im Institut für Stimm- und Sprechbehinderte, Sinntal-Züntersbach.

[2] Weiteres zur Stotterer-Selbsthilfegruppe siehe Kap. 11

[3] Beitrag zur Feier aus Anlass des 15-jährigen Bestehens des Rudolf-Dreikurs-Institutes in Sinntal-Züntersbach am 22.04.1989

[4] Siehe: Schoenaker / Jehle / Randoll, hier Kap. 19

[5] Für ausführliche Information zu diesem Thema dringend empfohlen: *Schoenaker, Th. u. J. / Platt, J. M.:* „Die Kunst als Familie zu leben", Freiburg, 2000

[6] Adressen von Encouraging-Trainer im Adler-Dreikurs-Institut, Rudolf-Dreikurs-Weg 4-6, 36391 Sinntal-Züntersbach. Tel.: 09741-3130 Fax: 1281

[7] Siehe auch: *Schoenaker, Th. u. J. / Platt J. M.:* „Die Kunst als Familie zu leben", Freiburg 2000

[8] Mehr zum Thema Lebensstil: S. Kap. 12

[9] Wir wählen dieses Wort *Sackgasse* für eine Situation, in die man um keinen Preis geraten möchte.

[10] Zitiert aus *Schoenaker, Th.:*„Mut tut gut" Sinntal 1991/1999

[11] Aus: Beiträge zur Individualpsychologie. 13. Internationaler Kongreß München 1976. Ernst Reinhardt Verlag München Basel.

[12] Mehr zum Thema: Die Stotterneurose und die Stotterer-Selbsthilfegruppen: Kap. 11

[13] Bearbeitet nach: „Wertskala zur Messung der Priorität und ihrer Probleme" *Schoenaker* in: Sprache – Stimme – Gehör 8 (1984) 11-15 Georg-Thieme-Verlag Stuttgart New York.

[14] ICASSI = Internationales Committee for Adlerian Summer Schools and Institutes. (Aktuelle Adressen über den Verlag).

[15] Bearbeitet nach: „Stottern – ein zielgerichtetes Verhalten. " *Schoenaker* in: Sprache – Stimme – Gehör (1981) 82-85. Georg-Thieme-Verlag Stuttgart New York.

[16] Bearbeitet nach: „Individualpsychologische Gruppentherapie bei erwachsenen Stotternden". *Schoenaker* in Sprache-Stimme-Gehör 4 (1978). Georg-Thieme-Verlag Stuttgart New York.

[17] Beitrag zur Feier aus Anlass des 15-jährigen Bestehens des Rudolf-Dreikurs-Institutes Sinntal-Züntersbach am 22.04.1989

[18] Bearbeitet nach: „Die Stotterneurose und die „Stotterer"-Selbsthilfegruppen". *Schoenaker* in Sprache – Stimme – Gehör 8 (1984). Georg- Thieme-Verlag Stuttgart New York.

[19] Das Encouraging-Training Schoenaker-Konzept® ist hierfür ausgezeichnet geeignet.

[20] Bearbeitet nach: „Der Lebensstil in der Behandlung des Stotterns bei Erwachsenen." *Schoenaker* in: Sprache –Stimme – Gehör 3 (1979) 151-157. Georg-Thieme-Verlag Stuttgart New York.

[21] Hier wäre auch der konstitutionelle Stotterfaktor – Adler spricht von Organminderwertigkeit – zu bedenken.

[22] Prof. *Charles van Riper*, einer der bedeutendsten Autoren auf dem Gebiet des Stotterns, besuchte Prof. Dr.P.H.Damsté 1968 in Holland. Er, damals 62 Jahre alt, stotterte selbst noch. Als wir ihm unsere Stottertherapie an Patienten vorführten, fragte er mit einem Lächeln: „Was wollen Sie mit einer Entspannungstherapie in einer Welt voller Messer?" Da wir die Messer nicht sahen und von Lebensstilen nichts wussten, ver-

standen wir seine Frage nicht. Jetzt würden wir in seiner Frage einen Aspekt seines eigenen Lebensstils erkennen und auch den Zusammenhang mit einer Kindheitserinnerung sehen, welche er einem Journalisten einer der führenden holländischen Zeitungen erzählte: Er erinnere sich daran, dass er als Kind ins Gesicht geschlagen wurde, wenn er in Anwesenheit seiner Eltern auf der Straße stotterte.

[23] Ausbildungsmöglichkeiten zum/zur individualpsychologischen Berater/in werden von der Akademie für Individualpsychologie, Rudolf-Dreikurs-Weg 4-6 in D-36391 Sinntal, angeboten. Orientierungsmöglichkeiten bietet das Forum für Individualpsychologie. Adressen und Informationen bei der Akademie, Tel.: 09741-3130, Fax: 09741-1281, eMail: Dreikurs.Institut@T-Online.de, www.Adler-Dreikurs.de

[24] Bearbeitet nach: „Die frühen Kindheitserinnerungen als Zugangstor zum Lebensstil". *Schoenaker* in Sprache-Stimme-Stimme-Gehör 6 (1982) 128-130. Georg-Thieme-Verlag Stuttgart New York.

[25] Bearbeitet nach: „Frühkindliche Erinnerungen als diagnostische und therapeutische Methode". *Schottky* in: Zeitschrift für Individualpsychologie 3/1999. Ernst Reinhardt Verlag München Basel.

[26] Vortragstext zum 30-jährigen Jubiläum der Gruppentherapie für Erwachsene, die stottern 1998 im Institut für Stimm- und Sprechbehinderte, Sinntal-Züntersbach.

[27] Aus: Die Sprachheilarbeit für Sprachheilpädagogik e.V. (3/1991) S. 107-117

[28] Nach früheren Therapien ohne diese Bedingung, sind mehrere Ehen geschieden worden, die bei rechtzeitiger, zusätzlicher Betreuung wahrscheinlich bestehen geblieben wären.

[29] Die Berechnungen wurden am Deutschen Institut für internationale Pädagogische Forschung, Frankfurt/M., durchgeführt. Wir bedanken uns sehr herzlich bei Herrn *Richard Ciompa*.

[30] Einige Tabellen und Ausführungen dazu sind beim Erstautor zu erhalten – Theo Schoenaker, Institut für Stimm- und Sprechbehinderte, Rudolf-Dreikurs-Weg 4-6, D-36391 Sinntal-Züntersbach.

[31] Siehe Endnote 30

[32] Vortragstext zum 30-jährigen Jubiläum der Gruppentherapie für Erwachsene, die stottern 1998 im Institut für Stimm- und Sprechbehinderte, Sinntal-Züntersbach.

Die Bedeutung der Kindheit
für das erwachsene Leben
Albrecht Schottky

Nachdem die Früherinnerungen sich auf die ersten Lebensjahre beziehen, eröffnen sie einen sehr lebendigen Zugang zum Lebensstil und der Familienkonstellation der Primärfamilie des Patienten. Der therapeutisch wichtigste Faktor ist wohl das Veränderungspotential, das das Gespräch über die Früherinnerungen freilegt. Es aktiviert den Wunsch nach einer Veränderung des Lebensstiles, der aus dem inneren Gefängnis des leidvollen „Wiederholungszwanges" heraus führen soll.

Albrecht Schottky, Psychiater und Psychotherapeut, macht klar, dass man sich nicht von den Meinungen und Schlussfolgerungen, die wir Erwachsene als Kind gefasst haben, leiten lassen braucht. In vielen Beispielen, die der Autor anführt, werden kindliche Meinungen und Bewertungen, die Erwachsene bis ins hohe Alter begleiten, heraus gearbeitet.

Ein hilfreiches Buch, das neue Impulse gibt für den psychotherapeutischen Alltag und für psychologisch interessierte Laien viel zu bieten hat.

Es ist didaktisch gut aufgebaut und reich an plastischen Beispielen. Den praktischen Umgang mit Früherinnerungen beschreibt der Autor sowohl im Einzelsetting als auch im Gruppenprozess.

117 Seiten. ISBN 3-932708-05-9
RDI Verlag, Sinntal

Mut tut gut
Theo Schoenaker

Mut tut gut ist das Handbuch für das Encouraging-Training Schoenaker-Konzept®. Die Grundlage ist die Individualpsychologie nach Alfred Adler und Rudolf Dreikurs. In diesem Buch wurde insbesondere das individualpsychologische Konzept der Ermutigung herausgearbeitet und für die Praxis des täglichen Lebens jedes einzelnen und für die Praxis der Beratung und Psychotherapie mit vielen Beispielen und Übungen zugänglich gemacht.

Theo Schoenaker zeigt in diesem Buch, wie die systematische Entwicklung eines eigenständigen, selbstbewussten Mutes ungeahnte Fähigkeiten in uns zum Vorschein kommen lässt. Alle Voraussetzungen für ein erfülltes soziales Leben sind nicht nur in uns angelegt, sie kommen durch die richtige Anwendung von Ermutigung und Selbstermutigung auch zum Ausdruck und sind die Bedingung für eine gelungene Beratung oder Therapie.

Nach diesem Bestseller in 8. Auflage weiß man, dass Lebensmut nicht ein Privileg ist, das einigen wenigen Glücklichen in den Schoß gelegt wurde, sondern das Ergebnis eines ganz bestimmten bewussten Umgangs mit sich selbst.

270 Seiten. ISBN 3-932708-06-7
RDI Verlag, Sinntal

Empfehlungen für die Praxis aus dem RDI Verlag

Deutsche Erstauflage von Mosak/Maniacci

Beratung und Psychotherapie
Die Kunst im richtigen Moment
das Richtige zu tun
Harold H. Mosak / Michael P. Maniacci

Mit diesem Buch bringen Harold H. Mosak und Michael P. Maniacci zusammen eine Fülle von praktischem Handwerkszeug, worauf Berater und Therapeuten schon lange warten. Sie beantworten in vielfältigster Weise die Frage: „Individualpsychologische Beratung und Psychotherapie – wie geht das praktisch?

Sie sprechen in ihrem Titel der amerikanischen Originalausgabe des Buches „Tactics in Counseling and Psychotherapy" von Taktiken und meinen damit: Die Kunst, im richtigen Moment das Richtige zu tun.

Lassen Sie sich von erfahrenen Beratern/Psychotherapeuten an die Hand nehmen. **Harold H. Mosak und Michael P. Maniacci** – langjährige Mitarbeiter von Prof. Rudolf Dreikurs – schrieben für alle, die bemüht sind „im richtigen Moment das Richtige zu tun" dieses Buch.

Ein Buch voller Hilfestellungen für den psychotherapeutischen Alltag.

250 Seiten. ISBN 3-932708-10-5
RDI Verlag, Sinntal